Ursula Calis

Backen, Braten, Grillen mit
MIKROWELLEN

BLV Verlagsgesellschaft
München Wien Zürich

Ursula Calis

**Backen
Braten
Grillen
mit**

Mikro-wellen

Für alle Kombi-Geräte

CIP-Titelaufnahme der Deutschen
Bibliothek

Calis, Ursula:
Backen, braten, grillen mit Mikrowellen:
für alle Kombi-Geräte / Ursula Calis. –
München, Wien, Zürich:
BLV Verlagsgesellschaft, 1988
    ISBN 3-405-13576-1

© 1988 BLV Verlagsgesellschaft mbH,
München
8000 München 40

Satz und Druck: Appl, Wemding
Bindung: Hollmann, Darmstadt

Printed in Germany
ISBN 3-405-13576-1

Bildquellen

Allgäuer Alpensahne, München
Seiten 117, 118
Bauknecht Hausgeräte GmbH, Stuttgart
Seiten 7, 10, 11, 15 (1), 33
Eduard Bay Keramik,
Ransbach-Baumbach
Seite 61
Robert Bosch Hausgeräte GmbH,
München
Seiten 12, 16, 19, 23, 28 (oben), 42, 57,
64, 70, 73, 74, 145, 156
Buderus Küchentechnik GmbH,
Herborn
Seite 18 (rechts)
Ursula Calis, Archiv, München
Seiten 25, 41, 46, 55, 60, 75, 79, 80, 82,
91, 92, 115, 141, 149
J.G. Durand & Cie., Köln
Seiten 20, 21 (oben), 154
Pete A. Eising, Fotostudio, München
Seiten 38, 54, 78, 90, 102, 114, 128, 144
HEA-Bilderdienst, Frankfurt/Main
Seiten 8, 28 (2)
W.F. Kaiser & Co. GmbH, Nassau/Lahn
Seiten 39, 139, 140, 147
Kalle, Niederlassung der Hoechst AG,
Wiesbaden
Seite 83
Langnese-Iglo GmbH, Hamburg
Seiten 47, 59, 65, 67, 81, 84, 87, 93, 98,
129, 131, 133, 135, 136
Maggi-Kochstudio, Frankfurt
Seiten 49, 103, 105, 106, 109
Maizena Gesellschaft mbH, Heilbronn
Seite 121
Scheurich GmbH & Co. KG,
Kleinheubach
Seiten 21 (unten), 30, 99, 125
Siemens Electrogeräte GmbH, München
Seiten 3, 5, 9 (2), 15 (4), 18 (links), 31,
37, 45, 53, 63, 69, 77, 89, 101, 107, 111,
113, 122, 127, 143
Stiftung Warentest, Berlin
Seite 18 (unten)
Vitri GmbH & Co., Mühltal
Seiten 51, 71, 94, 97

Titelfoto
Siemens Electrogeräte GmbH, München

REZEPTE

Zu diesem Buch

Vielseitig einsetzbar ist die Mikrowelle solo heute zu einem unentbehrlichen Helfer im Haushalt geworden. Da die praktischen Vorzüge einfach überzeugend sind, ist sie in vielen Ländern der Welt längst ein Standardgerät in der modernen Küche.

Auftauen roher Lebensmittel, Erwärmen, Schmelzen, Garen, Kochen und Dünsten einer Vielzahl von Speisen – dies sind nur einige der erwähnenswerten Anwendungsmöglichkeiten. Neben der Zeit- und Energieersparnis gilt das Zubereiten im Serviergeschirr als ein weiteres Plus.

Trotz dieser vielen Vorzüge hat die Mikrowelle solo, wie jedes andere Haushaltsgerät auch, seine Grenzen: Die Speisen werden zwar sehr schnell und gleichmäßig gar, erhalten jedoch keine knusprige Bräunung, da mit Mikrowelle allein wasserhaltige Speisen nur knapp über 100 Grad heiß werden. Um knusprig braun zu werden, brauchen Kuchen oder Braten, Aufläufe oder Gratins die intensive Strahlungshitze eines traditionellen Backofens.

Die Hausgeräte-Industrie hat daher die technologische Entwicklung der Mikrowelle vorangetrieben und vor einigen Jahren erfolgreich die Kombinationsgeräte eingeführt.

Diese sind in zwei verschiedenen Bauformen erhältlich: Entweder sieht das Gerät aus wie ein normaler, vertrauter Backofen oder wie ein größeres, freistehendes Mikrowellengerät, dem eine Backofenbeheizung hinzugefügt worden ist. Beide Bauformen haben eines gemeinsam: Sie sind neben der Mikrowelle solo mit den »klassischen« Backofen-Heizfunktionen wie Heißluft, Ober- und Unterhitze oder Grill im gleichen Garraum ausgestattet. Dabei läßt sich jede Funktion einzeln nutzen, so auch die Mikrowelle. Vielfältige Einsatzmöglichkeiten eröffnen sich jedoch erst in der Kombination, die für die Zubereitung vieler Gerichte völlig neue Möglichkeiten bietet. Neben der Schnelligkeit der Zubereitung ist oftmals auch die Qualität der Speisen deutlich besser.

In diesem Kochbuch finden Sie überwiegend solche Gerichte, die Sie mit Mikrowelle plus gleichzeitig der einen oder anderen Heizart zubereiten können. Daher haben die Rezepte einen bewußt gestalteten Aufbau: Vorangesetzt ist ein Informationskästchen, das Ihnen alle wichtigen Angaben zur Einstellung Ihres Gerätes liefert. Die jeweils beste Kombination von Mikrowelle plus Backofen-Heizung ist deutlich hervorgehoben. Gesamtgarzeit, empfohlenes Geschirr und Energiewerte in Kalorien (kcal) oder Joule (kJ) erleichtern Ihnen zudem die Auswahl. Sie werden neuartige Gerichte und altbewährte Rezepte entdecken, dabei sind für die schnelle Küche auch tiefgefrorene Zutaten berücksichtigt. Eine kurze Kennzeichnung in der Überschrift, z.B. hübsch für Gäste – besonders schnell – leichte Kost – vollwertig, macht Ihnen die Wahl leicht.

Gleich welches Gerät Sie besitzen: Sollten Sie sich einmal nicht sicher sein oder möchten Sie ein eigenes Rezept zubereiten, so helfen Ihnen die Umrechnungstabellen auf den Seiten 11 und 34, die richtige Geräteeinstellung zu finden.

Seit vielen Jahren im praktischen Umgang mit in- und ausländischen Kombinationsgeräten vertraut, habe ich für Sie meine besten Rezepte zusammengestellt. Alle Gerichte sind mehrfach erprobt und auf die jeweilige Gerätefunktion abgestimmt. Der Einleitungsteil dieses Buches liefert Ihnen zudem alle wichtigen Informationen über die Mikrowelle solo, die Kombination und die geeigneten Geschirrmaterialien. Übersichtliche Tabellen, Bilder und viele praktische Hinweise aus meiner täglichen Praxis werden Ihnen helfen, Ihr Gerät so oft wie möglich zu nutzen. Selbstverständlich können Sie die Zutaten nach Ihrem Geschmack frei variieren. Wichtig ist immer, daß die Menge stimmt.

Ich wünsche Ihnen stets ein gutes Gelingen und hoffe, daß Ihnen die vielseitigen Rezeptvorschläge und ausführlichen Sachinformationen gefallen, damit Sie künftig noch mehr Freude am Arbeiten mit ihrem Kombinationsgerät haben.

Ursula Calis

Einführung

Dieser ausführliche Einleitungsteil
liefert alle Informationen
rund um das Kombinationsgerät.

DIE MIKROWELLE IM KOMBINATIONSGERÄT

Wirkungsweise

Mikrowellen sind unsichtbare elektromagnetische Wellen, die mit den Radio- und Fernsehwellen vergleichbar sind. Beim herkömmlichen Kochen auf dem Herd erhitzen sich zunächst die Kochplatte, dann der Kochtopf und schließlich die Speise langsam von außen nach innen. Auch im Backofen erwärmen sich nach den Heizkörpern zunächst die Luft, dann das Gefäß und schließlich das Lebensmittel. In beiden Fällen wird die Wärme über Umwege zum Lebensmittel geführt. Ganz anders arbeiten die Mikrowellen: Sie gelangen von allen Seiten in die Speisen und erzeugen dort die Wärme unmittelbar. Die hochfrequenten Wellen bewirken in allen Nahrungsmitteln, daß die kleinsten Speisenbestandteile, die sogenannten »Moleküle«, in starke Schwingung geraten und sich in unvorstellbar hoher Schnelligkeit aneinander reiben. So entsteht eine intensive Reibungs- und damit Eigenwärme direkt im Lebensmittel. Für haushaltsübliche Geräte wird weltweit eine einheitliche Frequenz von 2450 MHz (Megahertz) verwendet. Basierend auf dieser Frequenz, haben die Mikrowellen eine Wellenlänge von ca. 12,25 cm.

Eigenschaften

Die Mikrowellen zeichnen sich durch drei wesentliche Eigenschaften aus:

1. Mikrowellen werden stets von Metall zurückgeworfen – vergleichbar mit einem Spiegel, der auftreffendes Licht reflektiert. Das bedeutet für die Praxis: *Speisen, die sich in geschlossenen Metallgefäßen befinden, werden von den Mikrowellen nicht erreicht, d.h., auch nicht gegart. Sie bleiben kalt.*

Die drei wesentlichen Eigenschaften von Mikrowellen

Mikrowellen werden stets von Metall zurückgeworfen

Mikrowellen durchdringen Glas, Porzellan, Keramik, Kunststoff

Mikrowellen werden von Lebensmitteln aufgenommen und in Wärme umgewandelt

2. Mikrowellen durchdringen ungehemmt Glas, Porzellan, Keramik und sogar Kunststoff. Geschirre aus diesen Materialien sind daher für die Zubereitung verschiedener Speisen besonders gut geeignet. *Durch die Abwärme der Gerichte miterhitzt, kann das Geschirr auch heiß werden.* Daher: Auch beim Arbeiten mit der Mikrowelle stets Topflappen bereithalten.

3. Die Mikrowellen werden von den Lebensmitteln aufgenommen und in Wärme umgewandelt. Nun ist es jedoch so, daß die Wärme nicht in allen Speisen gleich schnell entsteht. Die Art – Fleisch, Fisch, Gemüse – und der Zustand – gefroren, kühlschrankkalt, zimmerwarm – sind für die Schnelligkeit des Auftau- oder Garvorganges bestimmend.

Da die Speisen nicht völlig gleich sind, wandeln die verschiedenen Bestandteile unterschiedlich schnell Mikrowellen in Wärme um. Durch die Wärmeleitung im Lebensmittel gleichen sich jedoch diese Unterschiede schnell wieder aus. Wasser nimmt Mikrowellen besonders gut auf. Deshalb *garen Speisen mit einem hohen Wassergehalt deutlich schneller als solche, die vorwiegend aus Fett oder festen Stoffen bestehen.* Hieraus ergeben sich die unterschiedlichen Gar- und Zubereitungszeiten für die einzelnen Gerichte.

Vorzüge der Mikrowelle solo

Zeit- und energiesparend

Die Mikrowellen arbeiten so schnell, daß sich Zeit- und Energieersparniswerte von 70% und mehr, verglichen mit dem Arbeiten auf der Kochplatte/im »Nur«-Backofen, erreichen lassen. Für den Solo-Betrieb ist das Gerät stets startbereit und schaltet sich nach Ablauf der Zeit automatisch aus. Das bedeutet für diese Funktion: kein Vorheizen und keine Restwärme.

Der Gesundheit zuliebe

Beim Kochen mit der Mikrowelle solo sind kein Fett und nur wenig Wasser erforderlich. So bleiben das Eigenaroma und die appetitliche Farbe der Speisen bestens erhalten. Ernährungswissenschaftler haben festgestellt, daß die hitzeempfindlichen Vitamine und Mineralstoffe gut geschont werden. Das ist aber noch nicht alles, Sie können beispielsweise auf ein starkes Würzen verzichten und Sie kochen kalorienarm. Es bilden sich weniger Röststoffe, was besonders für die Schonkost wichtig ist. Bei vielen Gerichten ist Salzen überhaupt nicht notwendig – eine gute Nachricht vor allem für Menschen mit hohem Blutdruck. Selbst Aufgewärmtes schmeckt wie frisch zubereitet.

Zubereiten gleich im Serviergeschirr

Mit Mikrowellen können Sie die Speisen gleich im Serviergeschirr aus Glas, Porzellan oder Keramik gar werden lassen und ohne Umfüllen direkt auf den Tisch bringen. So sparen Sie viel Kochgeschirr und damit auch Abwasch und Zeit. Gleich im Serviergeschirr zubereitet, bleiben die Speisen länger warm – ein angenehmer Nebeneffekt!

Einfache Bedienung

Leistung wählen – Zeit einstellen – Start. Drei Handgriffe und schon arbeitet die Mikrowelle in Ihrem Gerät. Wartezeiten wie bei der Kochplatte entfallen.

Auftauen ohne Probleme

Mikrowellen dringen auch in tiefgefrorene Lebensmittel ein und tauen diese schnell und gleichmäßig auf. Ein Rührkuchen ist z.B. in 6–8 Minuten aufgetaut – so lange braucht auch Ihre Kaffeemaschine. Sie geraten nicht mehr in Verlegenheit, wenn sich unvorhergesehen Besuch ansagt! Die elektromagnetischen Wellen dringen jedoch nur 2½–3 cm tief von jeder Seite in das Lebensmittel ein. Das bedeutet für die Praxis: Bei größeren Mengen und dickeren Fleischstücken muß für das Auftauen eine niedrige Stufe gewählt werden, damit die Randschichten nicht warm oder sogar heiß werden.

Grenzen der Mikrowelle solo

Haben Sie sich auf das Arbeiten mit der Mikrowelle solo in Ihrem Gerät erst einmal eingestimmt, so werden Sie sicher für eine Vielzahl von Speisen einen regelmäßigen Verwendungszweck entdecken. Auftauen, Erwärmen, Erhitzen, Schmelzen und das Garen, z.B. von Gemüse, diversen Beilagen oder Süßspeisen, kennzeichnen nur wenige Anwendungsmöglichkeiten.

Da Sie ein Kombinationsgerät besitzen, wird der wesentliche Nachteil der Mikrowelle – die fehlende Bräunung und Krustenbildung der Speisen – durch die Zuschaltung konventioneller Wärme hervorragend ausgeglichen. Zu den Speisen, die Sie jedoch grundsätzlich auf herkömmliche Art zubereiten sollten, gehören:

▷ alle typischen Pfannengerichte, z.B. panierte Schnitzel oder Koteletts, Bratwürste, Pfannkuchen;
▷ fritierte Speisen, z.B. Schmalzgebäck, Kroketten, Pommes frites;
▷ ganze Eier – roh oder in der Schale, sie platzen mit Mikrowellen. Der Grund: Das Ei-Innere dehnt sich wegen des schnellen Garens stark aus und »sprengt« die Schale. Ei im Glas (mit angestochenem Dotter) oder Rührei können Sie jederzeit zubereiten.

Ausstattungsmerkmale

Geräteaufbau

Der wichtigste Bauteil Ihres Kombinationsgerätes ist das *Magnetron* das – ähnlich einem Sender – die

Mikrowellenverteilung im Garraum

Mikrowellen erzeugt. Über einen Kanal werden Sie in den *Garraum* bzw. Backofen geleitet. Dieser ist rundum aus Metall gefertigt und mit Emaille überzogen oder kataytisch beschichtet. Bei einigen Geräten kann es auch ein Garraum aus Edelstahl sein. Gleich welcher Ausstattung, werden die Mikrowellen von allen Seiten gut reflektiert. Damit eine gleichmäßige Einwirkung der Mikrowellen gewährleistet ist, sind die verschiedenen Modelle entweder mit einem *Drehteller* (Keramik oder Metall) *oder* einer *Drehantenne* ausgestattet. In der Praxis

Drehantenne

ergeben sich bei beiden Systemen gute Ergebnisse. Alle haushaltsüblichen Gefäße sind einsetzbar.

Die *Fensteröffnung in der Tür* wird von einem feinen Metallgitter abgedeckt, das wie eine Metallplatte wirkt. So ist es unmöglich, daß Mikrowellen nach außen dringen.

Allen Geräten gemein ist ein eingebautes *Gebläse*, das nach dem Einschalten des Mikrowellenbetriebes alle empfindlichen Bauteile kühlt. Daneben wird auch der Garraum (Backofen) be- und entlüftet, damit Feuchtigkeit und Kochdämpfe schnell abziehen. *Achten Sie daher immer darauf, daß die Luftaustritte nicht verstellt oder zugedeckt sind.* Wird das Gerät zwischendurch geöffnet, so ist die Mikrowelle automatisch abgeschaltet. Vergessen Sie daher nach dem Schließen der Tür nicht, die Starttaste erneut zu betätigen.

Leistungsstufen

Entscheidend für ein gutes Gar- oder Auftauergebnis sind die gewählte Leistungsstufe »Mikrowelle« und die eingestellte Zeit.
Die Kombinationsgeräte sind in der Regel mit einer maximalen Leistung von 600, 650 oder 700 Watt im Garraum (= Backofen) ausgestattet. Für das Auftauen oder Fortkochen ist es unbedingt erforderlich, diese maximale Leistung zu reduzieren. Daher finden Sie an Ihrem Gerät neben dem Zeitschalter auch eine Wahlmöglichkeit für verschiedene Leistungsstufen. Diese können entweder über mechanische, digitale oder

Stufenlose Leistungsregelung

elektronische Bauteile wie Drehknöpfe, Schieber, Kurzhub- oder Folientasten eingestellt werden.
Die Auftaustufe liegt z.B. bei 90–180 Watt. Ein sogenanntes »Takten« verlangsamt die Leistung des Gerätes, d.h., es schaltet sich auto-

Einsatz der verschiedenen Leistungsstufen

Für das Arbeiten mit der Mikrowelle solo im Kombinationsgerät

Leistungsstufen		Praktischer Einsatz
in %	in Watt	
70–100	700 650 oder 600	Das sind die höchsten und somit am schnellsten arbeitenden Leistungsstufen, die eingesetzt werden zum Garen, Dünsten (z.B. Fisch, Gemüse, Beilagen usw.) Kochen (auch Ankochen) Auftauen, Erhitzen (z.B. für Tiefkühl-Fertiggerichte) Braten (einzelne Fleisch- und Hackfleischgerichte) Schmelzen (z.B. Schokolade, Gelatine) Erwärmen, Erhitzen (kleine Mengen, z.B. Tellergericht)
50–60	360 330 oder 300	Diese Leistungsstufen eignen sich für das schonende Braten (bestimmte Fleischstücke) Erhitzen (größere Mengen vorgefertigter und selbsteingefrorener Tiefkühlgerichte) Erwärmen (empfindliche Speisen, z.B. Babykost)
30–40	240 210 180 oder 150	Diese Leistungsstufen eignen sich zum schnellen Auftauen (z.B. Fleisch, Geflügel, Obst, Gemüse, Brot) Fortkochen (z.B. Eintöpfe, Aufläufe) Quellen (z.B. Reis, Grieß, verschiedene Getreidesorten)
10–20	120 90 75 oder 70	Diese niedrigen Leistungsstufen eignen sich hervorragend zum schonenden Auftauen (z.B. Butter, Quark, Käse, Tartar) Fortkochen (kleinere Mengen bis 750 g, auch Hefeteig gehen lassen) Warmhalten (z.B. Gulasch, Eintöpfe)

matisch sekundenweise ein und aus. Diese angepaßte Leistungssteuerung erlaubt einen Temperaturausgleich zwischen den schon warmen Randpartien der Speise und dem noch gefrorenen Mittelstück.
Bevor Sie mit Ihrem Gerät und diesem Kochbuch arbeiten, sehen Sie nach, mit welchen Leistungsstufen Ihr Gerät ausgestattet ist, damit Sie später allen Gerichten die richtigen Angaben zuordnen können. Diese Informationen finden Sie entweder im Geräte-Prospekt, in der Gebrauchsanweisung oder am Gerät selbst.
Dabei fällt Ihnen vielleicht auf, daß z.B. bei einem 600-Watt-Gerät ein Gesamtanschluß von 1200 Watt an-

gegeben ist. Das besagt: 50% der vom Gerät aufgenommenen Leistung werden für den Betrieb der Mikrowellen erzeugenden Bauteile benötigt.
Die Praxis hat gezeigt, daß von allen möglichen Leistungsstufen vier bis fünf regelmäßig für das Arbeiten mit der Mikrowelle solo benutzt werden.
Die obenstehende Übersicht beschreibt daher die häufigsten Einsatzmöglichkeiten der Mikrowelle solo im Kombinationsgerät. Auch für Geräte mit einer sogenannten »variablen Leistungswahl« gelten die Anwendungsbereiche, wie in der Tabelle aufgezeigt.
Die in diesem Kochbuch angegebenen Zeiten in den Rezepten für das

Umrechnungstabelle:
Vergleichswerte der verschiedenen maximalen Leistungsstufen für das Arbeiten mit der Mikrowelle solo im Kombinationsgerät

700 Watt	650 Watt	600 Watt
15 Sek.	17 Sek.	20 Sek.
30 Sek.	33 Sek.	35 Sek.
1 Min.	1 Min. 10 Sek.	1¼ Min.
1½ Min.	1 Min. 40 Sek.	1¾ Min.
2 Min.	2¼ Min.	2½ Min.
2½ Min.	2¾ Min.	3 Min.
3 Min.	3¼ Min.	3½ Min.
3½ Min.	3¾ Min.	4 Min.
4 Min.	4¼ Min.	4½ Min.
4½ Min.	5 Min.	5½ Min.
5 Min.	5½ Min.	6 Min.
6 Min.	6½ Min.	7 Min.
7 Min.	7½ Min.	8 Min.
8 Min.	8½ Min.	9 Min.
9 Min.	9½ Min.	10 Min.
10 Min.	11 Min.	11½ Min.
11 Min.	12 Min.	12½ Min.
12 Min.	13 Min.	14½ Min.
13 Min.	14 Min.	15½ Min.
14 Min.	15 Min.	16½ Min.
15 Min.	16 Min.	17 Min.
16 Min.	17 Min.	18 Min.
17 Min.	18 Min.	20 Min.
18 Min.	19 Min.	21 Min.
19 Min.	21 Min.	22 Min.
20 Min.	22 Min.	23 Min.
25 Min.	27 Min.	29 Min.
30 Min.	32 Min.	35 Min.
35 Min.	37 Min.	41 Min.
40 Min.	42 Min.	48 Min.
45 Min.	47 Min.	54 Min.
50 Min.	54 Min.	60 Min.
55 Min.	61 Min.	68 Min.
60 Min.	68 Min.	76 Min.

Arbeiten mit der Mikrowelle solo sind als Spannen angegeben, z.B. »in 8–10 Minuten garen«. Die kürzere Zeit gilt für leistungsstarke Kombinationsgeräte mit 700 Watt, die längere Zeit für Geräte mit 500–650 Watt.
Genauso sind die Zeiten für das Auftauen gewählt: Die kürzeren Angaben gelten für Geräte mit 240–210 Watt, die längeren für solche mit 180–150 Watt. Sollten Sie sich einmal nicht sicher sein oder

finden Sie Angaben auf den Verpackungen der Tiefkühlkost-Hersteller, die nicht mit der maximalen Leistungsstufe Ihres Gerätes übereinstimmen, so liefert Ihnen die nebenstehende Umrechnungstabelle einen passenden Zeitvergleich für die verschiedenen Geräte.

Zeitwahl

Die Zeiteinstellung für das Arbeiten mit der Mikrowelle solo erfolgt entweder über einen mechanischen, digitalen oder elektronischen Zeitschalter. Danach setzt man über die Starttaste das Gerät in Betrieb. Ist

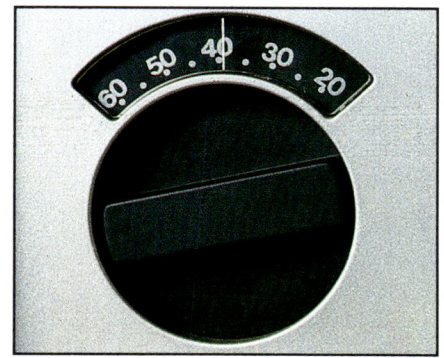
Zeitschalter

ein Gar- oder Auftauvorgang beendet, so ertönt ein Signal, und die Mikrowelle ist automatisch abgeschaltet.
Bei den meisten Geräten mit einer elektronischen Steuerung lassen sich bis zu drei Leistungs- und Zeitkombinationen vorwählen, die dann automatisch nacheinander ablaufen. So wird z.B. ein tiefgefrorenes Fertiggericht erst mit einer niedrigen Stufe aufgetaut und anschließend mit der höchsten Stufe fertig erwärmt. In diesem Fall addiert das Gerät die verschiedenen Zeiten, d.h. alle Vorgänge schalten Sie auf einmal am Anfang der Zubereitung ein. Daneben bieten manche Geräte eine Zeit-Vorwahl. Die Mikrowelle schaltet sich dann automatisch zu jeder beliebig vorwählbaren Uhrzeit ein und selbstverständlich auch wieder aus, falls Sie sich einmal verspäten sollten.

Zusatzausstattungen

Speisenthermometer
Das Ende der Garzeit läßt sich auch durch die Messung mit einem Speisenthermometer genau bestimmen. Dieses wird in die Mitte des Lebensmittels eingesteckt und mit dem Gerät verbunden.
Über die Bedienungselemente des Gerätes kann dann die gewünschte Kerntemperatur vorgewählt werden. Dabei arbeiten Sie mit jeder beliebigen Leistung, die Ihnen Ihr Gerät bietet. Meist jedoch ist die hohe Leistungsstufe empfehlenswert, damit die gewünschte Kerntemperatur schnellstmöglich erreicht wird. Das Thermometer mißt die Temperatur nur an der Spitze, daher ist es 2–3 cm tief in die Speise einzuschieben. Ist die gewählte Temperatur erreicht, so schaltet sich die Mikrowellenzufuhr automatisch ab, oder das Gerät arbeitet mit der Stufe »Warmhalten« (ca. 70–90 Watt) weiter.
Das Speisen-Thermometer ist eine große Hilfe beim Garen bestimmter Fleischgerichte, z.B. Hackbraten oder Kasseler, und beim Erhitzen von Flüssigkeiten oder Babykost.

Gewichtsautomatik
Bei einigen Geräten ermöglicht eine Gewichtsautomatik ein unbeaufsichtigtes Auftauen oder Garen verschiedener Speisen. Das Gewicht der Lebensmittel wird über eine festgelegte Merkzahl oder über eines der angebotenen Programme eingegeben. Nach Drücken der Starttaste ermittelt ein Mikroprozessor die entsprechende Auftau- oder Garzeit, die nun automatisch abläuft. Andere Geräte arbeiten z.B. mit einem Feuchtigkeitssensor, der im Abluftkanal befestigt ist und keinen direkten Kontakt mit der Speise hat. Er umfaßt die von dem Lebensmittel abgegebene Feuchtigkeit. Ist ein bestimmter Wert erreicht, schaltet das Gerät automatisch ab.
Gewichtssensoren sind in Geräten mit einer eingebauten »Waage« anzutreffen. Hierbei wird die entsprechende Garzeit über den Gewichtsverlust der Speisen ermittelt.

Einsatzmöglichkeiten

Die Mikrowelle solo in Ihrem Kombinationsgerät eignet sich hervorragend für die Zubereitung einer Vielzahl von Speisen. Der Einsatz ist jedoch begrenzt, da sich keine Bräunung zeigt. Der Grund liegt in der guten Energieübertragung der Mikrowelle, die es erlaubt, daß im Gargut keine großen Temperaturunterschiede entstehen.

Zwar gibt es eine ganze Reihe von »Bräunungstechniken«, mit denen manche Speisen auch mit »Nur«-Mikrowelle eine appetitliche Färbung erhalten. So können z.B. bestimmte Gewürze oder Saucen den Gerichten ein ansprechendes Äußeres verleihen. Für ein knuspriges Hähnchen ist Backofenhitze, wie sie in allen Kombinationsgeräten eingesetzt wird, jedoch unerläßlich.

Da in jedem Kombinationsgerät sinnvollerweise die Funktion »Mikrowelle« separat nutzbar ist, finden Sie in diesem Kochbuch selbstverständlich neben typischen Mikrowellen-Rezepten alle anderen, wichtigen Informationen in den einzelnen Kapiteln, unterstützt durch übersichtliche Tabellen. Schnell werden Sie erkennen, daß sich die Mikrowelle solo für folgende Anwendungen am besten einsetzen läßt:

Erwärmen

Alle Speisen und Getränke, die Sie von kühlschrankkalt auf eine angenehme Eß- oder Trinktemperatur bringen möchten, z.B. Milch, Säfte oder Joghurt.

Erhitzen

Bereits vorbereitete Speisen für Familienmitglieder, die zu unterschiedlichen Zeiten nach Hause kommen, z.B. Tellergerichte, Suppen, Fleischgerichte, Beilagen oder auch Babykost.
Das gilt sowohl für gekühlte als auch tiefgefrorene Speisen.

Schmelzen – Erweichen

Schokolade, Gelatine oder verschiedene Glasuren. Auch kristallisierter Honig, zu hart gefrorene Eiscreme oder Butter ist in wenigen Sekunden wieder streichfähig.

Auftauen

Alle Sorten von Fleisch, Geflügel, Fisch, Brot, Gemüse und Molkereiprodukten. Nutzen Sie hierfür die verschiedenen, niedrigen Leistungsstufen Ihres Gerätes.

Garen – Dünsten – Kochen

Verschiedene Gerichte, die schonend zubereitet werden sollen und bei denen eine »Krustenbildung« unerwünscht oder nicht erforderlich ist, zum Beispiel:

▷ Fischgerichte
▷ Gemüsegerichte
▷ kleine Vorspeisen und Suppen
▷ spezielle Fleisch- und Geflügelgerichte, z.B. Frikassee
▷ Beilagen wie Salz- oder Pellkartoffeln, Reis
▷ Süßspeisen, Desserts, Kompotte.

Sie haben stets die Wahl zwischen frischen oder vorgefertigten, tiefgefrorenen Lebensmitteln.

Damit Ihnen die Zuordnung in jedem Fall leicht fällt, liefert Ihnen zudem die Übersicht auf der Seite 13 eine Antwort auf die Frage, wie die einzelnen Gerichte am besten zubereitet werden.

DIE KOMBINATIONSGERÄTE

Was heißt Kombination?

Alles, was die Mikrowelle solo allein nicht schaffen kann – hier sei vornehmlich das Bräunen von Kuchen oder das Braten erwähnt – das kann Sie mit Unterstützung von konventioneller Hitze. Deshalb sind die Mikrowellen-Kombinationsgeräte mit den »klassischen« Backofen-Heizfunktionen wie

▷ Heißluft,
▷ Ober- und Unterhitze oder
▷ Umluftgrill bzw. Flächengrill

ausgestattet. Dabei zeigen sich die Geräte rein äußerlich in zwei verschiedenen Bauformen:

Das Kombinationsgerät sieht aus wie ein normaler, vertrauter Backofen oder wie ein größeres, freistehendes Mikrowellengerät, dem eine Backofenbeheizung hinzugefügt worden ist. Im praktischen Einsatz gibt es zwischen beiden Bauformen fast keinen Unterschied.

Der kombinierte Betrieb ist, vereinfacht dargestellt, eine Verbindung aus

> Mikrowelle + Backofen
> = Kombinationsgerät

Schalterfront eines modernen Kombi-Herdes

Jede Gerätefunktion, so auch die Mikrowelle, kann für sich allein genutzt werden. Vielfältige Einsatzmöglichkeiten eröffnen sich jedoch erst in der Kombination. Sie dient dem Zweck, die Mikrowelle mit den anderen Heizarten gleichzeitig zu betreiben. Das Resultat:
Der Gar-, Back- oder Bratvorgang wird bei gewohnt gutem Ergebnis erheblich verkürzt. Zudem ist das mitgelieferte Geräte-Zubehör so abgestimmt, daß es stets für alle Anwendungen wie Garen, Backen, Braten oder Grillen einsetzbar ist. Selbstverständlich sind die Backofen-Heizfunktionen auch ohne die Mikrowelle nutzbar. So wird aus einem Kombinationsgerät schnell ein praktischer Zweitbackofen.

Vorzüge der Kombination gegenüber dem Mikrowellen-Sologerät bzw. dem »Nur«-Backofen

In jedem Kombinationsgerät lassen sich neben der Mikrowelle solo auch eine oder mehrere Backofen-Heizfunktionen separat nutzen. Die besonderen Vorteile liegen jedoch im kombinierten Betrieb.

Zeitersparnis und Convenience

Wird die Backofen-Heizfunktion, z.B. *»Heißluft«*, mit der Mikrowelle gleichzeitig eingestellt und in Betrieb genommen, sind die wesentlichen Vorzüge:

▷ Kürzere Back-, Brat- oder Grillzeiten von 50–80%,
▷ verringerter Energieverbrauch bis ca. 60%, verglichen mit bisherigen Zubereitungsmethoden,
▷ Bräunung durch die Backofenwärme oder den Grill.

Das bedeutet: Gerichte – wie Kuchen, Braten, Geflügel oder Aufläufe –, die Sie bisher im Backofen zubereitet haben, gelingen nun genauso knusprig, jedoch viel schneller und zudem energiesparender.
Bei der Kombination von *Mikrowel-*
le plus Grill sind die Zubereitungszeiten extrem kurz. Der Grund: Die Mikrowelle gart die Speise sehr schnell, und der intensive Flächengrill erzeugt ebenso rasch eine schöne Bräunung. So ist zum Beispiel ein Nudelgratin bereits nach 15 Minuten servierfähig, während er im Backofen traditioneller Bauart mindestens 1 Stunde braucht. Neben diesem »Zeiteffekt« sind andere Annehmlichkeiten erwähnenswert:

▷ An heißen Sommertagen bleibt die Küche spürbar kühler.
▷ Vor allem bei der Zubereitung von Fleischgerichten entwickelt sich deutlich weniger Geruch.
▷ Bei Verwendung hitzebeständiger Gefäße mit Deckel werden die Gerichte sogar schön gebräunt – ohne Verschmutzung des Gerätes.

Qualität der Speisen

Aber nicht nur Schnelligkeit und Convenience der Zubereitung sprechen für die Kombinationsgeräte, auch die Qualität der Speisen ist oftmals deutlich besser. Es fällt auf, daß viele Gerichte wesentlich saftiger werden, als herkömmlich zubereitet. Der Grund dafür liegt auch hier in den kurzen Garzeiten, die generell einen geringeren Feuchtigkeitsverlust bewirken. So ist z.B. ein Hähnchen bereits nach 20 Minuten servierfähig. Nur in der Kombination ist das so schnell möglich, wobei die Backofenhitze eine schöne Bräunung, die Mikrowelle hingegen ein schnelles Garwerden bewirken. Zu schnell, um viel Fleischsaft austreten zu lassen. Das Ergebnis: ein überaus saftiges und dennoch knuspriges Geflügel.

Vergleich: Einsatzmöglichkeiten des Mikrowellen-Solo- bzw. -Kombinationsgerätes

Zubereitung mit Mikrowelle solo	Zubereitung in der Kombination
Eintöpfe und Suppen	Überbackene Suppen
Saucen	Überbackener Toast
Vorspeisen und Terrinen	Tiefgefrorene Vorspeisen
Fleischgerichte *Beispiele* Schweinefilets Kasseler Hackbraten und Hackfleischgerichte Geschnetzeltes, Frikassee	Fleischgerichte *Beispiele* Bratenstücke im Ganzen Gulasch vom Rind, Schwein Lamm- oder Hammelkeule Einige Wildgerichte
Geflügelgerichte *Beispiele* Frikassee Gedünstetes Putenfleisch	Geflügelgerichte *Beispiele* Gebratene Hähnchen, Ente, Pute Geflügelteile wie Hähnchenschenkel
Gedünsteter Fisch, frisch oder tiefgefroren	Gebratene Fische im Ganzen
Gemüse, frisch oder tiefgefroren	Überbackene Gemüse- und Käsegerichte
Aufläufe aus Gemüse, Fisch und anderen Zutaten	Gratins
Kochpuddinge, Nachspeisen, Konfitüren	Gebäcke, Pasteten, überbackene Süßspeisen, Spezialrezepte wie Quiche
Beilagen wie Reis, Salzkartoffeln, einige Teigwaren und Eierspeisen	Tiefgefrorene Fertigspeisen wie Pizzen, Aufläufe
Heiße Getränke	

Einführung

Bei extrem feuchten Gebäcken wie Quarktorte oder Quiche lorraine bewirkt die gleichzeitig wirkende Mikrowelle, daß die feuchte Auflage schneller »stockt«. Es entstehen keine »Klitschstreifen« mehr, da der Teigboden leichter durchbacken kann. So erhalten Sie ein deutlich besseres Backergebnis – und das in der Hälfte der Zeit.

Damit Sie stets die richtige Zuordnung für Ihre beliebten Rezepte finden, liefert Ihnen die Übersicht auf Seite 13 alle wichtigen Informationen darüber, welche Gerichte am besten

▷ mit der Mikrowelle solo bzw.
▷ in der Kombination

gelingen. Haben Sie sich einmal mit dieser Tabelle vertraut gemacht, so hilft sie Ihnen, Ihr Kombinationsgerät in allen Funktionen optimal zu nutzen.

An dieser Stelle sei erwähnt, daß Sie einige wenige Gerichte – vornehmlich Gebäcke – besser herkömmlich, d.h. im »Nur«-Backofenbetrieb, zubereiten sollten. Dazu gehören:

▷ einige tiefgefrorene Gerichte, z.B. Pizza, Schnecken usw.;
▷ bestimmte Gebäcke
  • aus Biskuitteig, z.B. Biskuittorte, Biskuitrolle,
  • aus Brandteig, z.B. Windbeutel, Eclairs,
  • aus Eiweißmasse, z.B. Baiser, Makronen,
  • aus Hefeteig mit einem hohen Mehlanteil, z.B. Stollen,
  • Roggenschrot- oder Vollkornbrot;
▷ Soufflé;
▷ typische Kleingebäcke, die auf einer oder mehreren Ebenen gebacken werden;
▷ gegrillte Leber, Bratwürste, Steaks.

Der Grund liegt teils in der Zusammensetzung der Speisen, teils in der Schnelligkeit der Mikrowelle, die zum Beispiel Kleingebäck zu schnell gart, noch bevor eine ausreichende Bräunung einsetzt. Gleiches gilt für Steaks oder andere flache Fleischportionen. Bei Kuchen mit hohem Mehlanteil braucht das Mehl eine ausreichende Quellzeit. Zu schnell gebacken, schmecken die Kuchen nachher »fad«.

Aufbau und Wirkungsweise der Kombinationsgeräte

Technisch betrachtet, ist ein Kombinationsgerät eine komplizierte Vereinigung eines Mikrowellen-Sologerätes mit einem herkömmlichen Backofen, das sich aus folgenden *Ausstattungsmerkmalen* beider Gerätetypen zusammensetzt:

Die verschiedenen Heizsysteme und ihr Einsatz in der Kombination

Alle Kombinationsgeräte, gleich welcher Bauart, bieten eine technisch gelungene und praxiserprobte Kombination verschiedener Heizsysteme. Jede der nachfolgend genannten Betriebsarten läßt sich einzeln einsetzen oder mit der Mikrowelle gleichzeitig kombinieren.

Heißluft

An der Rückwand des Gerätes befindet sich ein Ventilator, der die im Backofen erzeugte Wärme ständig umwälzt. Diese wird entweder von

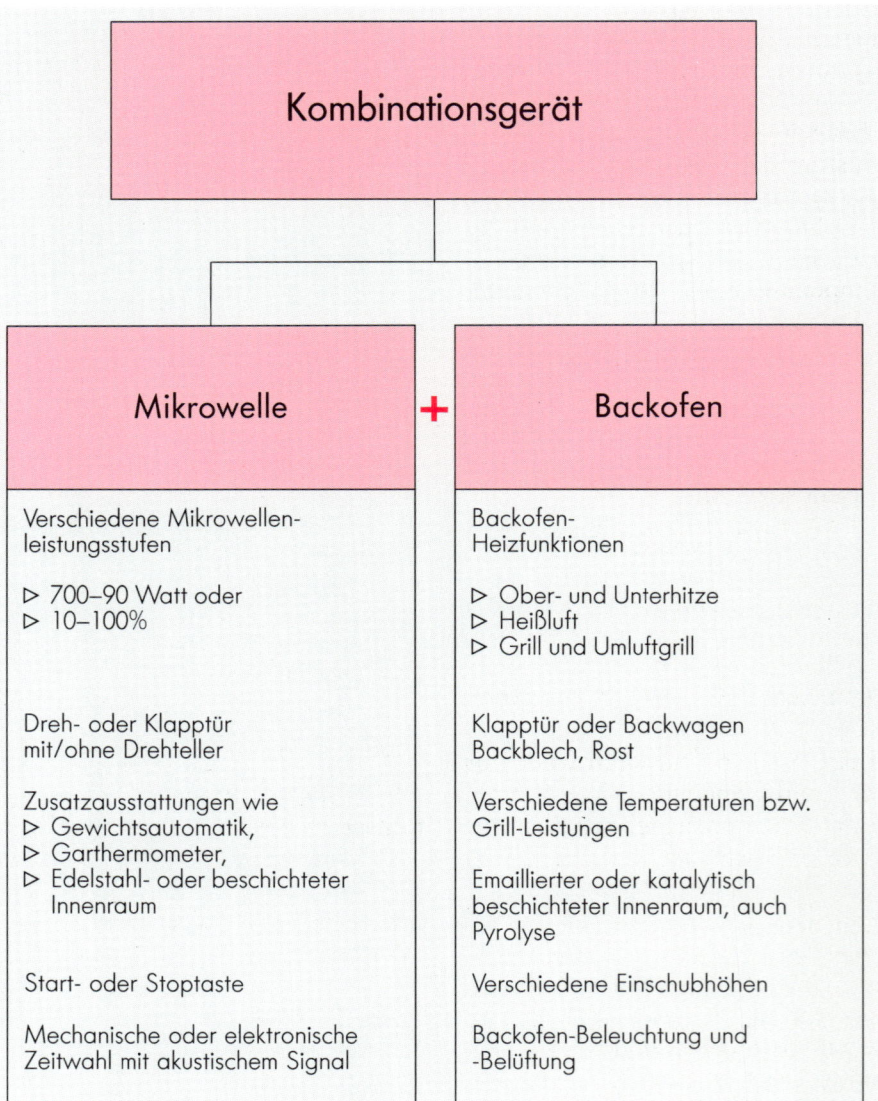

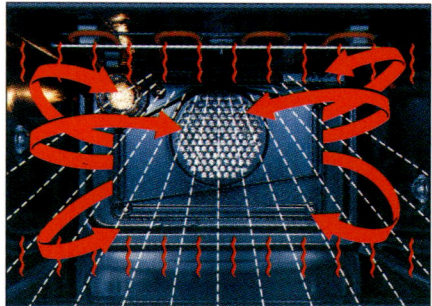

Heißluft

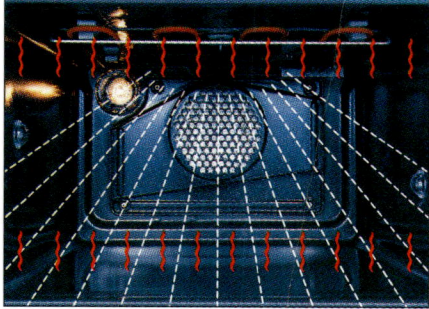

Ober- und Unterhitze

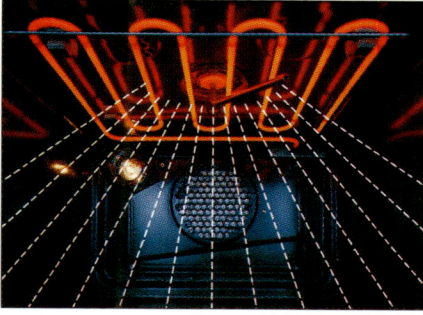

Grill

der Ober- und Unterhitze oder von einem Heizkörper, der um den Ventilator geführt ist, erzeugt. Ein sogenanntes »Luftleitblech« schirmt den Ventilator zum Innenraum ab. Durch die Öffnungen des Bleches wird die Luft angesaugt und am Heizkörper vorbei wieder in den Backofen gedrückt. So können Speisen auf *mehreren Ebenen* gleichzeitig zubereitet werden. Beim kombinierten Betrieb läßt sich *nur eine Ebene* nutzen, da das untere Blech sonst im »Mikrowellenschatten« des oberen liegt und von der Mikrowelle nicht erreicht wird. Aufgrund der intensiven Wärmezufuhr sind die Temperaturen ca. 20–30 °C niedriger als bei der konventionellen Beheizung mit Ober- und Unterhitze. Die *Vorteile:*

▷ Wegen der geringen Hitzeeinwirkung verschmutzt der Garraum nicht so stark.
▷ Ein Vorheizen ist im allgemeinen nicht erforderlich.

Fast alle Kombinationsgeräte mit Heißluft sind mit einer dazu frei wählbaren Temperatur ausgestattet. Beim Auftauen empfindlicher Speisen, z.B. Sahnetorten, Käse, Butter oder Obst, kann zur Mikrowelle nur der Umluftventilator (ohne Temperatur) hinzugeschaltet werden. Für weniger empfindliche Speisen, z.B. Brot, Fleisch, Geflügel oder Kuchen, ist eine niedrige Temperatur von ca. 50 °C wählbar. In beiden Fällen unterstützt die kalte oder warme, ständig umgewälzte Luft den Auftauvorgang wesentlich. Die Zeit verkürzt sich um 20–30%, die Speisen tauen noch gleichmäßiger auf.

Ober- und Unterhitze

Elektrische Rohrheizkörper, die teils innen oder außerhalb des Backofens liegen, erzeugen Wärme, die durch Strahlung und geringfügige Luftströmung zum Gargut gelangt. Damit der Energieverbrauch und die Aufheizzeit möglichst gering sind, ist bei fast allen Geräten der Heizkörper für die Erzeugung der *Oberhitze* direkt unter der Decke, also im Inneren des Gerätes, angeordnet. Eine technische Umschaltung macht es möglich, ihn auch als Grill zu nutzen. Auch der Heizkörper für die *Unterhitze* kann innerhalb des Backofens angebracht sein, in den meisten Geräten liegt er jedoch unsichtbar unter dem Bodenblech. Da Ober- und Unterhitze im Vergleich zur Heißluft etwas längere Zeit benötigen, um bei Braten oder Kuchen eine Bräunungswirkung entstehen zu lassen, ist bei manchen Gerichten ein kurzes Vorheizen von 5–10 Minuten empfehlenswert. Neben der gleichzeitigen Einwirkung von Ober- und Unterhitze bieten einige Gerätetypen eine getrennt schaltbare Einstellung an.

Grill

Die Grilleinrichtung im Kombinationsgerät besteht entweder aus einem runden oder einem großflächigen, rechteckigen Heizkörper, der entweder fest eingebaut ist oder über eine speziell dafür vorgesehene Steckdose angeschlossen wird. Beim Grillen bleibt die *Tür stets geschlossen,* sonst könnte die Mikrowelle nicht gleichzeitig in Betrieb genommen werden.

Bedingt durch die Bauform des Kombinationsgerätes, ist die Leistung des Grills unterschiedlich:

▷ Bei den kompakten Tischgeräten liegt sie bei 1000–1900 Watt,
▷ bei den Stand- oder Einbauherden bei 2100–2800 Watt.

Sie ist in einigen Geräten sogar stufenlos regelbar. In der maximalen Position ist die Grillwirkung bei beiden Gerätebauformen gleich intensiv.

Für das Grillen bieten sich zwei verschiedene Techniken an:

▷ das Flächengrillen direkt unter dem Grill,
▷ das Grillen mit Heißluft = Umluftgrillen.

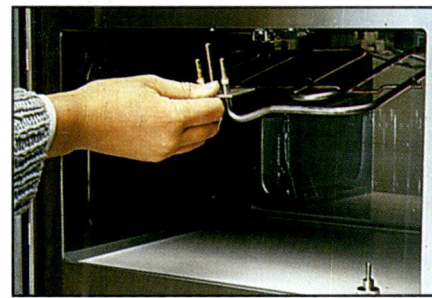

Herausnehmbarer Grill

Flächengrill

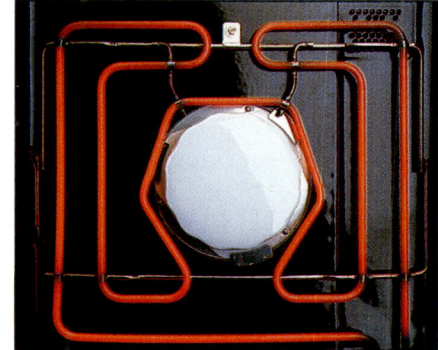

Flächengrillen

Beim Flächengrillen wirkt der Grill direkt auf die Oberfläche des Gargutes ein. Es bilden sich rasch Röststoffe, die Aroma und Grillgeschmack bewirken, während das Gericht selbst vornehmlich durch die hinzugeschaltete Mikrowelle gar wird. Die Kombination von Mikrowelle plus Flächengrill ist daher einfach ideal, da die Garzeiten extrem kurz sind und die Gerichte vortrefflich gelingen. Das Anwendungsspektrum reicht von Aufläufen über Fleischgerichte bis hin zu Geflügelhälften, Toasts, Gratins oder Suppen.

Umluftgrillen

Grillen mit Heißluft = Umluftgrillen (auch als »Heißluft mit Grill« bezeichnet) ist hingegen eine völlig neue Art der Zubereitung diverser Grillgerichte. Hierbei werden Grill und Umluftventilator gleichzeitig

Umluftgrill

betrieben oder abwechselnd automatisch ein- und ausgeschaltet. Ständig oder während der Heizpausen wirbelt der Ventilator die Infrarothitze des Grills um das Gargut. So wird es von allen Seiten knusprig und gleichmäßig braun. Größere, kompakte Fleischstücke und Geflügel, z.B. eine Ente, lassen sich problemlos grillen. Diese Technik ist außerdem weniger geruchsintensiv. Da der abtropfende Fleischsaft aufgefangen wird oder sich – ohne einzubrennen – im Geschirr sammelt und zudem keine Hitze »von unten« wirkt, entfällt auch das lästige Begießen. Das Fleisch bleibt trotzdem zart und saftig.

Wie bereits erwähnt, läßt sich jedes der vorgenannten Backofen-Heizsysteme mit der Mikrowelle kombinieren. Dabei bestimmen die Gerichte und das System selbst die Schnelligkeit und Qualität der Zubereitung.

So wird z.B. Gebäck mit einer niedrigen Leistung von 150–180 Watt und Ober- und Unterhitze bzw. Heißluft zubereitet. Für das schnelle Durchgaren beispielsweise von Aufläufen und Gratins unter dem intensiven Grill ist die hohe Leistung von 600, 650 oder 700 Watt notwendig, damit die Gerichte sehr schön gar und gut gebräunt gelingen.

Da die Kombinationsgeräte der verschiedenen Hersteller mit mindestens drei, höchstens jedoch zehn Leistungsstufen ausgestattet sind, ist es notwendig, gemeinsame »Kategorien« aufzustellen. Die Einteilung in »Mikrowelle hohe – mittlere – niedrige Stufe« hat sich in der Praxis bestens bewährt.

Die nachfolgende Übersicht zeigt Ihnen daher, welche Leistungsangaben Ihres Gerätes Sie den Rezepten dieses Buches zuordnen.

Einsatz der verschiedenen Leistungsstufen in der Kombination

Mikro-welle hohe Stufe	Mikro-welle mittlere Stufe	Mikro-welle niedrige Stufe
700 650 oder 600 Watt	360 300 oder 240 Watt	180 150 oder 90–120 Watt
high	medium	low
8–10	5–7	1–4
100%	50%	30%

Nicht jedes Kombinationsgerät ist mit allen vorgenannten Heizsystemen ausgestattet. Manche besitzen nur Ober- und Unterhitze und Grill, andere nur die Heißluft.

Damit Sie sich – gleich welches Gerät Sie besitzen – für Ihre eigenen

Rezepte immer das richtige System auswählen können, zeigt Ihnen eine weitere Übersicht (rechte Seite), welchen kombinierten Betrieb sie nutzen können.

Der Aufbau ist so gewählt, daß die Gerichte der jeweils besten Methode zugeordnet sind. Werden die Ergebnisse gleich gut, so sind beide Verfahren wählbar, z.B. Ober- und Unterhitze oder Heißluft bzw. Umluftgrill oder Grill.

Die Kombinations-Programme

Einige Kombinationsgeräte bieten zusätzlich *automatische* Programme für die Zubereitung einer umfangreichen Speisenauswahl. So gelingen z.B.:

▷ Fleisch- und Geflügelgerichte aller Art,
▷ Aufläufe und pikante Gebäcke,
▷ Suppentöpfe mit/ohne Hülsenfrüchte

problemlos, denn bei der Einstellung des Gerätes kann keine Fehlbedienung auftreten.

Die jeweils passende Mikrowellenleistung, Backofentemperatur und die Gesamtgarzeit sind – abhängig von der Art und dem Gewicht der Speise – bereits vorgegeben. Dabei sind bis zu drei verschiedene Funktionen nacheinander in Betrieb. Die Geräte arbeiten in der Regel mit einer *gewichtsabhängigen Steuerung*, d.h., Sie müssen vor der Zubereitung genau das Gewicht Ihres Gerichtes (ohne Gefäß) bestimmen.

Je nach Geräte-Ausstattung werden folgende Kombinationen angeboten:

▷ Mikrowelle mit Heißluft zum Auftauen,
▷ Mikrowelle mit Heißluft zum Auftauen und anschließendem Backen oder Braten,
▷ Mikrowelle mit Heißluft zum Backen oder Braten,
▷ Mikrowelle mit Grill zum Aufbacken, Braten, Gratinieren oder Überkrusten.

Einsatz der verschiedenen Heizsysteme in der Kombination

Empfohlenes System	Mikrowelle plus Heißluft oder Ober- und Unterhitze	Mikrowelle plus Flächengrill oder Umluftgrill	Empfohlenes System
[Heißluft]	Auftauen mit Ventilator ohne Temperatur ▷ Empfindliche Speisen wie Butter, Sahnetorten, Obst	Pikante und süße Aufläufe ▷ Nudelauflauf ▷ Quarkauflauf	[Mikrowelle] oder [Heißluft]
[Heißluft]	Auftauen mit Ventilator und 50 °C ▷ Brot, Fleisch, Geflügel, Kuchen	Gratins ▷ Kartoffelgratin ▷ Birnengratin	[Mikrowelle]
[Heißluft] oder [Ober-/Unterhitze]	Braten magerer Fleischstücke ▷ Rinderschmorbraten ▷ Kalbsbraten, Kalbshaxe ▷ Schinkenbraten vom Schwein	Gefüllte Gemüse ▷ Paprikaschoten ▷ Zucchini	[Mikrowelle] oder [Heißluft]
[Heißluft] oder [Ober-/Unterhitze]	Zubereitung von Fleischgerichten in pikanten Saucen ▷ Gulasch, Geschnetzeltes ▷ Rouladen, Frikassee, Coq au vin	Hackfleischgerichte	
[Heißluft] oder [Ober-/Unterhitze]	Braten von Geflügel im Ganzen ▷ Hähnchen mit/ohne Füllung ▷ Wildgeflügel wie Fasan	Zubereitung größerer, fetter Bratenstücke sowie typische Großgrilladen ▷ Schulter- oder Nackenbraten vom Schwein ▷ Schweinshaxe, Spießbraten ▷ Rostbeef ▷ Lammkeule oder Lammrücken ▷ Rehkeule oder Rehrücken	[Heißluft]
[Heißluft]	Backen tiefgefrorener, vorgefertigter Backwaren ▷ Obst-, Käse- oder Streuselkuchen ▷ Baguettes, Teigtaschen	Zubereitung von Geflügel ▷ Hähnchen ▷ Ente ▷ Pute mit/ohne Füllung	[Heißluft]
[Heißluft] oder [Ober-/Unterhitze]	Terrinen, Pasteten, Puddinge	Zubereitung kleinerer, flacher Fleischportionen ▷ Frikadellen ▷ Hasenrücken ▷ Hähnchenhälften, Hähnchenschenkel ▷ Fisch ▷ Spieße	[Mikrowelle] oder [Heißluft]
[Heißluft]	Hackfleisch- und Gemüsegerichte Suppentöpfe	Toasts	[Mikrowelle]
[Heißluft] oder [Ober-/Unterhitze]	Backen süßer und pikanter Gebäcke ▷ Rührkuchen mit Obst oder Nüssen ▷ Obstkuchen ▷ Strudel ▷ Quark- oder Käsetorten ▷ Pies, Quiche ▷ Blätterteiggebäcke	Gratinieren und Überkrusten von Suppen ▷ Zwiebelsuppe	[Mikrowelle]

In der Regel gelingen frisch vorbereitete Speisen in der Automatik am besten. Aber auch der Einsatz gefrorener Lebensmittel ist möglich, die die Automatik in einem auftaut, gart und bräunt. Bietet Ihnen Ihr Gerät diese Zusatz-Ausstattung, so können Sie z. B. Fleischgerichte bereits vor dem Einfrieren rundum würzen oder, mit allen Bratzutaten versehen, in einem geeigneten Gefäß einfrieren. Hierfür gibt es heute bereits ein hervorragendes Geschirrangebot. Tips und Hinweise finden Sie auf Seite 19.

Haben Sie einmal ein passendes Kombinationsprogramm gewählt, so erscheint im Anzeigenfeld des Gerätes die Gesamtgarzeit, und Sie müssen nur noch die Starttaste betätigen.

Ein *Nachteil* der Kombinationsprogramme ist, daß aufgrund der festgelegten Abläufe ein individuelles Kochen beliebter Hausrezepte fast nicht möglich ist. Die Programme umfassen aber ein derart großes Anwendungsspektrum, daß Sie für alle regelmäßig zuzubereitenden Gerichte sicher eine Möglichkeit finden. Nach kurzer Eingewöhnung werden Sie die einfache Handhabung und die immer optimalen Ergebnisse zu schätzen wissen.

Die verschiedenen Modelle

Die kombinierten Geräte lassen sich in zwei große Kategorien einteilen, die sich im wesentlichen durch das äußere Erscheinungsbild, d. h. Größe und Abmessung, voneinander unterscheiden:

▷ Tischgeräte in kompakter Ausführung,
▷ Stand- oder Einbauherde.

Tischgeräte

Die Tischgeräte sind frei aufstellbar und finden daher auf jeder Arbeitsfläche oder auf freistehenden Elektrogeräten – z. B. einem Kühlschrank – Platz. Jedes Kombina-

Tischgerät

Einbauherd

tionsgerät dieser Bauform kann an eine normale, mit 16 Ampère abgesicherte Steckdose angeschlossen werden.

Die Abmessungen in Breite, Höhe und Tiefe sind – je nach Gerätehersteller – unterschiedlich, so auch die Innenausstattungen. Die Maße einiger Geräte sind so gewählt, daß sie sich mit Hilfe eines schmalen Rahmens gleich oder nachträglich in Küchenmöbeln einbauen lassen. Dreh- oder Klapptüren, elektronische oder mechanische Zeit- und Leistungssteuerungen sind, neben weiteren Zusatzeinrichtungen, gerätetypische Ausstattungsmerkmale.

Rein äußerlich unterscheidet sich diese Kategorie der Kombinationsgeräte nur unwesentlich von den Mikrowellen-Sologeräten. Erst bei geöffneter Tür ist eine unterschied-

liche Ausstattung des Garraumes erkennbar: Sie sehen einen »vertrauten« Backofen-Innenraum mit mehreren Einschubböden und flachem Geräteboden oder einen Drehteller und dazu passendes Zubehör aus einem oder zwei Rosten, die verschiedene Einschubhöhen nutzen lassen. In der Regel ist der Gar-, Back- oder Bratraum emailliert oder stellenweise mit katalytischem Email beschichtet oder aus blankem Edelstahl gefertigt. Die Mikrowelle wird seitlich, von oben oder von unten in den Garraum geleitet. Für eine gleichmäßige Verteilung sorgt entweder eine Drehantenne oder ein Drehteller.

Stand- oder Einbauherde

Die Stand- oder Einbauherde mit integrierter, d.h. eingebauter Mikrowelle, sind für alle diejenigen interessant, die trotz geringer Stellfläche in ihrer Küche nicht auf eine Mikrowelle verzichten und alle Vorzüge eines modernen Backofens einschließlich der Kombinationsmöglichkeit nutzen möchten. Normmaße in 50 oder 60 cm Breite erlauben ein problemloses Unterbringen als freistehendes Standgerät oder als in

Möbeln eingebautes Gerät. Rein äußerlich erkennt man, daß neben den herkömmlichen Schaltern für die Steuerung der Kochplatten und des Backofens zusätzliche Bedienungselemente für die Mikrowelle aufgenommen worden sind:

▷ Einstellung der verschiedenen Mikrowellen-Leistungsstufen über einen mechanischen Drehschalter oder eine aufwendige Elektronicuhr,

▷ Start- oder Stoptaste zum Ein- und Ausschalten der Mikrowelle bzw. des kombinierten Betriebes,

Die verschiedenen Bauformen der Kombi-Geräte

▷ eine mechanische oder elektronische Zeitanzeige mit akustischem Signal.

Mit einer besonders tiefen Klapptür oder einem Backwagen ist der große Garraum verschlossen. Innen emailliert (dunkles Email oder Pyrolyseemail) oder aus Edelstahl gefertigt, zeigt der Backofen verschiedene Einschubhöhen für die einzelnen praktischen Anwendungsmöglichkeiten. Zur gleichmäßigen Verteilung der Mikrowelle findet man

Einbaubackofen

in einigen Stand- oder Einbauherden eine Drehantenne an der Decke des Gerätes oder zwei Eintrittsöffnungen für die Mikrowelle. Zur weiteren Geräte-Ausstattung gehört – neben den Heizsystemen – ein kompliziertes Be- und Entlüftungssystem, das alle anfallenden Kochdämpfe schnell beseitigt.

DAS GEEIGNETE GESCHIRR

Überblick

Aus den verschiedenen Eigenschaften der Mikrowellen, nämlich:

▷ sie durchdringen Glas, Keramik, Porzellan, Kunststoff und Papier,
▷ sie werden im Lebensmittel zu Wärme umgewandelt,
▷ sie werden von metallischen Flächen reflektiert,

lassen sich auch die Grundregeln für das Kochgeschirr ableiten.

Für die ersten Erfahrungen mit der Mikrowelle solo ist das in ihrem Haushalt vorhandene Geschirr völlig ausreichend. Hierzu zählen alle Gläser, Schüsseln, Teller, Tassen und Deckel aus Glas, Keramik, Porzellan und Steingut. Geeignet sind alle spülmaschinenfesten Geschirre. Aber: *Metallgeschirr* (Kochtöpfe und Pfannen aus Edelstahl, Kupfer, Aluminium, Emaille, Guß usw.) und *Geschirre mit metallischem Dekor* (Gold- und Silberrand) sind ungeeignet. Lebensmittel in geschlossenen Metallgefäßen werden von der Mikrowelle nicht erreicht. Metalldekore verursachen elektrische Überschläge, es bilden sich Funken.

Geeignet sind auch Geschirre, die von der Mikrowelle nicht oder nur wenig erhitzt werden. Dies erscheint ungewöhnlich, denn bisher ging man davon aus, daß alle Geschirre in der Mikrowelle »kalt« bleiben. Das ist aber nur bedingt richtig. Einerseits erwärmt sich das Gefäß stets durch die Abwärme des Lebensmittels, ein gewünschter Nebeneffekt, der die Speisen länger auf Eßtemperatur hält. Andererseits nehmen einige Werkstoffe einen Teil der Mikrowellenenergie auf, erhitzen sich mit und bewirken eine gewisse Verlängerung der Garzeit. Zu diesen zählen z.B.:

▷ Ornamin und Melamin,
▷ Geschirre mit Metalloxid-Einschlüssen (z.B. Bleikristall, Jenaer »2000« und einige Keramikarten).

Um einigermaßen sicher zu sein, ob Geschirr mit unbekannter Materialzusammensetzung dennoch geeignet ist, führen Sie einen schnellen *Geschirrtest* durch.

Geschirrtest

▷ Stellen Sie das leere Gefäß in das Mikrowellengerät.
▷ Schalten Sie für ca. 20–30 Sekunden die Mikrowelle auf der höchsten Stufe ein.

Ergebnis

▷ Ist das Geschirr kalt oder nur handwarm, so ist es für den Einsatz mit Mikrowellen geeignet.
▷ Wird das Geschirr heiß – vor allem am Boden – oder entstehen sogar Funken, so ist es ungeeignet.

In den Fachabteilungen der Warenhäuser und in Haushaltswarengeschäften werden vermehrt Spezialgeschirre angeboten. Ist das Geschirr ausdrücklich als »mikrowellengeeignet« oder »mikrowellenfest« gekennzeichnet, so können Sie es einsetzen, da es für den speziellen Gebrauch mit Mikrowelle entwickelt wurde.

Folgende *Temperatur-Einwirkungen des Gargutes auf das Geschirr* sind bei den einzelnen Anwendungen zu beachten:

Mikrowelle solo

▷ Auftauen	bis ca. 20 °C
▷ Erwärmen	bis ca. 60 °C
▷ Erhitzen	bis ca. 80 °C
▷ Garen, Dünsten, Kochen	bis ca. 100 °C

Kombinierter Betrieb

▷ Backen	bis ca. 200 °C
▷ Braten	bis ca. 230 °C
▷ Grillen, Gratinieren	über 280 °C / bis ca. 350 °C

Form und Größe

Neben der Materialauswahl, die noch näher erklärt wird, sind für ein gutes Ergebnis auch die Größe und die Form eines Gefäßes wichtig.
Die gleichmäßigsten Resultate sind in runden oder ovalen Formen zu erzielen. Rechteckige und quadratische Formen erscheinen zwar praktisch, weil sie oftmals das Gerät optimal ausnutzen lassen, sie haben jedoch den Nachteil, daß in den Ekken eine leichte Konzentration der Mikrowellen auftreten kann. Die Speisen garen an diesen Stellen deutlich intensiver. Das ist nicht weiter schlimm, wenn die Speise zwischendurch ein- bis zweimal durchgerührt wird.
Für ein gleichmäßiges, gutes Garergebnis ist auch die Geschirrgröße wichtig. Das Fassungsvermögen sollte in etwa der Speisenmenge entsprechen (ca. ⅔ gefüllt). Größere, flache Geschirre sind besser geeignet als hohe mit geringem Durchmesser. Der Grund: Die große Oberfläche ermöglicht ein gutes Eindringen und damit Einwirken der Mikrowellen.
Ausnahmen: Kaffee- oder Teekannen, Gefäße, in denen Flüssigkeiten (Suppe oder Wasser) erhitzt werden. Bei speziellen Kochpuddingen füllen Sie das Gefäß am besten nur zur Hälfte, da diese Gerichte um das Doppelte aufgehen.

Geschirrempfehlungen für den Einsatz mit Mikrowelle solo

Aluschalen und Alufolien

Wie bereits erwähnt, ist die Verwendung geschlossener Metallgefäße nicht möglich. Ungeeignet sind auch Gefäße mit Metallringen oder -schrauben, z.B. spezielle Deckelgläser, Kaffeekannen o.ä.
Flache, geöffnete *Aluschalen* von Tiefkühl- und Fertiggerichten lassen sich ausnahmsweise zum Auftauen und Erwärmen einsetzen, wenn sie

nicht höher als 2–3 cm sind. Natürlich ergeben sich gegenüber anderem geeignetem Geschirr Zeitverlängerungen, da die Mikrowelle nur von oben – nicht seitlich oder von unten – eindringt.
Nutzen Sie die mikrowellen-reflektierende Wirkung von *Alufolie* bewußt aus, z.B. beim Auftauen von Fisch oder Geflügel: Die empfindlichen Teile – Flossen, Beine oder Flügel – abdecken, so tauen sie nicht zu schnell auf und erwärmen sich nicht. Entfernen Sie die Folie nach ca. der Hälfte der Auftauzeit. Bitte beachten Sie, daß die Folie stets kleiner ist als das Auftaugut, um die Mikrowelle nicht völlig abzuschirmen. Die Folie darf auch nicht an den Garraumwänden anstoßen, sonst entstehen Funken.

Glas und Porzellan

Geschirre aus Glas und Porzellan eignen sich ideal für das Arbeiten mit der Mikrowelle solo. Glas wird am besten durchdrungen und bietet den Vorteil, daß der Garvorgang genau beobachtet werden kann. Die Gefäße erwärmen sich bei längeren Kochvorgängen. Halten Sie daher stets Topflappen bereit!
Vorsicht ist bei sehr feinem Glas und Porzellan geboten, das zwar augenscheinlich geeignet ist, jedoch der Abwärme des Lebensmittels nicht standhält.

Glas- und Vitrokeramik

Auch diese Materialien werden von den Mikrowellen leicht durchdrungen. Das Material verträgt zudem hohe Temperaturen, verformt sich nicht und speichert Wärme.
Die Tatsache, daß diese Geschirre sowohl bei Betrieb mit Mikrowelle solo als auch auf dem Elektroherd im Backofen mit Grill, im Kühl- und Tiefkühlgerät einsetzbar sind und in der Geschirrspülmaschine keinen Schaden nehmen, verdeutlicht ihren sehr vielseitigen Einsatz. Abnehmbare Griffe und transparente Deckel sind ein zusätzliches Plus.
Auch in allen Kombinationsgeräten sind Geschirre aus diesen Materialien bestens einsetzbar, da sie sogar extreme Temperaturunterschiede vertragen.
Neutral weiß oder mit schönen Dekoren versehen, sind sie ein ideales Serviergeschirr, das sich zudem einfach reinigen läßt.

Keramik, Steingut, Ton

Gefäße aus diesem Material sind ebenfalls gut für den Einsatz mit der Mikrowelle solo geeignet. Achten Sie jedoch darauf, daß die Gefäße keine großen unglasierten Flächen, z.B. am Boden, oder Risse in der Glasur aufweisen. Das Geschirr nimmt dann beim Spülen Feuchtigkeit auf und erwärmt sich später sehr stark.

Hitzebeständige Glasgeschirre

Vorteilhaft ist, daß sich Keramikgefäße durch Mikrowellen geringfügig miterwärmen. Beim Servieren entzieht das Gefäß der Speise keine Wärme, ein durchaus angenehmer »Warmhalteeffekt«.

Alle genannten Materialien sind *auch im kombinierten Betrieb* einsetzbar.

Kunststoffolien, Kunststoffgeschirre

Ist kein passender Deckel zur Hand, so verwendet man gern z.B. Klarsichtfolie zum Abdecken. Hier ist jedoch Vorsicht geboten, denn manche Folien – vornehmlich die zum Frischhalten – sind zu dünn und verformen sich leicht bei höheren Temperaturen, im Gegensatz zu den eigens für den Einsatz mit Mikrowelle entwickelten *Mikrowellen-Folien*. Praktisch sind Teller-Abdeckhauben aus Kunststoff, die sogar in fünf verschiedenen Größen erhältlich sind.

Für alle Anwendungen wie Auftauen, Garen oder Kochen gibt es mittlerweile im Fachhandel ein komplettes, hochtemperaturbeständiges Geschirrsortiment aus Kunststoff. Die Eigenschaften »*kältebeständig bis* −40°C, *hitzebeständig bis* 140°C, 180°C *oder* 200–250°C« erlauben das praktische Selbsteinfrieren von vorgekochten oder rohen Speisen und spätere Erhitzen oder Garen – ohne Umfüllen! Kunststoffgeschirre lassen sich leicht und gut reinigen. Einige sind sogar stapelbar, andere transparent zur besseren Beobachtung des Garvorganges.

Auch *Bratbeutel* und *Bratfolien* können Sie einsetzen. Sie sollten vor der Verwendung ein- bis zweimal eingestochen werden, damit der sich schnell entwickelnde Dampf entweichen kann. Metall-Verschlußklipse ersetzen sie am besten durch Küchengarn.

Oben: Hitzebeständige Glas- und Vitrokeramik

Unten: Hitzebeständige Keramik

Geschirrempfehlungen für den Einsatz in der Kombination

Diese Geschirre müssen alle die Eigenschaften haben, die sowohl für das herkömmliche Arbeiten im Backofen bzw. unter dem Infrarotgrill als auch beim Betrieb mit Mikrowelle solo notwendig sind. Das bedeutet: Sie müssen hochtemperaturbeständig *und* gleichzeitig mikrowellendurchlässig sein.

Zunächst sind alle Teile des mitgelieferten Gerätezubehörs einsetzbar. Auch die metallischen Teile wie Backblech, Fettpfanne oder Rost sind so auf die Mikrowelle abgestimmt, daß keine Störungen auftreten. Der Rost dient sogar als »Träger« für andere Formen aus Glas oder Keramik. Allerdings ist es nicht möglich, mit der Mikrowelle auf zwei Ebenen gleichzeitig zu backen oder zu braten. Der Grund: Das untere Blech würde im »Mikrowellenschatten« des oberen liegen und kann daher von der Mikrowelle nicht erreicht werden.

Einige Hersteller empfehlen für das Backen mit Mikrowelle runde Formen aus Metall, hier vornehmlich schwarzlackierte oder silikonisierte Formen. Achten Sie beim Einsatz darauf, daß die Form keinesfalls an den Garraumwänden anstößt.

Für alle Gerichte sind Geschirre aus folgenden Materialien einsetzbar:

▷ feuerfestes Glas, Porzellan oder Keramik,
▷ feuer- und frostfeste Glas- oder Vitrokeramik,
▷ hoch-hitzebeständiger Kunststoff, auch Bratfolien.

Beachten Sie, daß einige Kunststoffgeschirre nur bis 200–250 °C backofenfest und daher nicht zum Grillen geeignet sind.

Praktisch sind auch Kunststoff-Backformen, die es heute schon in vielen Größen und Ausführungen gibt.

DER PRAKTISCHE UMGANG MIT DER MIKROWELLE IM KOMBINATIONS-GERÄT

Das Erwärmen, Erhitzen und Schmelzen

Das Erwärmen und Erhitzen von Speisen und Getränken ist eine besondere Stärke der Mikrowelle, so daß in Kombinationsgeräten hierfür auch nur die Mikrowellenstufe gewählt werden muß. Auf Eßtellern vorbereitet und in den Kühlschrank gestellt, sind Menüs nach Bedarf in kurzer Zeit servierbereit und schmecken wie frisch gekocht. Das ist eine wesentliche Erleichterung für Familien, bei denen die einzelnen Mitglieder zu unterschiedlichen Zeiten nach Hause kommen. Heiße Getränke können mit der Mikrowelle sogar gleich im Trinkgefäß zubereitet werden. Auch das Schmelzen von Schokolade, Butter und Gelatine ist künftig kein Problem mehr.

Vorbereitete Speisen erwärmen/erhitzen

▷ Alle Speisen abdecken, dann erhitzen sie sich schneller und gleichmäßiger. Zum Abdecken eignen sich umgedrehte Teller, hitzebeständige Kunststoffolien, Pergamentpapier und Teller-Abdeckhauben.
Ausnahmen: Unbedeckt bleiben panierte Fleischgerichte und Speisen, die Kruste behalten sollen.

Empfohlene Geschirre für die verschiedenen Funktionen der Kombinationsgeräte

Geschirrart	Einsatz mit Mikrowelle solo			Einsatz im kombinierten Betrieb	
	Auftauen	Erwärmen Erhitzen	Garen, Dünsten, Kochen	Mikrowelle mit Ober- und Unterhitze bzw. Heißluft	Mikrowelle mit Grill bzw. Umluftgrill
Feuerfestes Glas und Porzellan	ja	ja	ja	ja	ja
Nicht feuerfestes Glas und Porzellan	ja	ja	ja	nein	nein
Feuer- und frostfeste Glas- bzw. Vitrokeramik	ja	ja	ja	ja	ja
Ton, glasiert	ja	ja	ja	ja	ja
nicht glasiert	nein	ja	ja	nein	nein
Steingut, Keramik[1]	ja	ja	ja	ja	nein
Kunststoffgeschirr					
▷ hitzebeständig bis 20 °C	ja	nein	nein	nein	nein
▷ hitzebeständig bis 95 °C	ja	ja	nein	nein	nein
▷ hitzebeständig bis 140 °C	ja	ja	ja	nein	nein
▷ hitzebeständig bis 250 °C	ja	ja	ja	ja	nein
Bratbeutel, Bratfolien[2]	ja	ja	ja	ja	nein
Papier, Pappe, Pergament[3]	ja	ja	nein	nein	nein
Metallgeschirr[4]	nein	nein	nein	nein	nein
Flache Aluschalen, Alufolie[5]	ja	ja	ja	ja	ja

[1] Ohne metallhaltige Glasur   [2] Bitte die vom Hersteller angegebenen Maximaltemperaturen beachten! Nicht mit Metallclips verschließen   [3] Nur kurzzeitig einsetzbar   [4] Ausnahme: runde Metallbackformen für die Kombination   [5] Folie nur zum Abdecken, Schalen nur offen verwenden

▷ Größere Mengen einmal wenden oder umrühren.

▷ Gemüse, Beilagen oder Eintöpfe immer leicht anfeuchten. Gebratenes Fleisch, Frikadellen usw. mit etwas Öl bestreichen.

▷ Keine fest verschraubten Gläser oder Flaschen erhitzen. Flüssigkeiten dehnen sich beim Heißwerden aus, das Glas könnte springen.

▷ Wer mehrere Gefäße, z.B. 2 bis 4 Tassen, gleichzeitig erwärmen möchte, muß diese gleichmäßig im Garraum verteilen.

▷ Kleine Mengen sind schneller erwärmt als große. Je größer die Menge, desto länger die Zeit.

Doppelte Menge	= fast doppelte Zeit
Halbe Menge	= halbe Zeit

▷ Sollten Sie für ein Gericht einmal keine passende Zeitangabe finden, so gilt die Faustformel:

Pro 100 g = ca. 1 Minute

▷ Zum Erwärmen oder Erhitzen stets die höchste Leistungsstufe wählen.

Tellergerichte erwärmen/erhitzen

Möchten Sie verschiedenartige, sich geschmacklich ergänzende Speisen auf einem Teller erhitzen, so achten Sie auf die unterschiedliche Erwärmungszeit der jeweiligen Speisen. Ein kompaktes Stück Fleisch braucht dann längere Zeit als eine Portion Kartoffeln oder Gemüse. Damit Beilagen nicht überhitzt werden, können sie ohne weiteres mit einem Stückchen Alufolie abgedeckt werden. Auch das »Stehenlassen« nach dem Erhitzen führt zu einem guten Wärmeausgleich.

Ein vorbereitetes Tellergericht ist in 1–2 Minuten wieder erwärmt

Einführung

Erhitzen vorbereiteter Speisen

Speisenart	Menge	Zeitangaben für verschiedene Leistungen			Anmerkungen
		700 Watt	650 Watt	600 Watt	
Tellergerichte					
Gulasch mit Nudeln	350–450 g	2 Min.	2¼ Min.	2½ Min.	Nudeln befeuchten, zugedeckt erhitzen.
Schnitzel mit Reis und Erbsen	400–500 g	4 Min.	4½ Min.	4 Min.	Reis und Erbsen befeuchten, zugedeckt erhitzen.
Braten, Klöße, Gemüse, Sauce	300–450 g	3 Min.	3¼ Min.	3½ Min.	Klöße und Gemüse befeuchten, Gericht abdecken, Sauce in separater Schüssel erhitzen.
Suppe/Eintopf					
1 Tasse, Teller	¼ l	1½ Min.	1¾ Min.	2 Min.	Nach halber Zeit 1mal umrühren.
2 Tassen, Teller	à ¼ l	3 Min.	3¼ Min.	3½ Min.	
Fleisch					
1 Schnitzel, paniert	180–200 g	1½ Min.	1 Min. 40 Sek.	1¾ Min.	Mit etwas Öl bestreichen, offen erhitzen, evtl. 1mal wenden.
Hackbraten	500 g	5 Min.	5½ Min.	6 Min.	
4 Frikadellen	500–600 g	4½ Min.	4¾ Min.	5 Min.	
Braten in Sauce	500 g	4½ Min.	4¾ Min.	5 Min.	Befeuchten, zugedeckt erhitzen.
Fisch					
1 Portion	200 g	1½ Min.	1¾ Min.	2 Min.	Befeuchten, zugedeckt erhitzen; panierte Stücke offen erhitzen.
2 Portionen	400 g	3 Min.	3¼ Min.	3½ Min.	
Geflügel					
½ Hähnchen	400 g	3½ Min.	3¾ Min.	4 Min.	Mit Butter bestreichen, offen erhitzen.
Frikassee	200 g	2 Min.	2¼ Min.	2½ Min.	Zugedeckt erhitzen, 1mal umrühren.
	400 g	3½ Min.	3¾ Min.	4 Min.	
Gemüse					
1 Portion	150 g	1½ Min.	1 Min. 40 Sek.	1¾ Min.	Befeuchten, zugedeckt erhitzen. 1mal umrühren.
2 Portionen	300 g	2½ Min.	2¾ Min.	3 Min.	
4 Portionen	600 g	4½ Min.	4¾ Min.	5 Min.	
Beilagen					
Kartoffeln, Reis,	100 g	1½ Min.	1 Min. 40 Sek.	1¾ Min.	Befeuchten, zugedeckt erhitzen.
Nudeln, Spätzle,	250 g	2½ Min.	2¾ Min.	3 Min.	Reis und Nudeln in etwas Butter schwenken.
Püree	500 g	4½ Min.	4¾ Min.	5 Min.	

Hinweis Bei den angegebenen Werten handelt es sich um Richtwerte, die je nach Beschaffenheit des Lebensmittels variieren können.

▷ Sind die Gerichte tiefgefroren, so wählen Sie die zwei- bis dreifache Zeit. Dabei ein- oder mehrmals umrühren.

Babykost erwärmen/erhitzen

Baby- und Kleinkindernahrung ist mit Mikrowelle sehr schnell erhitzt. Von Fertigkost in Gläsern wird der Deckel entfernt oder der Inhalt auf einen Teller gegeben. Die Erwärmzeit mit 600 Watt beträgt:

> 100 g = ca. 1½ Minuten
> 200 g = ca. 2–2¼ Minuten

Nach dem Erwärmen gut umrühren und die Temperatur prüfen! Das gilt auch für Milchfläschchen. Hierzu einige Richtwerte:

> 50 ml = ca. ½ Minute
> 100 ml = ca. 50 Sekunden
> 200 ml = ca. 1½ Minuten

Getränke erwärmen/erhitzen

Für heiße Getränke – ob mit oder ohne Alkohol – ist die Mikrowelle einfach ideal einsetzbar. Ohne großen Aufwand wird das Getränk gleich im Trinkgefäß oder in einem Krug zubereitet. So bleibt es länger heiß, ein durchaus angenehmer Nebeneffekt! Milch, mit Mikrowelle erhitzt, kann weder anbrennen noch ansetzen.

Grundsätzliches
▷ Nur hitzebeständige Gefäße verwenden.
▷ Getränke immer auf der höchsten Stufe offen zubereiten.
▷ Auch für Getränke gilt: doppelte Menge = fast doppelte Zeit, halbe Menge = halbe Zeit. Daraus ergeben sich die folgenden Richtwerte für Geräte mit 600 Watt:

Im Glas erwärmt, sind Getränke minutenschnell serviert

1 Tasse	= ca. 2–2 ½
(200 ml)	Minuten
2 Tassen	= ca. 3½–4½
	Minuten
4 Tassen	= ca. 6½–8
	Minuten

▷ Vor dem Servieren das Getränk kurz umrühren.

▷ Getränke mit hochprozentigem Alkohol dürfen nicht überhitzt werden. Vermeiden Sie daher ein starkes Kochen durch eine zu lang gewählte Zeit.

▷ Verwenden Sie stets frisches Wasser. Bei mehrfachem Erhitzen kann der Gefäßinhalt stark aufkochen und plötzlich überschwappen. Das passiert vor allem bei hohen, engen Gefäßen, z.B. Trinkgläsern. Diese Erscheinung wird allgemein als »Siedeverzug« bezeichnet. Erhitzen Sie daher das Getränk mit einem eingelegten Teelöffel (hat keinen Einfluß auf die Mikrowelle).

Problemloses Schmelzen

Schmelzen im Wasserbad bedarf besonderer Beaufsichtigung. Mit Mikrowelle solo ist dieser Vorgang jedoch problemlos. Hierzu einige Beispiele für die höchste Leistungsstufe (600 Watt):

Butter
In eine Tasse oder Schale geben, offen schmelzen und ein- bis zweimal umrühren.

50 g = ca.	½ Minute
100 g = ca.	1 Minute
250 g = ca.	2½ Minuten

Gelatine
Pulver für ½ l Flüssigkeit mit 5 EL Wasser in einer Tasse oder flachen Schale anrühren, dann ½ Minute schmelzen. Nicht umrühren.

Schokolade
Würfeln, in eine Tasse oder flache Schale geben und mehrmals um-

rühren. Vorsicht: Das Gefäß kann sehr heiß werden!

50 g = ca. 1	Minute
100 g = ca. 1¾	Minuten

Kuchenglasur
In eine Tasse oder flache Schale geben und offen schmelzen, einmal umrühren. Vorsichtig handhaben, da die Glasur sehr schnell schmilzt und leicht trocken wird.

100 g = ca.	½ Minute
150 g = ca. 1	Minute
200 g = ca. 1½	Minuten

Das Auftauen

Je langsamer der Auftauprozeß tiefgefrorener Produkte verläuft, um so größer ist die Gefahr, daß infolge erneuter Eisbildung die Zellstruktur verletzt wird, was zu einem großen Saftverlust nach dem Auftauen führt. Besonders »kritisch« ist der Temperaturbereich zwischen -5 und $0\,°C$, der deshalb möglichst schnell überbrückt werden muß. Hier zeigt sich die Stärke der Mikrowelle, in besonders kurzer Zeit diverse Speisen aufzutauen. Wichtig ist jedoch, die Schnelligkeit nicht zu übertreiben, sondern dem Lebensmittel genügend Zeit zu geben, damit sich Temperaturunterschiede ausgleichen.

Daher ist die Mikrowelle solo im Kombinationsgerät mit mehreren Leistungsstufen ausgestattet. Ein »Takten« der gewählten Leistung sorgt zudem dafür, daß die Randschichten nicht zu warm werden und im Inneren ein »Eiskern« bleibt. Nach kurzem Liegenlassen bei Raumtemperatur ist das Lebensmittel dann schnell vollständig aufgetaut. Wahlweise mit der Mikrowelle solo sind möglich:

▷ Auftauen roher Lebensmittel zur Weiterverarbeitung, z.B. in der Kombination,

Einführung

Auftauzeiten verschiedener Speisen

Speisenart	Menge	1. Schritt +	2. Schritt	Anmerkungen
		Auftauzeit in Minuten für verschiedene Leistungen	Nachtau- bzw. Ausgleichszeit bei Raumtemperatur in Minuten	
		240–210 Watt / 190–150 Watt		
Fleisch Fleisch im Ganzen vom Rind, Schwein oder Kalb	200 g	4 / 8	5–10	1mal wenden.
	500 g	10–12 / 13–15	10–15	} 2–3mal wenden.
	750 g	14–16 / 20–24	15–20	
	1000 g	20–22 / 25–30	20–25	3–4mal wenden, fette Fleischpartien evtl. mit Alufolie umwickeln.
Hackfleisch	150 g	3 / 7	5	} 1–2mal wenden.
	300 g	7 / 10	5–10	
	500 g	10–12 / 13–15	5–10	Nach ca. 4 Minuten bereits angetaute Partien abnehmen, 2–3mal wenden.
Geflügel Geflügelteile	450 g	8–9 / 10–12	5–10	1–2mal wenden, bereits angetaute Teile voneinander trennen.
Hähnchen, Poularde	850 g	18–22 / 23–26	5–10	Verpackung entfernen, Geflügel in eine Schale legen. Keulen und Flügel mit Alufolie umwickeln.
	1000 g	25 / 30	15	
	1200 g	28 / 35	15–20	1–2mal wenden. Alufolie nach halber Zeit entfernen.
Ente	1700 g	30–40 / 35–45	30–40	Wie oben, jedoch 3–4mal wenden.
Fische und Krustentiere Muscheln, Krabben	250 g	4–5 / 7–8	5	} Zwischendurch wenden, dabei angetaute Teile voneinander trennen.
Fischfilet	400 g	7–8 / 12–14	10	
Fische im Ganzen	750 g	10–12 / 16–18	10	1–2mal wenden.
	1000 g	15–18 / 22–26	15–20	2–3mal wenden, evtl. Flossen mit Alufolie abdecken.
Gemüse und Obst Pilze, Paprika, Kohl, Bohnen usw.	300 g	4–5 / 6–8	5	} Abgedeckt auftauen, 1–2mal umrühren.
	450 g	6–7 / 7–9	5–10	
	600 g	8–10 / 11–13	5–10	
Beeren-, Kern- und Steinobst	250 g	3–4 / 5–7	5–10	Auf einem Teller/Schale flach ausbreiten; 1–2mal vorsichtig wenden, dabei aufgetaute Teile voneinander trennen.
	500 g	8–10 / 10–12	10–15	
Brot und Gebäck Brötchen	1 Stück	¼ / ½	2–3	} Auf Papierserviette oder Haushaltspapier legen, 1mal wenden.
	4 Stück	¾ / 1	5	
Brot im Ganzen oder in Scheiben	250 g	2–3 / 5–6	5	Wie oben, jedoch 1–2mal wenden. Brotscheiben nach ca. der Hälfte der Zeit voneinander trennen.
	500 g	5–7 / 8–10	5	
	1000 g	10–12 / 13–16	5–10	
Rührkuchen	1 Stück	¾ / 1–2	2	} Auf Papierserviette oder Haushaltspapier legen. Ausreichend nachtauen lassen, dann aufschneiden.
	500 g	3–4 / 6–8	10	
Milchprodukte Butter, Margarine	125 g	2–3 / 5–7	5–10	} Alufolie vollständig entfernen bzw. Deckel abnehmen; 1–2mal wenden.
	250 g	5–6 / 8–10	10–15	
Quark	250 g	3–4 / 7–9	5–10	} Deckel vollständig entfernen; 1–2mal umrühren, dabei angetaute Quarkstücke zerteilen.
	500 g	6–7 / 10–13	10	

Hinweise Bei den angegebenen Werten handelt es sich um Richtwerte, die – je nach Beschaffenheit des Lebensmittels (Gefriertemperatur und Zustand usw.) – variieren können. Immer gilt: doppelte Menge = fast doppelte Zeit; halbe Menge = halbe Zeit. Angetaute Speisen bei Raumtemperatur nachtauen lassen.

26

▷ Auftauen und gleichzeitiges Erwärmen bereits vorgefertigter Gerichte,

▷ Auftauen und Garen roher Lebensmittel in einem Arbeitsgang.

Praktische Hinweise

▷ Möchten Sie ein tiefgefrorenes Lebensmittel *nur auftauen*, verwenden Sie offene Aluschalen, Kunststoffbehälter oder beschichteten Karton.

▷ Wird ein tiefgefrorenes Lebensmittel *auch erwärmt oder gegart*, muß es in ein Porzellan- oder Glasgeschirr umgefüllt werden. Oder Sie verwenden Gefäße, die zum Gefrieren und späteren Erwärmen bzw. Garen geeignet sind, z.B. feuer- und frostfestes Glas, Glas- oder Vitrokeramik.

▷ Überfüllen Sie das Gerät nicht! Kleinere Mengen tauen besser auf als große.

▷ Schirmen Sie empfindliche Teile der Lebensmittel (z.B. Beine und Flügel beim Hähnchen) ab. Verwenden Sie dazu kleine Stücke Alufolie, die Sie nach ca. der Hälfte der Auftauzeit entfernen.

▷ Wenden Sie kompakte Stücke, z.B. Brot oder Fleisch, mehrmals.

▷ Rühren Sie flüssige Speisen, z.B. Suppen oder Eintöpfe, ein- bis zweimal um.

▷ Verteilen Sie das Gefriergut möglichst gleichmäßig im Gerät, denn flache Speisen tauen besser auf als hohe.

▷ Gefrorene Lebensmittel, die sich nur schwer von der Gefrierverpackung lösen lassen, einfach 1–2 Minuten auf der höchsten Leistungsstufe antauen.

▷ Besitzen Sie ein *Kombinationsgerät* das mit Heißluft und einer dazu frei wählbaren Temperatur ausgestattet ist, so schalten Sie bei allen empfindlichen Speisen, wie z.B. Sahnetorten, Käse, Butter, Obst, nur den Umluftventilator ein (ohne Temperatur). Für Fleisch, Geflügel, Brot oder Kuchen können Sie zusätzlich eine niedrige Temperatur von 50–60 °C wählen. In beiden Fällen unterstützt die umgewälzte Luft den Auftauvorgang wesentlich.

Fertiggerichte auftauen und erwärmen oder garen

Möchten Sie vorgefertigte, selbst eingefrorene oder industriell vorgefertigte Produkte auftauen und gleichzeitig erwärmen, dann wählen Sie von Anfang an die hohe Leistungsstufe. Rühren Sie zwischendurch ein- bis zweimal um. Mischen Sie dabei die bereits warm gewordenen Randpartien nach innen und die noch kalten Teile nach außen. Die Übersicht unten nennt Ihnen die wichtigsten Zeiten.

Das Garen

Die Mikrowelle solo eignet sich hervorragend für die Zubereitung einer Vielzahl von Speisen. Ihre besondere Stärke liegt im

▷ Kochen, z.B. von Kartoffeln, Reis oder anderen Beilagen,

▷ Dünsten, z.B. von frischem oder gefrorenem Fisch,

▷ Garen, z.B. von Gemüse, Obst und bestimmten Fleischgerichten.

Für das Backen und Braten müssen Sie die Mikrowelle im kombinierten

Auftauen und Erwärmen bzw. Garen vorgefertigter Speisen

Gericht/Menge	Zeit in Minuten für verschiedene Leistungen			Anmerkungen
	700 Watt	650 Watt	600 Watt	
Fertigsuppe/Fertiggericht im Kochbeutel, ca. 300–400 g	7	7½	8	Im Beutel ca. 1½ Minuten antauen, dann auf einen Teller geben, abdecken, 2mal umrühren.
Menü aus Fleisch, Gemüse, Beilagen (1 Portion) in Aluschale oder anderem Geschirr, ca. 300–400 g	9	9½	10	Deckel entfernen, mit Klarsichtfolie oder Teller abgedeckt erhitzen.
Fleisch in Sauce, ca. 500–600 g	11	11½	12½	Etwas befeuchten, auf einer Schale abgedeckt erhitzen. 1mal wenden, dabei evtl. Fleischscheiben voneinander trennen.
Beilagen (Reis, Nudeln, Klöße), ca. 300–450 g	6	6½	7	3 EL Wasser zufügen und abgedeckt erhitzen. 1mal umrühren.
Gemüse, vorgekocht 400 g	7	7½	8	Gut abgedeckt erhitzen, 2mal umrühren.
800 g	12	12½	13	
Aufläufe, ca. 800 g	14	15	16½	Etwas befeuchten, zugedeckt erhitzen, evtl. zusätzlich im Backofen kurz übergrillen.

Hinweis Bei den angegebenen Werten handelt es sich um Richtwerte, die je nach Beschaffenheit des Lebensmittels variieren können.

Einführung

Gemüse aus der Mikrowelle behält seine frische Farbe

Betrieb einsetzen. Für alle diejenigen Gerichte, die besonders gut mit der Mikrowelle solo gelingen, finden Sie nachfolgend die wichtigsten praktischen Hinweise und eine ausführliche Übersicht.

Praktische Hinweise

▷ Speisen mit hohem *Wassergehalt* nehmen mehr Mikrowelle auf als solche, die vorwiegend aus Fett oder festen Stoffen bestehen. Sie garen schneller.

▷ Speisen oder Zutaten, aus dem *Kühlschrank* entnommen, benötigen eine längere Garzeit als solche mit Zimmertemperatur.

▷ *Flache Speisen* garen schneller als hohe, kompakte Stücke. Breiten Sie die Zutaten daher möglichst flach aus und wählen Sie lieber ein großflächigeres Gefäß. Schichten Sie Auflaufformen stets gleichmäßig hoch ein.

▷ Je stärker die *Gewebestruktur* einer Speise ist, desto länger ist die Garzeit. So benötigt z. B. ein größeres Stück Kasseler von ca. 1 kg länger als geschnetzeltes Fleisch gleicher Menge.

▷ Je größer die *Menge,* desto länger die Garzeit. 1 mittelgroße Kartoffel ist z. B. in ca. 2½ Minuten gar, 2 Kartoffeln benötigen bereits 4 Minuten. Daher gilt folgende Regel:

Doppelte Menge	= fast doppelte Zeit
Halbe Menge	= halbe Zeit

Doppelte Menge

Halbe Menge

Anmerkung: In Kombinationsgeräten ist es wichtig, nicht nur die Mikrowellenzeit zu verlängern, sondern auch die Temperatur zu reduzieren, damit das Gericht nicht zu stark gebräunt wird.

▷ Bei *ungleich geformten Lebensmitteln* garen dünne Teile schneller als dickere. Legen Sie z. B. bei frischem Brokkoli die Röschen weit nach außen, die Stengel zur Mitte des Geschirrs.

▷ *Fett und Knochen* leiten Hitze. Entfernen Sie daher möglichst vor dem Garen Knochen und überschüssiges Fett, dann erhalten Sie ein noch gleichmäßigeres Garergebnis.

▷ Fleischgerichte, die eine Bräunung erhalten sollen, bereiten Sie ohne *Abdeckung* zu. Die Vielzahl aller anderen Gerichte gelingen in geschlossenen Gefäßen besser. Machen Sie es so wie beim Herd: Alles, was Sie dort abgedeckt garen, decken Sie auch im Mikrowellengerät ab. Dazu benutzen Sie Geschirrdeckel, einen umgedrehten Teller, Abdeckhauben oder auch Klarsichtfolie. Pergament- oder Küchenpapier eignet sich für kurzzeitiges Abdecken spritzender Gerichte.

▷ Stechen Sie Lebensmittel mit festen *Schalen* oder *Häuten* (z. B. Tomaten, Kartoffeln oder Äpfel) vor dem Garen an, damit die Schale durch Dampfbildung während des Garens nicht aufplatzt.

▷ Lassen Sie die Speisen grundsätzlich *nicht zu lange garen*. Stellen Sie lieber die kürzere der angegebenen Garzeiten ein, prüfen Sie den Garzustand und geben Sie, falls erforderlich, 2–3 Minuten nach.

▷ Bei den ersten Versuchen werden Sie beobachten, daß die Speise nach dem Herausnehmen noch etwas »nachgart«. Nutzen Sie diesen Effekt bewußt aus und lassen Sie das Gericht noch ca. 1–2 Minuten stehen, bevor Sie es servieren. Währenddessen steigt die Temperatur etwas an, die Wärme verteilt sich gleichmäßig und beendet so den Garvorgang.

▷ Gelegentliches *Umrühren* ist – wie beim konventionellen Kochen auch – wichtig und hilft, die Wärme gleichmäßig zu verteilen. So wird ein An- oder Überkochen an den Randpartien vermieden. In den Rezepten ist jeweils angegeben, wie oft umgerührt werden soll. Kompakte Stücke, wie z. B. Fleisch, stets nach ca. der Hälfte der Garzeit einmal *wenden*.

28

Garen verschiedener Speisen

Speisenart	Menge	1. Schritt	+	2. Schritt	Anmerkungen
		Garzeit in Minuten 700–600 Watt	Fortkochzeit in Minuten 240–150 Watt	Nachgar- bzw. Ausgleichszeit bei Raumtemperatur	
Fleisch Kasseler	500 g	12–14	–	5	} Fettschichten kreuzweise einschneiden.
	750 g	14–16	–	5	Größere Stücke 1mal wenden.
	1000 g	18–22	–	5–10	
Hackbraten	500 g	15–17	–	2	} Vor dem Garen evtl. mit Eiklar bestreichen
	1000 g	20–24	5–10	5–10	und außen gut würzen.
Geflügel Putenbrust oder -schnitzel,	250 g	6–8	–	2	Geflügel immer in einer guten Sauce zubereiten.
Hähnchenbrust u. ä.	500 g	10–12	2–4	5	
Fisch Fischfilet, Fisch im Ganzen	250 g	5–6	1–2	2–3	Fisch säubern, säuern und salzen. Pikant
	400 g	8–10	2–4	3	gewürzt in wenig Flüssigkeit zubereiten.
Gemüse Auberginen	500 g	9–12	–	–	In Scheiben schneiden und mit Zitrone beträufeln.
Blattspinat	500 g	8–11	–	–	Gut abgetropft ohne Flüssigkeitszugabe garen.
Brokkoli	300 g	6–7½	–	1–2	Stengel nach innen, Röschen nach außen ins Geschirr legen; 6–8 EL Wasser zugeben.
Chinakohl	500 g	6–8	4–5	2	In Streifen schneiden, zugedeckt garen.
Kohlrabi	500 g	10–12	2–3	2	In Streifen schneiden, ½ Tasse Wasser oder Milch zugeben und gut zugedeckt garen.
Lauch	500 g	8–11	–	–	In Ringe schneiden, mit 6 EL Wasser garen, 1mal umrühren.
Möhren	500 g	7–9	5–6	2	Vierteln und mit 8–10 EL Wasser garen, 1–2mal umrühren.
Pilze	500 g	7–9	–	1	Mit 2 EL Zitronensaft garen.
Rosenkohl	500 g	8–10	–	3–5	Mit 1 cm Wasser im Gefäß garen.
Tomaten	500 g	7–8	–	2	Kreuzweise einschneiden und ohne Flüssigkeit garen.
Beilagen Salzkartoffeln	250 g	5–7	–	2	} Kartoffeln halbieren oder vierteln, ½ cm
	500 g	10½–13	–	2	Wasser mit Salz im Gefäß mischen, dann Kartoffeln zufügen, 1mal umrühren.
Reis	125 g	4–5	14–16	–	} 1 Menge Reis + 1½fache Menge Wasser
	250 g	6½–8	18–20	–	zufügen, etwas salzen. Nicht umrühren.
Süßspeisen Flammeri,	½ l	5–6	–	1	Alle Zutaten in ein geeignetes Gefäß
Kochpuddinge	bzw. 500 g	8–10	–	3	geben und garen lassen.
Obst und Kompott Bratäpfel,	250 g	4–6	–	2	Obst im Ganzen offen, Kompott stets gut
Rhabarberkompott u. ä.	500 g	7–8	–	4	geschlossen garen.

Hinweis Bei den angegebenen Werten handelt es sich um Richtwerte, die – je nach Rezept bzw. Beschaffenheit des Lebensmittels – variieren können. Immer gilt: doppelte Menge = fast doppelte Zeit.

DER PRAKTISCHE EINSATZ DER KOMBINATION

Das Backen

Einführung

Für das Backen mit gleichzeitig zugeschalteter Mikrowelle können Sie zwischen den beiden Heizsystemen

▷ Heißluft,
▷ Ober- und Unterhitze

wählen. Bei gewohnt gutem Ergebnis läßt sich die Backzeit – je nach Zutatenkombination – um ca. 30–50% verkürzen.
Ganz besonders gut gelingen alle »feuchten« Gebäcke mit süßem oder pikantem Belag, z.B.

▷ Quark- oder Käsekuchen auf Mürbteig,
▷ Kuchen mit Obstbelag und Quark- oder Rahmguß auf Hefe- oder Mürbteig, auch Früchtekuchen mit Baiserhaube,
▷ Rührteige mit weniger Mehl, dafür mit vielen Nüssen oder untergehobenen Früchten,
▷ Quiche, Käsewähe oder Zwiebelkuchen.

Auch Strudel- und Blätterteig ist hervorragend geeignet, ebenso alle vorgefertigten, tiefgefrorenen Backwaren wie Baguettes, Kuchen, Pizzen oder gefüllte Teigtaschen. Gerade bei diesen Gebäcken zeigt die Heißluft ihre besondere Stärke, weil sie eine sehr gleichmäßige Bräunung, ein gutes Aufgehen und Durchbacken garantiert.
Neben süßen und pikanten Gebäcken gelingen auch Aufläufe, Puddinge und Spezialrezepte wie Schinken oder Kasseler im Brotteig, Hackfleischstrudel, Pies und Pasteten ganz ausgezeichnet in der Kombination.

<u>Für die Kombination nicht geeignet</u>
Die Praxis hat jedoch gezeigt, daß nicht alle Gebäckarten in der Kombination bestens gelingen:

▷ *Rührkuchen mit hohem Mehlanteil* (500 g oder mehr) backen Sie besser *ohne* Mikrowelle. Der Grund: Ist die Backzeit erheblich verkürzt, so kann das Mehl nicht schnell genug ausreichend Feuchtigkeit aufnehmen, um richtig auszuquellen. Der Kuchen wird trocken und schmeckt »fad«.
▷ *Kleingebäck*, z.B. Weihnachtsplätzchen, ist konventionell so schnell durchgebacken – hier kann auch die Mikrowelle die Backzeit nicht mehr verkürzen. Gleiches gilt für *Biskuit*torten und -rollen sowie *Mürbteigböden.*
▷ *Brandteiggebäck* (Windbeutel, Eclairs), *Soufflés* und *Eiweißgebäck* (Baiser, Makronen) gehen unter Einwirkung der Mikrowelle zu stark auf, setzen sich dann ab und das Ergebnis ist mit dem ohne Mikrowellenzuschaltung nicht vergleichbar.

Geeignete Backformen

Am besten eignen sich *runde Backformen*, z.B. Spring-, Rodon-, Napf- oder Pizzaformen mit einem Durchmesser von 25–30 cm, je nach Teigart und Rezeptmenge. Sie garantieren ein rundum gleichmäßiges Einwirken der Mikrowellen. *Kastenformen* haben den Nachteil, daß die Mikrowelle »in den Ecken« konzentriert wirkt, der Kuchen dort deutlich stärker bäckt und nicht so gut aufgeht.
Folgende Materialien sind *zu empfehlen:*

▷ hitzebeständiges Glas oder Glaskeramik,
▷ hitzebeständiger Kunststoff (bis 210°C), Keramik, rundum glasiert,
▷ bedingt auch silikonisierte bzw. schwarz lackierte Metallformen. Bitte beachten Sie hierfür die Herstellerempfehlung zu Ihrem Gerät.

Weniger empfehlenswert sind alle blanken oder hellen Formen aus Weißblech, Aluminium oder mit goldfarbener Oberfläche, da sie die Backofenwärme zu stark reflektieren und der Kuchen dann zu hell wird. Gleichfalls ungeeignet sind die den handelsüblichen Backmischungen beiliegenden Backformen aus Papier mit metallischer Beschichtung, da sie leicht entzündbar sind und sich in der Kombination schnell verformen.

Backformen aus Keramik

Die Backformen auf die Mitte des Rostes stellen, auch bei Geräten mit Drehteller. Unabhängig vom Material sollten alle Formen

▷ eine gute Wärmeleitung haben,
▷ eine gleichmäßige Bräunung erzielen,
▷ sich leicht vom Gebäck lösen und
▷ einfach zu reinigen sein.

Das Vorbereiten der Backformen/Backbleche

Die *Backformen* werden im allgemeinen nur mit Fett ausgestrichen, das weich, aber nicht flüssig sein soll. Aus geschmacklichen Gründen ist Butter bevorzugt zu verwenden, aber auch Margarine ist geeignet.
Da die Gebäcke in der Kombination sehr viel schneller fertig sind, ist es wichtig, die Formen für Rührteiggebäcke zusätzlich mit Semmelbröseln, gemahlenen Mandeln oder Nüssen auszustreuen, damit der Kuchen nicht hängen bleibt. Für Mürbteiggebäcke ist ein Einfetten des Bodens ausreichend, oder Sie legen die Form mit Backpapier aus, das auch in der Kombination eingesetzt werden darf. Gleiches gilt für sehr feuchte Kuchen mit viel Obst oder Rahmguß. Hier ist es sogar ratsam, eine doppelte Papiereinlage zu verwenden.
Das *Backblech* (Gerätezubehör) wird ebenfalls gut eingefettet, bei einigen Gebäcken zusätzlich mit Mehl bestäubt oder mit Wasser benetzt (z.B. für Blätterteiggebäcke). Eine große Erleichterung bietet auch hier das Backpapier.

Allgemeine Hinweise zum Backen

▷ Stellen Sie Ihr Gebäck auf die Mitte des Rostes in das nicht vorgeheizte Gerät.
▷ Für das Backen liegt die zugeschaltete Mikrowellenleistung bei 150–180 Watt (= niedrige Stufe). Schalten Sie die Mikrowelle von Anfang an dazu. Bei allen Rezepten arbeiten Backofentemperatur und Mikrowelle gleichzeitig.

▷ Wählen Sie die Backzeiten nicht zu lang, sonst wird das Gebäck zu trocken. Stellen Sie lieber die kürzere der in den Rezepten angegebenen Backzeiten ein, kontrollieren dann und backen weiter, falls erforderlich.
▷ Möchten Sie das Gerät zwischendurch öffnen, so ist die Mikrowelle automatisch abgeschaltet. Nach dem Schließen der Tür vergessen Sie daher nicht, die Mikrowelle durch Knopfdruck erneut zu starten.
▷ Besitzen Sie ein *Kombinationsgerät mit frei wählbarer Mikrowellen- und Temperatureinstellung*, können Sie Ihr »Hausrezept« nach folgenden Faustregeln backen:
 1. Stellen Sie den Kuchen in einer geeigneten Backform auf den Rost (Einschubhöhe: unteres Gerätedrittel) in das nicht vorgeheizte Gerät.
 2. Wählen Sie sowohl bei Heißluft als auch für die Ober- und Unterhitze eine um 10–20 °C höhere Temperatur als bisher.
 3. Verkürzen Sie die Backzeit um die Hälfte und schalten Sie stets 150–180 Watt Mikrowelle (= niedrige Stufe) hinzu.

Das Braten

Einführung

Für die Zubereitung saftiger Fleischgerichte haben Sie die Wahl:

▷ Braten mit Heißluft,
▷ Braten mit Ober- und Unterhitze,

jeweils mit gleichzeitig zugeschalteter Mikrowelle. Sie können ohne Einschränkung fast jedes Fleischgericht in der Kombination zubereiten, jedoch sollten Sie Fleischstücke mit einem Gewicht von 500 g und mehr verwenden. Kleinere Braten schmoren Sie besser auf der Kochplatte.
Besonders *magere Fleischstücke* wie

▷ Rinderschmorbraten,
▷ Kalbsbraten, Kalbshaxe,
▷ Schinkenbraten vom Schwein,
▷ Fleischgerichte in pikanten Saucen, z.B. Gulasch, Geschnetzeltes oder Frikassee

gelingen am besten mit der Ober- und Unterhitze, bedingt auch mit Heißluft.
Fettere Fleischstücke wie

▷ Schulter- oder Nackenbraten vom Schwein,

Braten aus dem Kombi-Herd werden knusprig braun in der Hälfte der Zeit

▷ Gefüllte Braten, z.B. Spießbraten,
▷ Lammkeule,
▷ Kasseler und Hackbraten

werden mit der Heißluft am schönsten. Gleiches gilt für Geflügel wie Hähnchen, Ente oder Babypute.

Geeignete Bratgeschirre

Sie haben die Wahl zwischen verschiedenen Geschirren oder dem Ihrem Gerät beiliegenden Zubehör, das in jedem Fall für die Kombination einsetzbar ist. Wichtig ist, daß das gleichzeitig mikrowellengeeignet und hitzebeständig ist. *Empfehlenswert* sind hohe, offene Gefäße mit oder ohne Deckel aus

▷ hitzebeständigem Glas oder Glaskeramik,
▷ Keramikgeschirr,
▷ Bratbeutel bzw. Bratfolie (ohne Metallclips).

Alle metallischen Bräter aus Emaille, Kupfer oder Guß sowie Aluminiumfolie sind für die Kombination *ungeeignet*.

Praktische Hinweise

▷ Machen Sie immer zuerst eine *Stellprobe* mit Ihrem Geschirr im ausgeschalteten Gerät.
▷ Denken Sie bei der Wahl daran, daß das Fleisch während des Bratens aufgeht. Zwischen Fleisch und Deckel sollten daher mindestens 4 cm Abstand sein.
▷ Schneiden Sie von der *Bratfolie* immer ein ausreichend großes Stück ab. Es sollte ca. 20 cm länger als das Bratgut sein. Stechen Sie die Oberseite stets mit einer dünnen Nadel mehrmals ein, damit der Dampf entweichen kann.

Das Vorbereiten der Braten

Das Fleisch wird von Sehnen und Fett befreit, kurz unter kaltem Wasser abgespült und mit Haushaltspapier gut abgetrocknet. Kurz vor der Zubereitung wird der Braten gewürzt, jedoch nur leicht gesalzen,

da zuviel Salz Vitamine und Mineralstoffe auslaugt. Außerdem hat Salz die Eigenschaft, verstärkt Mikrowelle aufzunehmen. Es kann daher ein ungleichmäßiges Garen bewirken. Geflügel wird nur innen gesalzen und erst kurz vor Ablauf der Garzeit mit Salzwasser bestrichen. So entsteht eine besonders knusprige Haut.

Wann ist der Braten gar?

Eine sichere Methode, um festzustellen, ob ein Fleischstück innen gar ist, bietet ein *Fleischthermometer*, das in allen Haushaltswarengeschäften erhältlich ist. Solche Thermometer besitzen eine Spitze, die beim Prüfen des Garzustandes in die dickste Stelle des Fleisches eingesteckt wird. Auf der Skala des Thermometers sind die geeigneten Innentemperaturen für die verschiedensten Fleischarten genau angegeben.
Fleischthermometer sind aus Metall hergestellt und daher gleichzeitig mit Mikrowelle nicht verwendbar, wohl aber zur nachträglichen Kontrolle. Neuerdings sind im Handel Kunststoffthermometer erhältlich, die hitzebeständig *und* mikrowellengeeignet sind, also ideal für den kombinierten Betrieb.
Wer kein Thermometer zur Hand hat, prüft folgendermaßen: Läßt sich der Braten mit einem Löffel nicht mehr eindrücken, ist er durchgebraten. Entsteht hingegen eine Druckstelle, die sofort wieder zurückgeht, ist er noch nicht gar.

Saucenzubereitung

Der Bratenfond, der sich in der Auffangschale (Gerätezubehör), im Geschirr oder in der Folie gebildet hat, wird eventuell noch mit Wasser, Wein oder Fleischbrühe aufgefüllt und mit Mehl oder Speisestärke gebunden, eventuell durch ein Sieb passiert, mit Gewürzen, Sahne oder Crème fraîche abgeschmeckt.
Legen Sie besonderen Wert auf eine sehr reichhaltige Saucenmenge, so

sollten Sie vorgefertigte Saucen aus Beuteln, Päckchen oder Gläsern zusätzlich verwenden. Lassen Sie den Fond im Geschirr immer mit der Mikrowelle solo – höchste Stufe – in wenigen Minuten aufkochen. Rühren Sie zwischendurch ein- bis zweimal mit einem Schneebesen kräftig um, damit keine Klümpchen entstehen.

Allgemeine Hinweise zum Braten

▷ Geben Sie den Braten entweder direkt auf den Rost (Gerätezubehör) mit darunter eingesetzter Fettauffangschale oder verwenden Sie ein hohes Geschirr mit/ ohne Deckel, das Sie auf den Rost stellen.
▷ Ein Vorheizen ist nicht erforderlich. Grundsätzlich können alle Bratenstücke in das kalte Gerät gegeben werden.
▷ Für das Braten mit Heißluft oder Ober- und Unterhitze die Mikrowellenleistung bei 150–180 Watt (=niedrige Stufe) wählen. In Ausnahmefällen 300–360 Watt.
▷ Wenden Sie das Fleisch oder Geflügel zwischendurch einmal oder rühren Sie Fleischgerichte in Saucen mindestens einmal um.
▷ Falls Sie das Gerät zwischendurch öffnen, so ist die Mikrowelle automatisch abgeschaltet. Vergessen Sie nach dem Schließen der Tür nicht, die Mikrowelle erneut zu starten.
▷ Wählen Sie die Brattemperatur nicht höher als angegeben, da das Fleisch dann zwar schnell braun ist, innen jedoch nicht gar ist.
▷ Ist die Bratzeit abgelaufen, lassen Sie das Fleisch noch ca. 10 Minuten »ruhen«. So verteilt sich der Fleischsaft gleichmäßig und läuft beim Anschneiden nicht heraus.
▷ Besitzen Sie ein *Kombinationsgerät mit frei wählbarer Mikrowellen- und Temperatureinstellung*, können Sie Ihr »Hausrezept« nach folgenden Faustregeln zubereiten:

1. Stellen Sie den Braten in einer geeigneten Form auf den Rost in das nicht vorgeheizte Gerät.
2. Wählen Sie sowohl bei Heißluft als auch für die Ober- und Unterhitze eine um ca. 20–30 °C höhere Temperatur als bisher.
3. Verkürzen Sie die Bratzeit um die Hälfte und schalten Sie 150–180 Watt (= niedrige Stufe) Mikrowelle hinzu.

Das Grillen

Einführung

Für die Zubereitung verschiedenartiger Gerichte unter Zuschaltung des Grills haben Sie die Wahl zwischen

▷ Flächengrillen,
▷ Grillen mit Heißluft = Umluftgrillen,

jeweils mit gleichzeitig zugeschalteter Mikrowelle. Die typischen Flächengrilladen bis 1½ cm Höhe, also Steaks, Würstchen oder Koteletts, haben normalerweise eine sehr kurze Garzeit unter dem Grill. Daher *lohnt es sich nicht* hier die Mikrowelle hinzuzuschalten.
In der Kombination von *Flächengrill plus Mikrowelle* gelingen alle Gerichte besonders gut, die schnell gar und gleichzeitig eine starke Kruste bekommen sollen. Daher schalten Sie hierbei die Mikrowelle immer in der höchsten Stufe hinzu.
Besonders empfehlenswert ist diese Zubereitungstechnik für

▷ gratinierte Suppen und Toasts,
▷ überbackene Gemüse-, Kartoffel- und Nudelgerichte,
▷ Fleisch- und Geflügelgerichte,
▷ gratinierte Süßspeisen,
▷ eine Vielzahl tiefgefrorener Fertiggerichte,
▷ diverse Aufläufe.

Dabei lassen sich die Garzeiten, verglichen mit der konventionellen Zubereitung ohne Mikrowelle, um bis zu 70% verkürzen. Außerdem gelingen die meisten Gerichte deutlich saftiger.

Gegrillte Steaklets aus der Kombination

Das *Umluftgrillen mit gleichzeitiger Mikrowelle* ist besonders ideal für alle fetten Bratenstücke, typische Grillbraten und Geflügel, z. B.

▷ Schweinebraten mit Schwarte, Haxen, Rollbraten,
▷ Roastbeef,
▷ Lammkeule oder Lammrücken,
▷ größere ganze Fische,
▷ Hähnchen, Ente oder Pute im Ganzen,
▷ diverse Hackfleischgerichte.

Dabei wird die Wirkung des Grillheizkörpers über eine feine Temperaturregelung gesteuert. Größere Braten und Geflügel werden so gegrillt, daß sie außen eine sehr gute Bräunung erhalten und mit Hilfe der Mikrowelle (niedrige Stufe) innen genau richtig gar und saftig sind. Die Garzeiten verkürzen sich um mindestens 50%.
Die *Vorteile beider Grillverfahren* sind bedeutend:

▷ Auf Fettzugabe kann verzichtet werden.
▷ Der Fleischsaft und damit wertvolle Vitamine und Mineralstoffe bleiben weitgehend erhalten.
▷ Die Grilladen haben einen typischen Eigengeschmack, daher ist ein starkes Würzen, vor allem Salzen kaum erforderlich.
▷ Die Garzeiten sind, vor allem beim Flächengrillen, extrem kurz.

Allgemeine Hinweise zum Grillen

▷ Das Grillgut entweder auf den Rost (Gerätezubehör) mit darunter eingesetzter Fettauffangschale legen oder in einem geeigneten Geschirr auf den Rost bzw. Drehteller in das nicht vorgeheizte Gerät stellen.
▷ Ist das Gerät bereits warm, sollten Sie die eingegebene Garzeit um ca. 2 Minuten verkürzen.

Umrechnungstabelle für Kombinationsgeräte

Zubereitung bisher und in der Kombination

Praktischer Einsatz	Herkömmlicher Backofen		Kombinationsgerät		
			1. Schritt +		2. Schritt
	Backofentemperatur °C		Backofentemperatur °C		Mikrowellen-leistung
	♨ / 🔲	⬛	♨ / 🔲	⬛	
Schonendes Auftauen	Nur Ventilator	—	Nur Ventilator	—	Niedrige Stufe
Schnelles Auftauen	50	—	50	—	Niedrige Stufe
Backen Backen	130 140 150 160 170 180	150 160 170 180 190 200	140 150 160 170 180 190	170 180 190 200 210 220	Niedrige Stufe
Braten oder Umluftgrillen	160 170 180 190 200	180 190 200 210 220	170 180 190 200 210	200 210 220 230 240	Mittlere Stufe
Flächengrillen	Grill	Grill	Grill	Grill	Hohe Stufe

▷ Denken Sie daran, daß alle Geschirrmaterialien in der Kombination von Mikrowelle plus Grill sehr hoch temperaturbeständig und trotzdem mikrowellengeeignet sein müssen. Bevorzugen Sie daher Formen aus Glas oder Glaskeramik, Steingut, Keramik oder feuerfestem Porzellan.

▷ Beachten Sie, daß das Geschirr sehr heiß wird. Setzen Sie es daher nach dem Grillen nicht auf eine kalte oder nasse Unterlage, sondern am besten auf einen Topfuntersetzer oder ein trockenes Küchentuch.

▷ Schweinebraten mit Schwarte, Rollbraten oder Haxen vor dem Grillen an der Oberseite einschneiden, damit eine besonders gute Kruste entsteht.

▷ Wählen Sie für die Kombination von Mikrowelle plus Flächengrill immer 600–700 Watt (=höchste Stufe), beim Umluftgrillen 150–180 Watt (=niedrige Stufe), in Ausnahmefällen 300–360 Watt (=mittlere Stufe).

▷ Wenden Sie Geflügel im Ganzen zwischendurch einmal. Um eine schöne Bräunung zu erhalten, sollte es kurz vor Ende der Grillzeit ein- bis zweimal mit Salzwasser bestrichen werden. Vergessen Sie nach dem Schließen der Tür nicht, die Mikrowelle erneut zu starten.

▷ Wenden Sie das Grillgut stets mit einer Zange oder mit einem anderen stumpfen Gegenstand. Stechen Sie nicht mit einer Gabel hinein, sonst entsteht Saftverlust, und das Fleisch wird trocken.

▷ Möchten Sie Fisch auf dem Rost zubereiten, fetten Sie den Rost vorher mit etwas Öl ein.

▷ Lassen Sie größere Grilladen vor dem Anschneiden im ausgeschalteten Gerät 10 Minuten »ruhen«. So verteilt sich der Fleischsaft und läuft beim Anschneiden nicht heraus.

Kleine Pannenhilfe

Beim genauen Beachten der Rezept- und Einstellangaben dieses Buches können eigentlich keine großen »Pannen« auftreten.
Um Ihnen die Lösung kleinerer Probleme zu erleichtern, wurden die häufigsten Fragen (und Antworten) für den Umgang mit dem Kombinationsgerät zusammengestellt:

Backen

Muß der Backofen vorgeheizt werden?

Alle Backrezepte sind auf das Einschieben in den kalten Backofen abgestimmt. Das kalte Einsetzen ist jedoch keine »Muß«-Vorschrift, es spart eine Menge Energie. Ist der Backofen vorgeheizt, so verkürzt sich die Backzeit um 5–10 Minuten.

In den Rezepten sind Temperaturbereiche angegeben. Welche Temperatur ist zu wählen?

Prinzipiell gilt für den kombinierten Betrieb: Beginnen Sie mit dem mittleren Wert, damit Sie die Temperatur schnell nach oben oder unten variieren können, um das Gebäck wie gewünscht bräunen zu lassen.

Warum fällt der Kuchen kurz vor dem Herausnehmen zusammen?

Verwenden Sie beim nächsten Mal weniger Flüssigkeit und rühren Sie den Teig mit dem elektrischen Handrührgerät bzw. in der Küchenmaschine maximal 2½–3 Minuten. Stellen Sie zudem die Backofentemperatur um 10 °C niedriger ein.

Der Kuchen ist außen schön gebräunt, warum zeigt sich innen ein Wasserstreifen (klitschig, spindig)?

Beachten Sie bitte genau die Rezeptur und die angegebenen Einstellwerte. Verwenden Sie beim nächsten Mal etwas weniger Flüssigkeit und stellen Sie den niedrigen der angegebenen Temperaturwerte ein. Der Kuchen darf nicht zu schnell schon eine Kruste bekommen.

Wie stellt man fest, ob der Kuchen innen durchgebacken ist?

Stechen Sie ca. 5 Minuten vor Ende der Backzeit mit einem Holzstäbchen an der höchsten Stelle in den Kuchen. Klebt kein Teig mehr daran, so können Sie die 5 Minuten noch abwarten und den Kuchen anschließend entnehmen.

Der Kuchen läßt sich nicht aus der Form stürzen. Was kann man tun?

Lösen Sie den Rand nochmals vorsichtig mit Hilfe eines spitzen Messers. Stürzen Sie den Kuchen erneut und bedecken Sie die Form mehrmals mit einem kalten, nassen Tuch. Da das Gebäck im kombinierten Betrieb immer sehr schnell aufgeht, ist es wichtig, die Form gut einzufetten und gleichmäßig mit Semmelbröseln auszustreuen.

Braten, Grillen

Der Braten ist außen schön gebräunt, innen aber noch sehr roh. Was kann man tun?

Schneiden Sie den Braten ganz auf. Bereiten Sie die Sauce zu und legen Sie die Fleischscheiben hinein. Mit Mikrowelle hohe Stufe ist das Fleisch in wenigen Minuten gar (500 g brauchen ca. 2–3 Minuten, 1 kg ca. 3–5 Minuten). Wenden Sie die Fleischscheiben zwischendurch einmal.
Bitte überprüfen Sie das nächste Mal die Einstellung. Vielleicht haben Sie zwischendurch die Tür geöffnet und anschließend vergessen, die Mikrowelle erneut zu starten.

Der Braten ist gut gelungen. Warum ist die Sauce zu dunkel geworden?

Geben Sie von Anfang an mehr Flüssigkeit ins Geschirr oder wählen Sie ein kleineres Gefäß.

Der Braten ist gut gelungen. Warum ist die Sauce zu hell?

Wählen Sie beim nächsten Mal ein etwas größeres Bratgeschirr und verwenden Sie Rotwein, evtl. mit Zugabe von 1 Eßlöffel Tomatenmark als Bratenflüssigkeit.

Warum ist der Braten noch sehr zäh?

Nicht alle Fleischstücke sind gut abgelagert. Sicher haben Sie Ihr Gerät richtig eingestellt. Übergießen Sie das Fleischstück mit Alkohol und braten Sie es noch 10 Minuten nach.

Warum ist mein Braten oder Geflügel zu dunkel geworden und die Kruste (Haut) stellenweise verbrannt?

Überprüfen Sie die Temperatur. Verwenden Sie das nächste Mal kein Paprikapulver zum Würzen. Schneiden Sie bei Bratenstücken die zu dunklen Stellen einfach ab, setzen Sie Butterflöckchen auf und übergrillen Sie das Fleisch kurz.

Was kann man tun, wenn ein Auflauf (Gratin) oben viel zu dunkel geworden ist?

Vielleicht war das Gerät vorgeheizt, dann verkürzt sich die Garzeit um einige Minuten. Nehmen Sie die Kruste vorsichtig ab, setzen Sie nochmals Butterflöckchen auf und bestreuen Sie die Oberseite evtl. mit geriebenem Käse. Überbräunen Sie das Gericht kurz unter dem Grill.

Mikrowelle solo

Mein Gericht ist zu trocken geworden. Was habe ich falsch gemacht?

Wählen Sie kürzere Garzeiten oder eine niedrigere Leistung. Decken Sie das Gericht immer gut ab.

Warum ist die Speise nach Ablauf der Garzeit noch nicht aufgetaut, heiß oder gar?

Stellen Sie die Speise noch einmal für einige Minuten ins Gerät. Beachten Sie die im Rezept angegebenen Mengen. Größere Mengen brauchen eine längere Zeit.

Bei einem Tellergericht sind die Beilagen heiß, das Fleisch nur lauwarm. Was kann man tun?

Wenn Sie verschiedene Speisen gleichzeitig erwärmen, so können sich einzelne Bestandteile aufgrund ihrer unterschiedlichen Zusammensetzung schneller erhitzen als andere. Bedecken Sie die bereits heißen Partien mit etwas Alufolie und stellen Sie das Gericht noch einmal ins Gerät.

Ein Gericht wurde nach Angabe erhitzt. Warum ist es nicht genügend warm geworden?

Die Zeiten für das Erhitzen sind abhängig von Menge und Temperatur der Speise. Die Angaben in diesem Buch gelten, sofern nicht anders vermerkt, für Speisen mit Raumtemperatur. Eine Speise, die direkt aus dem Kühlschrank entnommen wurde, benötigt mehr Zeit. Stellen Sie das Gericht daher nochmals ins Gerät. Die Faustformel für das Erhitzen lautet: pro 100 g ca. 1 Minute. Es ist immer besser, für kurze Zeit nachzustellen, als die Speisen zu überhitzen.

Zu den Rezepten

Kombinationsgeräte sind mit einer oder mehreren Backofen-Heizfunktionen ausgestattet, die sich gleichzeitig mit der Mikrowelle in Betrieb nehmen lassen. So werden Kuchen, Braten oder Aufläufe schnell gar und trotzdem schön gebräunt. Dieses Kochbuch enthält daher vornehmlich Rezepte für den kombinierten Betrieb.

Selbstverständlich läßt sich die Mikrowelle auch »solo« einsetzen. Das ist praktisch, wenn bei der Zubereitung eines Kombinationsrezeptes kleine »Zwischenschritte« anfallen. Auch bei allen Speisen, wie zum Beispiel Gemüse oder einige Desserts, die nur kurz garen oder dünsten sollen, ist der Solobetrieb empfohlen.

Bevor Sie jedoch die vielen neuartigen Rezepte dieses Kochbuches ausprobieren, lesen Sie bitte die nachfolgenden *praktischen Hinweise:*

Jedes auf die Zubereitung in Ihrem Gerät abgestimmte Rezept liefert Ihnen mit Hilfe des Informationskästchens unter der Rezeptüberschrift auf einen Blick alle wichtigen Angaben, wie zum Beispiel:

▷ Einstellung des Gerätes
▷ Gesamtgarzeit
▷ Energiegehalt in Kalorien oder Joule
▷ Empfehlung für das geeignete Geschirr

In der Regel sind die Rezepte auf die Kombination abgestimmt. Welche Heizfunktionen sich am besten eignen erkennen Sie leicht an den farbig markierten Symbolen. Dabei entsprechen:

 Heißluft

 Ober- und Unterhitze

Grill

Umluftgrill

Beispiel für Kuchen

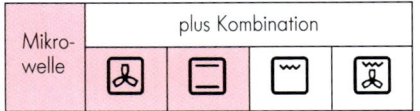

Je nach Ausstattung Ihres Gerätes haben Sie die Wahl zwischen Heißluft und Ober- und Unterhitze. Die dazu passende Temperatur ist im Rezept angegeben.

Beispiel für Aufläufe oder Gratins

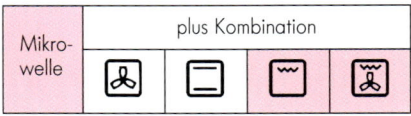

Welche Heizfunktion Sie für diese Rezepte wählen, hängt von der Ausstattung Ihres Gerätes ab. Die Zubereitungszeiten sind in jedem Fall gleich.

Beispiel für Gemüse, Desserts

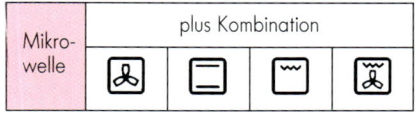

Da jedes Kombinationsgerät wie ein »Nur«-Mikrowellengerät nutzbar ist, werden Sie bei den hierzu passenden Rezepten auch eine Empfehlung für das Arbeiten mit der Mikrowelle solo finden.

Die Kombinationsgeräte der verschiedenen Hersteller sind mit mindestens 3, höchstens jedoch mit 10 Leistungsstufen ausgestattet. Daher ist es notwendig, gemeinsame »Kategorien« aufzustellen. Die Einteilung in »Mikrowelle hohe – mittlere – niedrige Stufe« hat sich in der Praxis bestens bewährt und ist auf jedes Rezept übertragbar. Welche Leistungsstufen Ihres Gerätes Sie den Rezepten dieses Buches zuordnen, entnehmen Sie bitte der Übersicht auf der Seite 16.

▷ Lesen Sie die Arbeitsanleitung des jeweiligen Rezeptes erst einmal genau durch, denn beim Arbeiten mit dem Kombinationsgerät ist die Zubereitungstechnik manchmal ganz anders, als Sie es vom konventionellen Kochen her gewohnt sind. Bei einigen Rezepten werden zum Beispiel einzelne Zutaten mit der Mikrowelle solo vorgegart, bei anderen werden alle Zutaten roh im Geschirr gemischt und anschließend im kombinierten Betrieb fertig zubereitet.

▷ Die Mikrowelle zeigt ihre besondere Stärke als Partner der Tiefkühlkost. Die Zutaten einiger Rezepte berücksichtigen diesen Vorteil. Dabei ist es gleich, ob Sie selbst eingefrorene oder fertige Tiefkühlkost verwenden.

▷ Die Portionen sind für 4 Personen bemessen. Ist das Rezept für weniger oder mehr Personen berechnet, so finden Sie einen entsprechenden Vermerk.

▷ Alle Rezepte sind mehrfach erprobt. Die Mikrowellen-Leistungen und Temperaturen der verschiedenen Geräte können jedoch aus technischen Gründen etwas schwanken. Die angegebenen Zeiten sind daher Richtwerte, die je nach Gerätetyp, Gericht (Menge, Zustand, Beschaffenheit und Gefäß) variieren können. Sollten Sie Abweichungen feststellen, so wählen Sie immer erst die kürzere der angegebenen Zubereitungszeiten und stellen Sie dann, falls erforderlich, nach.

▷ Die kcal-/kJ-Angaben sind als Anhaltswerte zu verstehen. Sie variieren je nach EL- bzw. TL-Größe.

Verwendete Abkürzungen			
TL	Teelöffel	cl	Zentiliter
EL	Eßlöffel	l	Liter
g	Gramm	kcal	Kilokalorie
kg	Kilogramm	kJ	Kilojoule
ml	Milliliter	1 kcal	= 4,2 kJ

Vorspeisen, kleine Gerichte, Suppen und Suppentöpfe

Für viele Gelegenheiten: Die Palette reicht
von raffinierten Gerichten bis hin
zu schmackhaften Suppen.

Ein besonderer Vorteil der Kombination ist es, kleine Gerichte als Vorspeise oder schmackhafte Zwischenmahlzeit schnell gar werden zu lassen. Die Palette reicht von einfachen Vorschlägen bis hin zu sehr raffinierten Gerichten, wie es zum Beispiel Terrinen aus der feinen französischen Küche sind. Eins haben alle gemeinsam – Vorspeisen und Suppen gehören immer zu einem kompletten Menü. Sie sollen anregen, Appetit machen auf das, was noch kommt, und dürfen daher nicht so üppig sein.

Praktische Hinweise

Toasts

Möchten Sie Toastgerichte zubereiten, so toasten Sie das Brot immer erst unter dem Grill oder im Toaster vor. Für das Überbacken eignen sich verschiedene Käsesorten; Gouda oder Emmentaler sind besonders gut einzusetzen, da sie nicht zu schnell zerlaufen. Immer gilt: Der Toast ist servierbereit, wenn der Käse leicht angebräunt und gut geschmolzen ist.

Tiefgefrorene Meeresfrüchte

Wenn Sie für Gerichte mit Meeresfrüchten tiefgefrorene Ware verwenden möchten, ist es wichtig, daß zum Beispiel Muscheln oder Krabben vorher komplett aufgetaut sind. Gefroren gegart werden sie sonst hart.

Terrinen

Bei der Zubereitung von Terrinen stoßen Sie diese während des Einfüllens stets einige Male auf der Arbeitsfläche auf, damit eventuelle Luftblasen entweichen können.
Möchten Sie testen, ob die Farce *ausreichend gewürzt* ist, so garen Sie 1 Teelöffel der Masse auf einem Porzellanteller mit Mikrowelle solo hohe Stufe kurz vor. Entscheiden Sie nach dem Probieren, ob ein Nachwürzen erforderlich ist.

Suppen

Überbackene Suppen servieren Sie am besten sofort nach der Entnahme aus dem Gerät, damit die Haube nicht zusammenfällt.
Für *Cremesuppen* pürieren Sie das vorgegarte Gemüse am einfachsten mit dem Mixer (Pürierstab) oder in der elektrischen Küchenmaschine. Nach dem Legieren mit Sahne oder Eigelb darf die Suppe nicht mehr aufkochen, sonst gerinnt das Eiweiß.

Suppentöpfe

Suppentöpfe werden in der Regel gut zugedeckt zubereitet. Dennoch ist es wichtig, gelegentlich umzurühren, damit die oberste Schicht nicht zu trocken wird.

Suppentöpfe gelegentlich umrühren

Schlemmer-Törtchen

Hübsch für Gäste

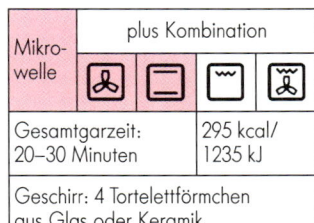

Mikro-welle	plus Kombination			
	⊞	☐	∿	⊠
Gesamtgarzeit: 20–30 Minuten			295 kcal/ 1235 kJ	
Geschirr: 4 Tortelettförmchen aus Glas oder Keramik				

Teig

250 g Mehl
100 g Butter oder Margarine
80 ml Wasser
½ TL Salz
Butter oder Margarine
für die Förmchen

Belag

2 kleine Zucchini
500 g Tomaten
200 g Crème fraîche
125 ml saure Sahne
2 Eier
2 gestrichene TL Speisestärke
250 g geriebener Gouda
Salz, weißer Pfeffer
aus der Mühle
Thymian, Basilikum
12 Scheiben Salami

Mehl, Fett, Wasser und Salz in der Küchenmaschine verkneten. Die Tortelettförmchen sorgfältig einfetten und mit dem Teig auslegen. Mehrmals mit einer Gabel einstechen.
Zucchini und Tomaten waschen, trockentupfen und in Scheiben schneiden. Crème fraîche, saure Sahne, Eier, Speisestärke und Käse verrühren. Kräftig würzen. Die Teigböden dünn mit etwas Käsemasse bestreichen. Fächerartig mit Zucchini-, Tomaten- und Salamischeiben belegen. Mit der restlichen Käsecreme bedecken.
➡ Mit Mikrowelle niedrige Stufe plus Heißluft 180–200 °C bzw. Ober- und Unterhitze 200–220 °C in 20–30 Minuten backen.

Minipizza mexikanische Art

Gelingt schnell

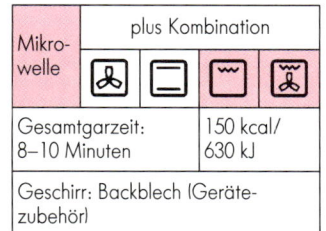

Mikro-welle	plus Kombination			
	⊞	☐	∿	⊠
Gesamtgarzeit: 8–10 Minuten			150 kcal/ 630 kJ	
Geschirr: Backblech (Geräte-zubehör)				

Belag

200 g Rinderhackfleisch
1 kleine Zwiebel
2 Knoblauchzehen
1 EL gehackte Petersilie
Salz, weißer Pfeffer
aus der Mühle
100 g geschälte Tomaten
1 kleine rote Paprikaschote
50 g weiche Butter
1 EL geriebener Käse

1 Packung Tostada-Shells
(8 Stück, siehe Hinweis)
Butter für das Backblech

Das Hackfleisch mit Zwiebel und Knoblauch, beide geschält und fein gehackt, Petersilie, Salz, Pfeffer, Tomaten, gewürfelter Paprikaschote, Butter und Käse verrühren. Die Tostada-Shells gleichmäßig damit bestreichen und einen Rand von ca. 1–1½ cm freilassen. Das Backblech einfetten und die Minipizzen darauflegen.
➡ Mit Mikrowelle niedrige Stufe plus Grill bzw. Umluftgrill 250 °C in 8–10 Minuten knusprig zubereiten.

HINWEIS

Die Tostada-Shells sind runde, vorgebackene Maisfladen mit einem Durchmesser von ca. 10 cm.

DAS BESONDERE REZEPT

Lauch-Speckkuchen

Sie sparen 50% Zeit

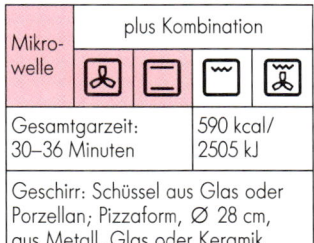

Mikro-welle	plus Kombination			
	⊞	☐	∿	⊠
Gesamtgarzeit: 30–36 Minuten			590 kcal/ 2505 kJ	
Geschirr: Schüssel aus Glas oder Porzellan; Pizzaform, Ø 28 cm, aus Metall, Glas oder Keramik				

200 g Mehl, 100 g Butter oder Margarine, ½ TL Salz
1 Ei, 3 EL Wasser, Butter für die Form

Belag

600 g Lauch, 150 g durchwachsener Speck

Guß

3 Eier, 300 g Crème fraîche, 150 g geriebener Gouda
Salz, weißer Pfeffer aus der Mühle
frisch geriebene Muskatnuß

Alle Zutaten für den Teig in eine hohe Rührschüssel geben. Mit den Knetern des elektrischen Handrührgerätes oder mit der Küchenmaschine zu einem glatten Teig verarbeiten. In Folie einwickeln und im Kühlschrank mindestens 30 Minuten ruhen lassen.
Inzwischen den Lauch putzen, waschen und in feine Ringe schneiden. Den Speck würfeln. Beides in eine Schüssel geben und mit Mikrowelle solo offen 5–6 Minuten andünsten. Dabei ein- bis zweimal kräftig umrühren.
Den Teig auf einer bemehlten Arbeitsfläche zu einer runden Platte von ca. 30 cm ausrollen. Die gefettete Pizzaform so mit dem Teig auslegen, daß ein ca. 1 cm hoher Rand gebildet wird. Den Boden mehrmals mit einer Gabel einstechen. Mit der Lauch-Speckmasse belegen.
Für den Guß Eier, Crème fraîche, Käse und Gewürze gut verrühren und in die Form gießen.
➡ Mit Mikrowelle niedrige Stufe plus Heißluft 180–200 °C bzw. Ober- und Unterhitze 190–210 °C in 25–30 Minuten backen. Lauwarm servieren.
Beilage: Bunter, gemischter Salat.

Kleiner Gemüsekuchen

Gelingt schnell

Mikro-welle	plus Kombination			
Gesamtgarzeit: 20–25 Minuten		285 kcal/ 1197 kJ		

Geschirr: Pieform, Ø 20 cm, aus Glas, Glaskeramik oder hitze-beständigem Porzellan

Teig

80 g Mehl
60 g Butter
1 Eigelb, Salz
Butter für die Form

Belag

1 Kohlrabi
1 Zucchini
ca. 8 weiße Champignons
Zitronensaft
1 Zwiebel

Guß

2 TL weiche Butter
250 ml süße Sahne
2 Eier
Salz, Muskatnuß
weißer Pfeffer aus der Mühle
50 g geriebener Parmesan

Aus den angegebenen Zu-taten in der Küchenmaschi-ne einen Mürbteig zuberei-ten und kühl stellen. Inzwischen den Belag vor-bereiten: Kohlrabi schälen und sehr dünn schneiden. Zucchini waschen und stif-teln. Champignons putzen, waschen, blättrig schnei-den, sofort mit Zitronensaft beträufeln, damit sie sich nicht verfärben. Zwie-bel schälen und wür-feln.
Die Pieform einfetten, mit dem ausgerollten Teig aus-legen und überstehende Ränder abschneiden. Den Teig mehrmals mit einer Gabel einstechen. Das Ge-müse dekorativ auf dem Teig verteilen.
Aus Butter, Sahne, Eiern, Gewürzen und Käse einen Guß anrühren. Über das Gemüse in die Form gießen.

➡ Mit Mikrowelle niederi-ge Stufe plus Heißluft 180–200 °C bzw. Ober- und Unterhitze 200–220 °C in 20–25 Minuten backen.

Raffinierte Bananen-Canapés

Besonders schnell mit Grill

Mikro-welle	plus Kombination			
Gesamtgarzeit: 8–10 Minuten		165 kcal/ 690 kJ		

Geschirr: Backblech (Geräte-zubehör)

250 g reife Bananen
2 EL Zitronensaft
1 EL Rum
½ TL Salz
1 Messerspitze
Cayennepfeffer
8 kleine Weißbrotscheiben
vom Baguette-Brot
20 g Butter
8 kleine Scheiben Greyerzer
Käse
Butter oder Margarine
für das Backblech

Die Bananen schälen. Mit Zironensaft, Rum, Salz und Cayennepfeffer in der Kü-chenmaschine oder mit dem Pürierstab des Hand-rührgerätes fein pürie-ren.
Die Weißbrotscheiben beidseitig vortoasten. Mit Butter und dem Bananen-mus bestreichen. Runde Kä-sescheiben ausstechen und auflegen. Den Grill bzw. Umluftgrill 250 °C für ca. 3 Minuten vorheizen. Das Backblech fetten und die Canapés darauflegen.
➡ Mit Mikrowelle niedrige Stufe plus Grill bzw. Um-luftgrill 250 °C in 5–7 Minu-ten zubereiten.

Herzhafte Fleischterrine

Foto

Gut zu Wein und Bier

Mikro-welle	plus Kombination			
Gesamtgarzeit: 30–40 Minuten		590 kcal/ 2470 kJ		

Geschirr: Rechteckige Form, ca. 25 x 10 cm, aus Glas, Porzellan oder Keramik

Für 4–6 Personen
Farce

2 Zwiebeln
500 g Schweinefilet
300 g gekochter Schinken
200 g rohes Kasseler
ohne Knochen
150 ml süße Sahne
2 Eier
1½ TL Salz
½ TL weißer Pfeffer
aus der Mühle
1 Messerspitze frisch
geriebene Muskatnuß
1 EL frisch gehackte Kräuter
2 cl Weinbrand oder Cognac

Butter für die Form
4–6 Lorbeerblätter
12–14 lange Scheiben
magerer Frühstücksspeck

Die Zwiebeln schälen und fein hacken. Das Schweine-filet kurz kalt abspülen, mit Küchenpapier sehr gut trok-kentupfen und eventuell häuten. Schweinefilet, Schinken und Kasseler wür-feln. Zwiebeln und Fleisch-zutaten zweimal durch die feinste Scheibe des Fleisch-wolfes drehen oder in der elektrischen Küchenma-schine zerkleinern. Sahne und Eier unterrühren. Mit Salz, Gewürzen, Kräutern und Cognac pikant ab-schmecken.
Die Form dünn mit Butter einstreichen, den Boden mit Lorbeerblättern ausle-gen. Darauf dicht neben-einander die Speckschei-ben legen, so daß sie links und rechts am Rand der Form etwas überhängen.

Die Farce einfüllen, glatt-streichen und die Speck-scheiben darüberklappen. Die Form zwei- bis dreimal auf der Arbeitsfläche auf-stoßen.
➡ Mit Mikrowelle mittlere Stufe plus Heißluft 140–160 °C bzw. Ober- und Unterhitze 170–190 °C in 30–40 Minuten zubereiten.
Die Terrine anschließend noch ca. 10 Minuten in der Form ruhen lassen, dann stürzen. In Scheiben schnei-den und warm oder kalt servieren.
Beilagen: Stangenweißbrot, Bohnensalat.

Scharfe Fleischspießchen

Knusprige Bräunung ist wichtig

Mikro-welle	plus Kombination			
Gesamtgarzeit: 8–10 Minuten		235 kcal/ 987 kJ		

Geschirr: Flache Schale aus Glas, Glaskeramik oder Keramik

Für 2 Personen

450 g Schweinefilet
1 EL Öl
½ TL Dijon-Senf
4–5 Tropfen Sojasauce
weißer Pfeffer aus der Mühle
etwas gemahlener Kümmel
½ TL Currypulver

Das Fleisch kurz kalt abspü-len, mit Küchenpapier trok-kentupfen, eventuell häu-ten und würfeln. Auf Holz-spieße stecken. Das Öl mit Senf, Sojasauce und Gewür-zen verrühren. Die Spieß-chen damit gleichmäßig be-streichen und in eine flache Form legen.
➡ Mit Mikrowelle niedrige Stufe plus Grill bzw. Umluft-grill 250 °C in 8–10 Minu-ten zubereiten. Einmal wenden.
Beilage: Butterreis.

DAS BESONDERE REZEPT

Geflügelterrine mit Gemüsefüllung
Hübsch für Gäste

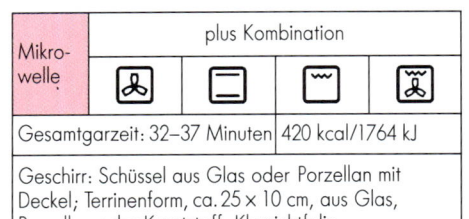

Mikro-welle	plus Kombination			
	⚙	▭	∿	⚙
Gesamtgarzeit: 32–37 Minuten		420 kcal/1764 kJ		

Geschirr: Schüssel aus Glas oder Porzellan mit Deckel; Terrinenform, ca. 25 × 10 cm, aus Glas, Porzellan oder Kunststoff; Klarsichtfolie

Für 4–6 Personen
300 g Brokkoli (frisch oder tiefgefroren)
150 g Zucchini, 150 g Möhren
4–5 EL Wasser, 200 g gekochter Schinken
450 g Geflügelfleisch (Hähnchenbrust)
300 ml süße Sahne
Salz, weißer Pfeffer, aus der Mühle
Cayennepfeffer, Paprikapulver edelsüß
2 Eiweiß, Butter für die Form

Frischen Brokkoli putzen und waschen, große Stauden halbieren und vierteln (tiefgefrorenen Brokkoli aus der Packung nehmen). Zucchini waschen und in ca. ½ cm dicke Scheiben schneiden. Die Möhren schaben, waschen und stifteln. Den Brokkoli in eine Schüssel geben, Wasser hinzufügen und mit Mikrowelle solo auf der höchsten Stufe 5–6 Minuten garen. Zucchini und Möhren hinzufügen und 4–5 Minuten weitergaren. Auf ein Sieb geben, abtropfen und abkühlen lassen.

Inzwischen Schinken und Hähnchenbrust zweimal durch die feinste Scheibe des Fleischwolfes drehen oder in der elektrischen Küchenmaschine zerkleinern. Die Sahne unterrühren und kräftig würzen. Eiweiß steif schlagen und vorsichtig unterheben.
Die Terrinenform einfetten. Mit einem Teil der Zucchinischeiben und Möhrenstifte dekorativ auslegen. Darauf die Hälfte der Fleischfarce geben, glattstreichen und die Form zwei- bis dreimal auf der Arbeitsfläche kräftig aufstoßen. Brokkoliröschen abschneiden und in der Mitte einschichten. Eng daneben die restlichen Möhrenstifte anlegen, dabei einen Rand von ca. 1 cm freilassen. Mit der restlichen Farce bestreichen und die Form nochmals aufstoßen. Die übrigen Zucchinischeiben auflegen und festdrücken. Mit Klarsichtfolie locker abdecken.
➥ Mit Mikrowelle solo hohe Stufe 5–6 Minuten ankochen und anschließend 18–20 Minuten auf der niedrigen Stufe garziehen lassen.
Die Terrine noch ca. 10 Minuten in der Form ruhen lassen. Danach den Fleischsaft abgießen, die Terrine stürzen und mit einem sehr scharfen Messer in Scheiben schneiden. Warm oder kalt servieren.
Beilage: Stangenweißbrot.

Wildpastetchen
Pfiffig

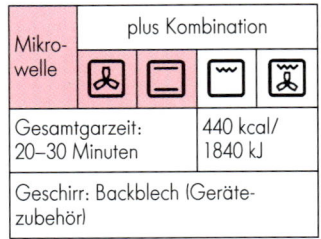

Mikro-welle	plus Kombination			
	⚙	▭	∿	⚙
Gesamtgarzeit: 20–30 Minuten		440 kcal/1840 kJ		

Geschirr: Backblech (Gerätezubehör)

200 g Fleisch vom Hasen oder Wildschwein
60 g geräucherter Speck
1 Zwiebel
2 EL gehackte Petersilie
½ TL Thymian
2 EL saure Sahne
1 EL trockener Sherry
Salz, weißer Pfeffer aus der Mühle
300 g tiefgefrorener Blätterteig
1 Eiweiß
1 Eigelb, Dosenmilch

Das Wildfleisch kalt abspülen, trockentupfen und mit dem Speck in der Küchenmaschine grob pürieren oder mit der feinen Scheibe des Fleischwolfes durchdrehen.
Die Zwiebeln schälen, fein würfeln, mit Petersilie, Thymian, saurer Sahne und Sherry zur Fleischmasse geben, abschmecken.
Den nach Packungsaufschrift aufgetauten Blätterteig zu einem Rechteck von 30 × 40 cm ausrollen. 12 Quadrate von 10 × 10 cm ausschneiden. Die Fleischmasse darauf verteilen. Die Teigecken mit Eiweiß bestreichen, über die Fleischmasse klappen und die Ränder mit einer Gabel festdrücken. Eigelb und Dosenmilch verquirlen und die Pastetchen damit bestreichen. Auf das mit kaltem Wasser abgespülte Backblech legen.
➥ Mit Mikrowelle niedrige Stufe plus Heißluft 180–200 °C bzw. Ober- und Unterhitze 200–220 °C in 20–30 Minuten backen.

Auberginen-Dip

Spezialität aus der Türkei

Mikro-welle	plus Kombination			
Gesamtgarzeit: 8–10 Minuten		105 kcal/ 440 kJ		
Geschirr: Flache Auflaufform aus Glas, Keramik oder Glaskeramik				

2 größere Auberginen,
à 200–250 g
2 EL Zitronensaft
2–3 EL Olivenöl
1 Knoblauchzehe
Salz, weißer Pfeffer
aus der Mühle
1 kleine rote Paprikaschote
frisch gehackte Petersilie

Die Auberginen waschen, mit Küchenpapier trockentupfen und in die Auflaufform legen.
➡ Mit Mikrowelle hohe Stufe plus Grill bzw. Umluftgrill 230–250 °C in 8–10 Minuten zubereiten. Zwischendurch einmal wenden.
Abkühlen lassen. Die Auberginen durchschneiden, eventuell vorhandene Kerne entfernen und das Auberginenfleisch rasch herausschaben. In der Küchenmaschine oder mit dem Handrührgerät mit Pürierstab unter Zugabe von Zitronensaft pürieren. Öl unter weiterem Rühren nach und nach zugeben. Zerdrückten Knoblauch, Salz und Pfeffer unterrühren. Die Paprikaschote waschen, halbieren, von den Kernen und Rippen befreien und sehr fein würfeln. Unter das Auberginenpüree mischen und die Masse kühl stellen. Zum Anrichten mit gehackter Petersilie bestreuen.
Beilage: Geröstetes Brot oder salziges Gebäck.

Avocados mit Krabbenfüllung

Gelingt schnell

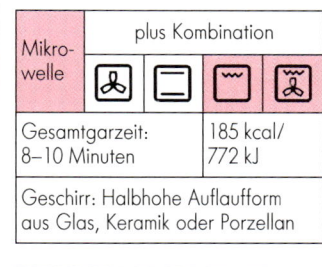

Mikro-welle	plus Kombination			
Gesamtgarzeit: 8–10 Minuten		185 kcal/ 772 kJ		
Geschirr: Halbhohe Auflaufform aus Glas, Keramik oder Porzellan				

200 g Krabben
100 g Semmelbrösel
abgeriebene Schale von
½ unbehandelten Zitrone
50 g Crème fraîche
4 EL trockener Sherry
schwarzer Pfeffer
aus der Mühle
Salz, 2 TL gehackter Dill
2 große, reife Avocados
2 EL Zitronensaft
30 g Butter
Butter oder Margarine
für die Form

Die Krabben mit Semmelbröseln, Zitronenschale, Crème fraîche, Sherry, Pfeffer, Salz und Dill gut vermischen. Die Avocados halbieren, den Stein vorsichtig herauslösen, das Fruchtfleisch mit Zitronensaft beträufeln. Die Krabbenmasse einfüllen und Butterflöckchen auflegen. Nebeneinander in die gefettete Auflaufform setzen.
➡ Mit Mikrowelle mittlere Stufe plus Grill bzw. Umluftgrill 210–230 °C in 8–10 Minuten zubereiten. Noch warm servieren.
Beilage: Toastbrot.

Gratinierte Zucchini in Tomatensauce

Pfiffig

Mikro-welle	plus Kombination			
Gesamtgarzeit: 18–21 Minuten		215 kcal/ 900 kJ		
Geschirr: Schüssel aus Glas oder Porzellan mit Deckel; Auflaufform aus Glas, Glaskeramik oder Porzellan				

Tomatensauce

1 Zwiebel
1 TL Butter
300 g Tomaten
1 TL Tomatenmark
frisches Basilikum
Salz, weißer Pfeffer
aus der Mühle
1 TL Essig
1 Prise Zucker

2 größere Zucchini
150 g gemischtes Hackfleisch
1 Ei
2 EL Semmelbrösel
Majoran, Salz
weißer Pfeffer aus der Mühle
1 EL frisch gehackte
Petersilie
Butter für die Form
100 g Emmentaler
in Scheiben

Für die Tomatensauce die Zwiebel schälen, würfeln und mit der Butter in eine kleine Schüssel geben.
2 Minuten offen glasig dünsten. Die Tomaten waschen, vierteln und mit dem Tomatenmark in das Gefäß geben. Das Basilikum grob hacken und darüberstreuen. Zugedeckt 6–7 Minuten garen. Die Masse durch ein Sieb streichen und kräftig abschmecken. Beiseite stellen.
Die Zucchini waschen, der Länge nach durchschneiden und aushöhlen. Hackfleisch mit Ei, Semmelbröseln, Gewürzen und frischer Petersilie mischen, in die Zucchini füllen. Die Auflaufform einfetten, die

Zucchini hineinsetzen und mit Käsestreifen belegen.
➡ Mit Mikrowelle hohe Stufe plus Grill bzw. Umluftgrill 250 °C in 10–12 Minuten zubereiten.
Die Sauce für 2 Minuten erhitzen. Die Zucchini quer durchschneiden und auf vorgewärmten Tellern, mit der Tomatensauce umkränzt, dekorativ anrichten. Sofort servieren.

Gefüllte Zucchini

Besonders einfach

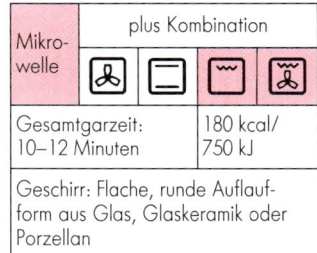

Mikro-welle	plus Kombination			
Gesamtgarzeit: 10–12 Minuten		180 kcal/ 750 kJ		
Geschirr: Flache, runde Auflaufform aus Glas, Glaskeramik oder Porzellan				

4 mittelgroße Zucchini
Salz, weißer Pfeffer
aus der Mühle
2 Zwiebeln
125 g Doppelrahmfrischkäse
1 Messerspitze Paprika
edelsüß
Butter oder Margarine
für die Form
125 ml saure Sahne

Die Zucchini waschen, längs halbieren, Kerne entfernen, mit einem Löffel aushöhlen und würzen. Die Zwiebeln schälen, sehr fein würfeln und mit dem Frischkäse vermischen. Kräftig abschmecken. Die Zucchini damit füllen. Eng nebeneinander in die gefettete Form legen, mit saurer Sahne übergießen und mit etwas Paprika bestreuen.
➡ Mit Mikrowelle mittlere Stufe plus Grill bzw. Umluftgrill 200–220 °C in 10–12 Minuten zubereiten.
Beilage: Stangenweißbrot mit Knoblauchbutter.

Birnentoast mit Käsecreme

Knusprig und köstlich

Mikro-welle	plus Kombination			
	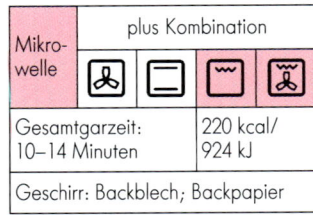			
Gesamtgarzeit: 10–14 Minuten	220 kcal/ 924 kJ			
Geschirr: Backblech; Backpapier				

4 Scheiben Toastbrot
30 g Butter
200 g Doppelrahmfrischkäse mit Kräutern
100 g gekochter Schinken
60 g gemahlene Haselnüsse
2 EL Cognac
weißer Pfeffer aus der Mühle
4 Birnenhälften aus der Dose

Die Toastbrotscheiben von beiden Seiten mit Butter bestreichen und auf das mit Backpapier ausgelegte Backblech legen. Unter dem Grill bzw. mit Umluftgrill 150 °C von jeder Seite 2–3 Minuten anrösten.
Den Frischkäse mit feingewürfeltem Schinken, Haselnüssen, Cognac und Pfeffer verrühren. Etwas auf die Toastbrotscheiben streichen. Die Birnenhälften abtropfen lassen, in Scheiben schneiden und auflegen. Den restlichen Käse daraufgeben und glattstreichen.
➤ Mit Mikrowelle niedrige Stufe plus Grill bzw. Umluftgrill 250 °C in 6–8 Minuten zubereiten.
Sofort servieren.

Camembert-Pfirsich-Toast

Gut zu Wein und Bier

Mikro-welle	plus Kombination			
	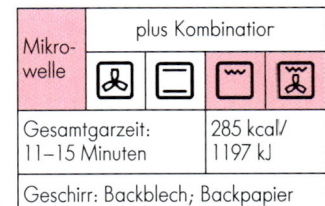			
Gesamtgarzeit: 11–15 Minuten	285 kcal/ 1197 kJ			
Geschirr: Backblech; Backpapier				

4 Scheiben Toastbrot
20 g Butter
4 TL Preiselbeeren
4 Pfirsichhälften aus der Dose
200 g Camembert
weißer Pfeffer aus der Mühle

Die Toastbrotscheiben von beiden Seiten mit Butter bestreichen und auf das mit Backpapier ausgelegte Backblech legen. Unter dem Grill bzw. mit Umluftgrill 250 °C von jeder Seite 2–3 Minuten anrösten.
Auf jede Scheibe 1 Teelöffel Preiselbeeren geben. Die Pfirsichhälften abtropfen lassen und daraufgeben. Den Camembert in dickere Scheiben schneiden, über die Pfirsiche legen und mit Pfeffer übermahlen.
➤ Mit Mikrowelle niedrige Stufe plus Grill bzw. Umluftgrill 250 °C in 7–9 Minuten zubereiten. Sofort servieren.

Pikante Käseecken

Knusprig und köstlich

Mikro-welle	plus Kombination			
	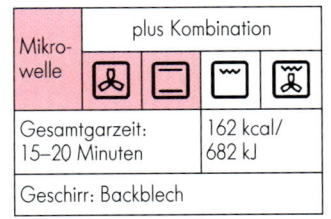			
Gesamtgarzeit: 15–20 Minuten	162 kcal/ 682 kJ			
Geschirr: Backblech				

1 Paket tiefgefrorener Blätterteig (450 g)

Füllung

100 g frische Champignons
½ Bund Petersilie
150 g Sahnequark
80 g Gorgonzola
1 Ei
Salz, weißer Pfeffer aus der Mühle
1 Eigelb zum Bestreichen

Den Blätterteig nach Packungsanweisung auftauen lassen.
Die Champignons waschen, putzen und fein schneiden. Petersilie waschen, die Stiele abschneiden und fein hacken. Champignons und Petersilie mit Sahnequark, Gorgonzola, Ei, Salz und Pfeffer zu einer geschmeidigen Masse verrühren.
Die Blätterteigscheiben halbieren. Die Füllung gleichmäßig darauf verteilen. Die Teigränder dünn mit etwas Eigelb bestreichen, zu Dreiecken umschlagen und gut zusammendrücken. Mit dem restlichen Eigelb bestreichen und auf das kalt abgespülte Backblech legen. Zum Aufrichten der gedrückten Blätterteigkanten noch ca. 10 Minuten ruhen lassen.
➤ Mit Mikrowelle niedrige Stufe plus Heißluft 180–200 °C bzw. Ober- und Unterhitze 190–210 °C in 15–20 Minuten goldbraun backen.
Dazu einen Rosé-Wein reichen.

Käse-Tomaten

Gelingt schnell

Mikro-welle	plus Kombination			
	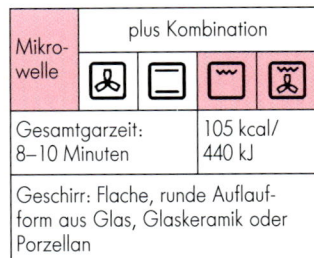			
Gesamtgarzeit: 8–10 Minuten	105 kcal/ 440 kJ			
Geschirr: Flache, runde Auflaufform aus Glas, Glaskeramik oder Porzellan				

4 feste Fleischtomaten
Butter oder Margarine für die Form
Salz, weißer Pfeffer aus der Mühle
¼ Bund Schnittlauch
4 frische Salbeiblätter
150 g Mozzarella

Die Tomaten waschen, trockentupfen und quer halbieren. Mit der Schnittfläche nach oben in die gefettete Auflaufform legen, salzen und pfeffern. Mit gehacktem Schnittlauch und Salbei bestreuen. Mozzarella in Scheiben schneiden und je 1 Scheibe auf die Tomaten legen.
➤ Mit Mikrowelle mittlere Stufe plus Grill bzw. Umluftgrill 220–240 °C in 8–10 Minuten zubereiten.
Beilage: Toastbrot

VARIATION

Anstelle des Mozzarella können Sie auch Schafkäse verwenden.

Delikate Putenröllchen

Foto

Pfiffig

Mikro-welle	plus Kombination			
	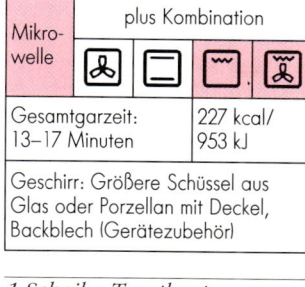			
Gesamtgarzeit: 15–18 Minuten		375 kcal/ 1575 kJ		
Geschirr: Auflaufform aus Glas, Keramik oder Porzellan				

2 Zwiebeln
2 EL Butter
6 Tomaten
1 rote Paprikaschote
1 Knoblauchzehe
Origano, Salbei
1 EL gehackte Petersilie
500 g Putenbrust
weißer Pfeffer aus der Mühle
Paprikapulver
150 g roher, geräucherter
Speck, in sehr feine
Scheiben geschnitten
200 g Mozzarella

Die Zwiebeln schälen und würfeln. Mit der Butter in die Form geben und mit Mikrowelle solo hohe Stufe offen 1–2 Minuten andünsten.
Die Tomaten mit heißem Wasser übergießen und häuten. Die Paprikaschote waschen, halbieren und von den Kernen und Rippen befreien. Beides sehr fein würfeln und zu den Zwiebeln geben. Die Gemüsezutaten in der Form mit dem zerdrückten Knoblauch, Oregano, Salbei und Petersilie gut verrühren. Das Putenfleisch kalt abspülen, mit Küchenpapier trockentupfen, in große Streifen oder Würfel schneiden und kräftig würzen. Mit je einer Scheibe Speck fest umwickeln. Die Putenröllchen auf das Gemüse in die Form geben. Den Mozzarella abtropfen lassen, in Scheiben schneiden und auf die Röllchen legen.
➥ Mit Mikrowelle hohe Stufe plus Grill bzw. Umluftgrill 210–230 °C in 14–16 Minuten zubereiten.
Beilage: Curryreis.

Gratinierte Miesmuscheln

Hübsch für Gäste

Mikro-welle	plus Kombination			
Gesamtgarzeit: 13–17 Minuten		227 kcal/ 953 kJ		
Geschirr: Größere Schüssel aus Glas oder Porzellan mit Deckel, Backblech (Gerätezubehör)				

1 Scheibe Toastbrot
125 ml trockener Weißwein
1 Knoblauchzehe
1 EL gehackte Petersilie
50 g weiche Butter
50 g gemahlene Haselnüsse
Salz, weißer Pfeffer
aus der Mühle
600–700 g frische
Miesmuscheln
(ca. 24 Stück)
125 ml Wasser
Butter oder Margarine
für das Backblech

Das Toastbrot fein würfeln, in 3–4 Eßlöffeln Weißwein einweichen und wieder ausdrücken. Die Knoblauchzehe schälen und fein hacken. Mit Petersilie und Butter verkneten. Weißbrot und Haselnüsse dazugeben, würzen und weiterkneten.
Die Muscheln unter fließendem kalten Wasser abbürsten. Beschädigte oder geöffnete Muscheln aussortieren und wegwerfen. Alle anderen in eine größere Schüssel geben. Mit dem restlichen Wein und Wasser übergießen. Zugedeckt 6–8 Minuten mit Mikrowelle solo garen, bis sich die Schalen geöffnet haben. Muscheln, die dann noch nicht offen sind, wegwerfen. Etwas abkühlen lassen, dann die obere Schale abbrechen. Das Backblech fetten und die Muscheln darauflegen. Auf jede Muschel etwas von der Brotmasse geben.
➥ Mit Mikrowelle mittlere Stufe plus Grill bzw. Umluftgrill 230–250 °C in 7–9 Minuten zubereiten. Sofort servieren.
Beilage: Toastbrot.

DAS BESONDERE REZEPT

Jakobsmuscheln in Champignoncreme
Etwas teuer

Mikro-welle	plus Kombination			
	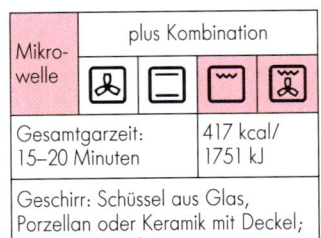			
Gesamtgarzeit: 15–20 Minuten	417 kcal/ 1751 kJ			
Geschirr: Schüssel aus Glas, Porzellan oder Keramik mit Deckel; 4 Muschelschalen				

500 g Jakobsmuscheln (frisch oder tiefgefroren)
150 g Champignons, 2 Schalotten, 1 EL Butter
2 EL Mehl, 125 ml süße Sahne
125 ml trockener Weißwein
Salz, weißer Pfeffer aus der Mühle
6 Pfefferkörner, 1 Scheibe Weißbrot
50 g geriebener Emmentaler oder Parmesan

Frische Jakobsmuscheln säubern, kalt abspülen und mit Küchenpapier trockentupfen (tiefgefrorene Muscheln aus der Packung nehmen). Die Champignons waschen, putzen und in dünne Scheiben schneiden. Die Schalotten schälen und fein hacken.
Champignons, Schalotten und Butter in die Schüssel geben und zugedeckt mit Mikrowelle solo 4–5 Minuten vorgaren. Mehl darüberstreuen. Muscheln, Sahne, Weißwein, Salz und Pfeffer dazugeben und gut verrühren. Weitere 7–9 Minuten erhitzen. Zwischendurch ein- bis zweimal gut umrühren. Das Gericht auf vier Muschelschalen verteilen. Den Grill bzw. Umluftgrill auf 250 °C vorheizen. Frische Weißbrotkrumen und geriebenen Käse mischen, über die Muschelmasse streuen.
➤ Mit Mikrowelle niedrige Stufe plus Grill bzw. Umluftgrill 250 °C in 4–6 Minuten zubereiten.
Beilage: Frisches Stangenweißbrot.

Lachsterrine im Seezungenmantel
Besonders schön für Gäste

Mikro-welle	plus Kombination			
	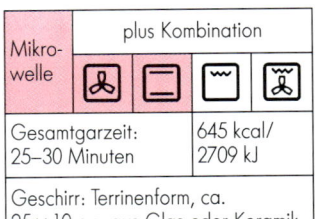			
Gesamtgarzeit: 25–30 Minuten	645 kcal/ 2709 kJ			
Geschirr: Terrinenform, ca. 25 × 10 cm, aus Glas oder Keramik				

Für 6 Personen
500 g frisches Lachsfilet ohne Gräten
250 ml süße Sahne
1 Eiweiß
Salz, Pfeffer aus der Mühle
Paprikapulver,
Cayennepfeffer
3 schwarze Trüffel
8 Seezungenfilets
1 Bund Dillspitzen

Das Lachsfilet kurz kalt abspülen, mit Küchenpapier trockentupfen und in der elektrischen Küchenmaschine fein pürieren. Sahne und Eiweiß dazugeben und mit den Gewürzen pikant abschmecken. Die Trüffel würfeln und unter die Lachsmasse ziehen.
Die Terrinenform mit den Seezungenfilets auslegen. Die Lachsmasse daraufgeben und mit den Fileten umwickeln.
➤ Mit Mikrowelle niedrige Stufe plus Heißluft 140–160 °C bzw. Ober- und Unterhitze 160–180 °C in 20–30 Minuten zubereiten.
In der Form ca. 5 Minuten ruhen lassen, abgießen und auf eine Platte stürzen. Mit einigen Trüffelscheiben und Dillspitzen garnieren.
Beilagen: Reis, Feldsalat.

Champignon-cremesuppe
Foto
Gelingt schnell

Mikro-welle	plus Kombination			
	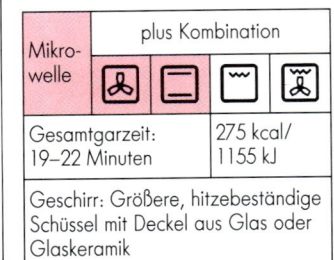			
Gesamtgarzeit: 19–22 Minuten	275 kcal/ 1155 kJ			
Geschirr: Größere, hitzebeständige Schüssel mit Deckel aus Glas oder Glaskeramik				

500 g frische Champignons
1 Messerspitze feingehackter Knoblauch
1 gehackte Zwiebel
¼ l Milch
½ l Brühe
5 EL Crème fraîche
1 EL Speisestärke
2 Eigelb
6 EL süße Sahne
weißer Pfeffer aus der Mühle
etwas Cayennepfeffer
50 g gekochter Schinken in Streifen
1 EL Pistazienkerne

Die Champignons putzen und in feine Scheiben schneiden. Mit Knoblauch und Zwiebel zugedeckt 5–6 Minuten vorgaren. Mit dem Pürierstab des elektrischen Handrührgerätes oder in der Küchenmaschine pürieren, wieder in die Schüssel geben, Milch und Brühe zufügen. Crème fraîche und Speisestärke verrühren und zur Suppe geben.
➤ Mit Mikrowelle mittlere Stufe plus Heißluft 170–190 °C bzw. Ober- und Unterhitze 180–200 °C 14–16 Minuten geschlossen zubereiten.
Eigelb und Sahne verquirlen und die Suppe damit legieren, würzen. In vier Suppentassen füllen, Schinkenstreifen darauf verteilen und mit gehackten Pistazienkernen bestreuen. Sofort servieren.

Gratinierte Selleriecremesuppe

Gut zu Wein und Bier

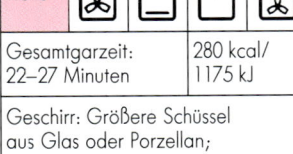

Mikro-welle	plus Kombination			
Gesamtgarzeit: 22–27 Minuten		280 kcal/ 1175 kJ		

Geschirr: Größere Schüssel aus Glas oder Porzellan; 4 größere Suppentassen

---

2 EL Butter
600 g Sellerieknolle
2 EL Zitronensaft
¾ l Fleischbrühe
Salz, weißer Pfeffer
aus der Mühle
1 EL Speisestärke
1 Prise Zucker
¼ l süße Sahne
1 Eiweiß
50 g geriebener Emmentaler

Die Butter in die Schüssel geben und mit Mikrowelle solo hohe Stufe in 1 Minute schmelzen.
Sellerie schälen, waschen, in Streifen schneiden, mit Zitronensaft beträufeln und in die Schüssel geben.
4–5 Eßlöffel Brühe, Salz und Pfeffer dazugeben. Mit Mikrowelle solo hohe Stufe zugedeckt 12–14 Minuten garen.
Mit dem Pürierstab des elektrischen Handrührgerätes oder in der Küchenmaschine pürieren und wieder in die Schüssel geben. Speisestärke, Zucker, Sahne und die restliche Brühe dazugeben. Zugedeckt 4–5 Minuten aufkochen lassen.
Inzwischen das Eiweiß zu steifem Schnee schlagen und den Käse unterheben. Die Suppe in Tassen füllen, die Eischnee-Käsemasse darauf verteilen. Unter dem Grill bzw. mit Umluftgrill 250 °C in 5–7 Minuten goldbraun überbacken.

Zucchini-Kartoffel-topf mit Klößchen

Besonders einfach

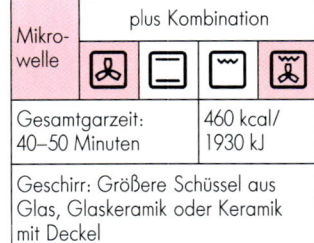

Mikro-welle	plus Kombination			
Gesamtgarzeit: 40–50 Minuten		460 kcal/ 1930 kJ		

Geschirr: Größere Schüssel aus Glas, Glaskeramik oder Keramik mit Deckel

---

1 Bund Suppengrün
2 Zwiebeln
750 g Kartoffeln
Salz, weißer Pfeffer
aus der Mühle
Cayennepfeffer
2–3 Tropfen Tabasco
1 l Fleischbrühe

Klößchen

375 g gemischtes Hackfleisch
1 Ei
60 g Semmelbrösel
1 TL Dijon-Senf
Salz, weißer Pfeffer
aus der Mühle
1 EL gehackte, gemischte
Kräuter

---

250 g Zucchini
3–4 EL Crème fraîche
1 Bund Schnittlauch

Das Suppengrün putzen, waschen und kleinschneiden. Die Zwiebeln schälen und in Ringe schneiden. Die Kartoffeln schälen, waschen und würfeln. Die Gemüsezutaten in die Schüssel geben, würzen und mit Brühe auffüllen.
➡ Mit Mikrowelle niedrige Stufe plus Heißluft 170–190 °C bzw. Umluftgrill 160–180 °C in 25–30 Minuten zugedeckt zubereiten.
Für die Klößchen alle Zutaten in eine hohe Rührschüssel geben, mit dem elektrischen Handrührgerät mit Knetern oder in der Küchenmaschine zu einem geschmeidigen Teig verarbeiten. Mit nassen Händen kleine Kugeln formen.

Zucchini waschen und in Scheiben schneiden. Nach Ablauf der Garzeit Klößchen und Zucchinischeiben zu den Kartoffeln geben, umrühren und bei gleicher Einstellung weitere 15–20 Minuten zugedeckt garen.
Crème fraîche einrühren. Mit gehacktem Schnittlauch bestreut servieren.
Beilage: Grissini.

Französische Zwiebelsuppe

Besonders schnell mit Grill

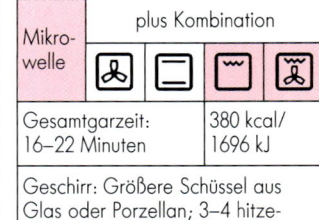

Mikro-welle	plus Kombination			
Gesamtgarzeit: 16–22 Minuten		380 kcal/ 1696 kJ		

Geschirr: Größere Schüssel aus Glas oder Porzellan; 3–4 hitzebeständige Suppentassen aus Keramik oder Porzellan

---

300 g Zwiebeln
40 g Butter
Salz, weißer Pfeffer
aus der Mühle
½ l heiße Fleischbrühe
125 ml trockener Weißwein
3–4 Scheiben vorgetoastetes
Baguette-Brot
80 g geriebener Emmentaler

Die Zwiebeln schälen und in Ringe schneiden. Mit der Butter in eine größere Schüssel geben und mit Mikrowelle solo 4–5 Minuten zugedeckt vorgaren. Würzen, die Fleischbrühe zugießen und weitere 6–8 Minuten garen. Den Weißwein hinzufügen, eventuell nochmals abschmecken und weitere 1–2 Minuten erhitzen. Die Suppe auf drei bis vier Suppentassen verteilen. Baguette-Brot mit Käse bestreuen, vorsichtig auf die Suppe geben.
➡ Mit Mikrowelle niedrige Stufe plus Grill bzw. Umluftgrill 250 °C in 5–7 Minuten goldbraun überbacken.

Minestrone mit Pesto

Spezialität aus Italien

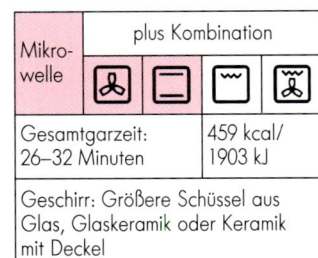

Mikro-welle	plus Kombination			
Gesamtgarzeit: 26–32 Minuten		459 kcal/ 1903 kJ		

Geschirr: Größere Schüssel aus Glas, Glaskeramik oder Keramik mit Deckel

---

50 g geräucherter,
durchwachsener Speck
2 große Möhren
3 Kartoffeln
1 Gemüsezwiebel
½ Sellerieknolle
2 Stangen Lauch
1 mittelgroße Zucchini
200 g Wirsing
1 Fenchelknolle
1 EL Tomatenmark
200 g feste Tomaten
1½ l Fleischbrühe
1 EL Olivenöl
Salz, weißer Pfeffer
aus der Mühle

Pesto

3 Knoblauchzehen
2 EL Pinienkerne
15 frische Basilikumblätter
1 EL geriebener Parmesan
5 EL Olivenöl

Den Speck fein würfeln und in die Schüssel geben. Mit Mikrowelle solo hohe Stufe in 1–2 Minuten offen ausbraten lassen.
Die verschiedenen Gemüsesorten waschen, putzen und in Stücke oder Scheiben schneiden. Zum Speck geben und das Tomatenmark unterrühren. Die Tomaten mit heißem Wasser überbrühen, häuten, würfeln und hinzufügen. Mit Fleischbrühe auffüllen, Öl und Gewürze unterrühren. Deckel auflegen.
➡ Mit Mikrowelle mittlere Stufe plus Heißluft 160–180 °C bzw. Ober- und Unterhitze 190–210 °C in 25–30 Minuten zubereiten.

Für den Pesto die Knoblauchzehen schälen und mit den Pinienkernen und Basilikumblättern im Mixer der Küchenmaschine pürieren oder sehr klein schneiden und mit dem Käse und dem Olivenöl unter die Knoblauchmasse rühren. Der Pesto wird getrennt zur Suppe serviert.

Bouillabaisse mit Blätterteighaube

Spezialität aus Frankreich

Mikro-welle	plus Kombination			
	🗲	▭	〰	🗲
Gesamtgarzeit: 26–33 Minuten			245 kcal/ 1029 kJ	
Geschirr: Größere Schüssel aus Glas, Porzellan oder Keramik mit Deckel; 4 größere, feuerfeste Suppentassen				

2 Zwiebeln, 4 Tomaten
2 Knoblauchzehen
1 Lorbeerblatt
1 Bund Petersilie, Thymian
1 Messerspitze Safran
je 400 g Seelachs-, Kabeljau- und Schollenfilet
Salz, weißer Pfeffer aus der Mühle
50 ml Wasser
5–6 EL Olivenöl
100 ml trockener Weißwein
500 g Muscheln (frisch oder aus dem Glas)
4 Riesengarnelen

Blätterteighaube

4 Scheiben tiefgefrorener Blätterteig, 1 Eiweiß
1 Eigelb, etwas Dosenmilch

Die Zwiebeln schälen und fein würfeln. Die Tomaten mit heißem Wasser überbrühen, häuten und klein schneiden. Die Knoblauchzehen schälen und durchpressen. Lorbeerblatt, kleingehackte Petersilie, Thymian und Safran mit dem Gemüse in die Schüssel geben.
Die Fischfilets kalt abspülen, mit Küchenpapier trok-kentupfen, in große Stücke schneiden und zum Gemüse geben. Mit Salz und Pfeffer kräftig würzen. Wasser, Öl und Weißwein hinzufügen und umrühren.
Frische Muscheln gründlich bürsten, bereits geöffnete Muscheln nicht verwenden (Muscheln aus dem Glas abtropfen lassen). Riesengarnelen ebenfalls kalt waschen, abtropfen lassen und mit Küchenpapier trok-kentupfen. Die Meeresfrüchte in die Schüssel geben, erneut alle Zutaten vermischen und den Deckel aufsetzen.
➤ Mit Mikrowelle hohe Stufe plus Heißluft 180–200 °C bzw. Ober- und Unterhitze 190–210 °C in 20–25 Minuten zubereiten.
Inzwischen den Blätterteig auftauen lassen. Die Scheiben zusammenklappen und so weit ausrollen, daß sie ca. 2 cm größer als der obere Durchmesser der Tassen sind.
Ist die Bouillabaisse fertig gegart, die Fischstücke, Muscheln und Garnelen aus der Form heben und gleichmäßig auf die 4 Tassen verteilen. Den Fischsud durch ein Sieb passieren und die Tassen damit auffüllen. Den Rand der Tassen mit Eiweiß bestreichen. Die Teigscheiben vorsichtig auflegen, am Rand gut andrücken und die Teigreste rundum mit einer Schere abschneiden. Eigelb mit Dosenmilch verquirlen, die Teigoberfläche damit bestreichen. Aus den Teigresten Kreise ausstechen oder Streifen schneiden und als Garnitur auflegen.
➤ Die Suppe im noch heißen Gerät 6–8 Minuten mit Mikrowelle niedrige Stufe plus Heißluft 210–230 °C bzw. Ober- und Unterhitze 220–240 °C überbacken.
Beilage: Mit Kräutern oder Knoblauchbutter geröstetes Baguette.

DAS BESONDERE REZEPT

Schneller Gemüsetopf
Gelingt leicht

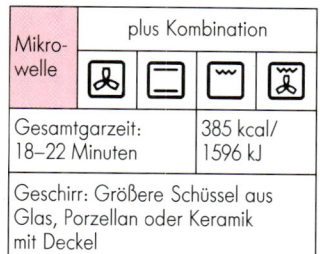

Mikro-welle	plus Kombination			
	🗲	▭	〰	🗲
Gesamtgarzeit: 18–22 Minuten			385 kcal/ 1596 kJ	
Geschirr: Größere Schüssel aus Glas, Porzellan oder Keramik mit Deckel				

1 Paket tiefgefrorenes Suppengemüse
100 g vorgekochter Reis, ¾ l Fleischbrühe
Salz, weißer Pfeffer aus der Mühle
Paprikapulver
200 g Leberkäse oder Fleischwurst,
1 Knoblauchzehe
1 hartgekochtes Ei
¼ Bund Petersilie

Das tiefgefrorene Suppengemüse mit dem Reis in die Schüssel geben, mit Brühe auffüllen und kräftig würzen.
➤ Mit Mikrowelle solo hohe Stufe in 14–16 Minuten zugedeckt zubereiten.
Leberkäse oder Fleischwurst in Würfel schneiden, zufügen und weitere 4–6 Minuten garen.
Die Knoblauchzehe schälen, durchpressen und in die fertige Suppe einrühren. Das Ei und frische Petersilie hacken, über die Suppe streuen und sofort servieren.
Beilage: Roggentaost.

Feine Möhrencremesuppe
Hübsch für Gäste

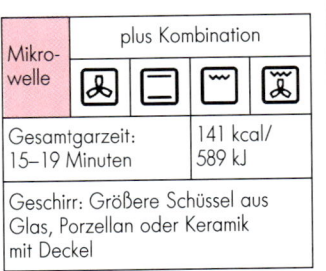

Mikro-welle	plus Kombination			
	Gesamtgarzeit: 15–19 Minuten	141 kcal/ 589 kJ		

Geschirr: Größere Schüssel aus Glas, Porzellan oder Keramik mit Deckel

---

1 Zwiebel
30 g Butter
800 g Möhren
125 ml Wasser
¾ l Fleischbrühe
125 ml Milch
Salz, weißer Pfeffer
aus der Mühle
etwas Cayennepfeffer
1 Eigelb
5 EL süße Sahne
etwas geschlagene Sahne

Die Zwiebel schälen und würfeln. Mit der Butter in die Schüssel geben und mit Mikrowelle solo hohe Stufe offen 1–2 Minuten andünsten.
Die Möhren putzen, klein schneiden und zur Zwiebel geben. Wasser hinzufügen. Mit Mikrowelle solo hohe Stufe zugedeckt 9–11 Minuten garen.
Mit dem elektrischen Handrührgerät (Pürierstab) oder in der Küchenmaschine fein pürieren. Wieder in die Schüssel geben. Mit Fleischbrühe und Milch auffüllen, würzen und weitere 5–6 Minuten zugedeckt garen.
Eigelb und Sahne verquirlen und die Suppe damit legieren. In Suppentassen füllen und, mit je 1 EL Schlagsahne garniert, servieren.

Lauchcreme-suppe
Besonders einfach

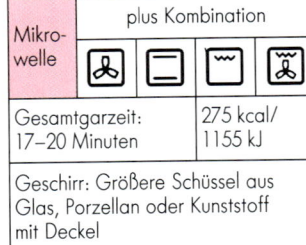

Mikro-welle	plus Kombination			
	Gesamtgarzeit: 17–20 Minuten	275 kcal/ 1155 kJ		

Geschirr: Größere Schüssel aus Glas, Porzellan oder Kunststoff mit Deckel

---

500 g Lauch
250 g Kartoffeln
2 mittelgroße Zwiebeln
2 EL Butter
5–6 EL trockener Weißwein
½ l Hühnerbrühe
⅛ l Milch
¼ l Sahne
Salz, weißer Pfeffer
aus der Mühle
frisch geriebene Muskatnuß
1 EL Speisestärke
3 EL gehackter Schnittlauch

Den Lauch putzen, waschen und in feine Ringe schneiden. Kartoffeln und Zwiebeln schälen und würfeln. Die Butter in die Schüssel geben und mit Mikrowelle solo hohe Stufe 1 Minute schmelzen.
Die Gemüsezutaten hinzufügen, umrühren und den Wein dazugeben. Mit Mikrowelle solo hohe Stufe zugedeckt 12–14 Minuten garen. Zwischendurch ein- bis zweimal umrühren.
Mit dem Pürierstab des elektrischen Handrührgerätes oder in der Küchenmaschine fein pürieren. In die Schüssel zurückgeben und mit Hühnerbrühe, Milch und Sahne auffüllen. Kräftig würzen. Speisestärke einrühren. Mit Mikrowelle solo hohe Stufe weitere 4–5 Minuten aufkochen lassen. Mit Schnittlauch bestreut servieren.

Erbsencreme-suppe
Besonders einfach

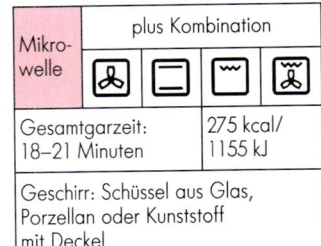

Mikro-welle	plus Kombination			
	Gesamtgarzeit: 18–21 Minuten	275 kcal/ 1155 kJ		

Geschirr: Schüssel aus Glas, Porzellan oder Kunststoff mit Deckel

---

600 g Erbsen (frisch oder tiefgefroren)
125 ml Wasser
125 ml süße Sahne
¼ l Fleischbrühe
2 gehäufte TL Speisestärke
Salz, weißer Pfeffer
aus der Mühle
1 EL Weinbrand

Frische Erbsen waschen und gut abtropfen lassen (gefrorene Erbsen aus der Packung nehmen). In das Geschirr geben und Wasser hinzufügen. Mit Mikrowelle solo auf der höchsten Stufe 13–15 Minuten zugedeckt vorgaren. Zwischendurch ein- bis zweimal umrühren.
Die Kochflüssigkeit abgießen. 2 Eßlöffel Erbsen auf einen Teller geben und beiseite stellen. Die restlichen Erbsen mit dem Handrührgerät (Pürierstab) oder in der elektrischen Küchenmaschine, eventuell unter Zugabe von etwas Sahne, pürieren. Sahne und Brühe dazugeben. Speisestärke und Gewürze einrühren. Ganze Erbsen hinzufügen und nochmals 5–6 Minuten mit Mikrowelle solo auf der höchsten Stufe erhitzen. Weinbrand hinzufügen und kräftig unterrühren.

Feine Tomatensuppe
Besonders einfach

Foto

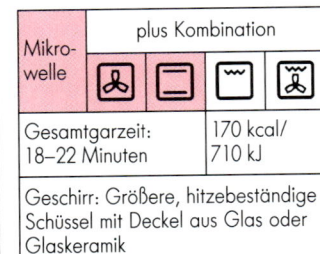

Mikro-welle	plus Kombination			
	Gesamtgarzeit: 18–22 Minuten	170 kcal/ 710 kJ		

Geschirr: Größere, hitzebeständige Schüssel mit Deckel aus Glas oder Glaskeramik

---

800 g Tomaten (frisch oder aus der Dose)
40 g Butter
40 g Speisestärke
2 TL Tomatenmark
¼ l Milch
Salz, weißer Pfeffer
aus der Mühle
Oregano
½ l Brühe
1 EL Zitronensaft
2–3 EL Crème fraîche

Frische Tomaten kreuzweise einschneiden, kurz mit heißem Wasser überbrühen, abziehen und klein schneiden. Frische oder Dosentomaten durch ein Sieb in die Schüssel passieren. Butter, Speisestärke, Tomatenmark, Milch, Salz, Pfeffer und Oregano, Brühe und Zitronensaft hinzufügen und gut verrühren.
➤ Mit Mikrowelle niedrige Stufe plus Heißluft 140–160 °C bzw. Ober- und Unterhitze 160–180 °C in 18–22 Minuten geschlossen zubereiten. Zwischendurch einmal kräftig umrühren.
Den Deckel abnehmen und Crème fraîche unterziehen. Sofort servieren.

Suppentopf schwäbische Art

Gut zum Einfrieren

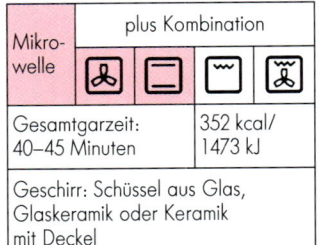

Mikro-welle	plus Kombination			
Gesamtgarzeit: 40–45 Minuten	352 kcal/ 1473 kJ			

Geschirr: Schüssel aus Glas, Glaskeramik oder Keramik mit Deckel

Für 2 Personen

1 Möhre
1 Stange Lauch
1 kleine grüne Paprikaschote
1 kleine rote Paprikaschote
400 g Rindfleisch (Hochrippe)
Salz, weißer Pfeffer aus der Mühle
Paprikapulver
125 g Spätzle
125 ml Rotwein
½ l Wasser
3 EL Fleischbrühe (Instant)
1 EL Crème fraîche
1 TL gehackte Petersilie

Möhre und Lauch putzen und in Ringe oder Scheiben schneiden. Die Paprikaschoten waschen, halbieren, von den Kernen und Rippen befreien und in feine Streifen oder Würfel schneiden. Das Fleisch kalt abspülen, mit Küchenpapier trockentupfen und sehr fein würfeln. Mit dem Gemüse in die Schüssel geben, mischen und kräftig würzen. Die Spätzle dazugeben. Rotwein, Wasser und Brühe hinzufügen und umrühren.

➤ Mit Mikrowelle niedrige Stufe plus Heißluft 180–200 °C bzw. Ober- und Unterhitze 190–210 °C in 40–45 Minuten geschlossen zubereiten.
Crème fraîche daraufgeben und, mit gehackter Petersilie bestreut, servieren.
Beilage: Salziges Blätterteiggebäck.

Herzhafte Gulaschsuppe

Gut zu Wein und Bier

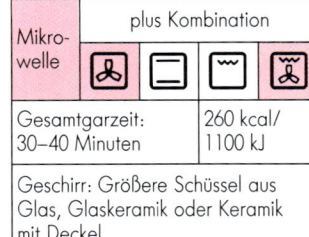

Mikro-welle	plus Kombination			
Gesamtgarzeit: 30–40 Minuten	260 kcal/ 1100 kJ			

Geschirr: Größere Schüssel aus Glas, Glaskeramik oder Keramik mit Deckel

300 g Rindfleisch aus der Hochrippe
2 größere Zwiebeln
1 Knoblauchzehe
1 TL Paprikapulver
½ TL Cayennepfeffer
Salz, weißer Pfeffer aus der Mühle
½ TL gemahlener Kümmel
1 Prise Majoran
3–4 Tropfen Tabasco
1 EL Tomatenmark
1 l Fleischbrühe
300 g Kartoffeln
je 1 rote und grüne Paprikaschote

Das Fleisch kalt abspülen, mit Küchenpapier trockentupfen und in kleine Würfel schneiden. Zwiebeln und Knoblauch schälen und fein hacken. Mit dem Fleisch in die Schüssel geben, würzen, Tomatenmark dazugeben und alle Zutaten gut verrühren. Mit Fleischbrühe auffüllen. Die Kartoffeln schälen und waschen. Paprikaschoten waschen, halbieren und von den Kernen und Rippen befreien. Beides in sehr kleine Würfel schneiden, in das Geschirr geben und unterrühren.
➤ Mit Mikrowelle mittlere Stufe plus Heißluft 180–200 °C bzw. Umluftgrill 160–180 °C in 30–40 Minuten zugedeckt zubereiten.
Beilage: Knoblauchbrot.

Rotweintopf

Hübsch für Gäste

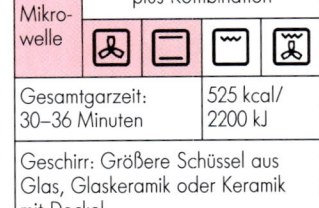

Mikro-welle	plus Kombination			
Gesamtgarzeit: 30–36 Minuten	525 kcal/ 2200 kJ			

Geschirr: Größere Schüssel aus Glas, Glaskeramik oder Keramik mit Deckel

150 g magerer, geräucherter Speck
500 g Schweinefilet
Salz, weißer Pfeffer aus der Mühle
Paprikapulver
250 g Zwiebeln
1 Knoblauchzehe
2 Gewürznelken
350 g Tomaten
1 Paket tiefgefrorenes Suppengemüse mit Brühe
1 TL Oregano
1 Bund Petersilie
½ l trockener Rotwein
½ l Hühnerbrühe

Den Speck fein würfeln, in die Schüssel geben und mit Mikrowelle solo hohe Stufe offen 5–6 Minuten ausbraten.
Das Schweinefilet kalt abspülen, häuten, in sehr dünne Scheiben schneiden, kräftig würzen und zum Speck geben. Zwiebeln und Knoblauch schälen und fein würfeln, über das Fleisch verteilen. Die Nelken zufügen. Die Tomaten heiß überbrühen, häuten und grob würfeln. Mit dem tiefgefrorenen Suppengemüse auf die Zwiebeln geben. Mit Oregano und gehackter Petersilie bestreuen, mit Rotwein und Hühnerbrühe auffüllen.
➤ Mit Mikrowelle mittlere Stufe plus Heißluft 160–180 °C bzw. Ober- und Unterhitze 190–210 °C in 25–30 Minuten zubereiten.
Vor dem Servieren kräftig umrühren.
Beilage: Stangenweißbrot.

Irish Stew

Pfiffig

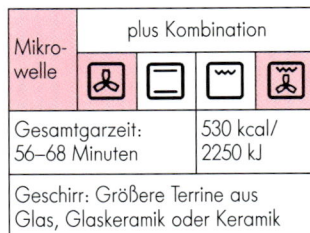

Mikro-welle	plus Kombination			
Gesamtgarzeit: 56–68 Minuten	530 kcal/ 2250 kJ			

Geschirr: Größere Terrine aus Glas, Glaskeramik oder Keramik

600 g Hammelfleisch aus der Keule
2 Zwiebeln, 2 Möhren
300–400 g Kartoffeln
750 g Wirsing
1–2 EL Öl
1 Knoblauchzehe
Salz, weißer Pfeffer aus der Mühle
1 TL gemahlener Kümmel
1 Lorbeerblatt
½ l Fleischbrühe
3 EL gehackter Schnittlauch

Das Fleisch kalt abspülen, mit Küchenpapier trockentupfen und in Würfel schneiden. Die Zwiebeln schälen und in Ringe schneiden. Möhren und Kartoffeln schälen, waschen und würfeln. Den Wirsing putzen, die äußeren Blätter eventuell entfernen, waschen und in grobe Streifen schneiden.
Fleisch und Öl in die Terrine geben und offen mit Mikrowelle solo in 6–8 Minuten anbraten. Dabei einmal umrühren.
Die Knoblauchzehe schälen, pressen und zum Fleisch geben. Zuerst Wirsing, dann Zwiebeln, Möhren und Kartoffeln auf das Fleisch schichten. Würzen und mit Fleischbrühe auffüllen.
➤ Mit Mikrowelle niedrige Stufe plus Heißluft 150–170 °C bzw. Umluftgrill 170–190 °C in 50–60 Minuten, ohne umzurühren, zubereiten.
Das Lorbeerblatt herausfischen. Alle Zutaten verrühren und das Stew, mit gehacktem Schnittlauch bestreut, servieren.

Fleisch, Wild und Geflügel

Fleisch und Geflügel
werden im Kombinationsgerät
stets außen knusprig braun und
bleiben innen dennoch
zart und saftig.

Rind oder Schwein, Kalb oder Lamm, Wildschwein oder Hase, Ente oder Hähnchen – alle Fleisch- und Geflügelarten gelingen vortrefflich in der Kombination. Mild oder kräftig im Geschmack, gebraten, gegrillt oder geschmort – mit gleichzeitig zugeschalteter Mikrowelle, in jedem Fall ein Genuß. Fleisch- oder Geflügelgerichte sind immer ein fester Bestandteil eines kompletten Menüs.

Die Zubereitungsmöglichkeiten sind vielfältig: mit oder ohne Sauce, warm serviert mit verschiedenen Beilagen oder kalt aufgeschnitten zu frischen Salaten. Auch Hackfleisch, das sich auf verschiedene Arten vorbereiten läßt, ist sehr gut einsetzbar. In der Kombination zubereitet, erhalten alle Fleisch- oder Geflügelgerichte stets eine schöne Bräunung und ein saftiges Ergebnis.

Praktische Hinweise

Geschirr/»Stellprobe«

Verwenden Sie stets hitzebeständiges, mikrowellengeeignetes Geschirr. Machen Sie beim Einsatz größerer Brat- oder Auflaufformen vorher eine »Stellprobe«, damit das Gefäß nachher im Gerät ausreichend Platz hat.

1 Den Braten 10 Minuten »ruhen« lassen
2 Bratenfond mit Rotwein ablöschen,
3 mit Crème fraîche binden,
4 mit einem Schneebesen verrühren

Waschen

Fleisch und Geflügel vor der Zubereitung stets kalt abspülen, mit Küchenpapier gut trockentupfen.

Salzen

Verwenden Sie beim kombinierten Betrieb nur wenig Salz zum Würzen, denn Salz nimmt viel Mikrowellen auf, es entstehen leicht angetrocknete Stellen.

»Ruhen« lassen

Fleischgerichte werden, je nach Rezept, offen oder geschlossen zubereitet. Lassen Sie nach Ablauf der Zeit den Braten ca. 10 Minuten im ausgeschalteten Gerät oder in Alufolie eingewickelt »ruhen«. In dieser Zeit sammelt sich der Fleischsaft und läuft beim Anschneiden nicht heraus.

Temperatur

Stellen Sie die Brattemperatur nicht höher als angegeben ein. Das Fleisch oder Geflügel wird dann zwar schneller braun, jedoch nicht ausreichend gar.

Fleischthermometer

Zum Prüfen, ob ein Braten gar ist, sind Fleischthermometer (im Fachhandel erhältlich) sehr praktisch. Sie zeigen schnell die Innentemperatur des fertigen Bratens an und geben so eine sichere Kontrolle.

Aufschneiden

Fleisch immer quer zur Faser aufschneiden.

Saucen

Wünschen Sie viel Sauce zu einem Braten, so geben Rotwein und kleine Stückchen Zwiebelschale dem Fond immer eine gute Färbung und einen kräftigen Geschmack.

Saucen aus dem Fond werden stets mit Mikrowelle solo zubereitet. Wünschen Sie eine größere Saucenmenge, so füllen Sie den Fond mit Wasser, Brühe oder Wein auf. Zum Binden eignen sich Speisestärke oder Crème fraîche, zum pikanten Abschmecken Madeira, Sherry, Weinbrand oder Rotwein.

Kruste

Um Geflügel eine noch krossere Kruste zu geben, bestreichen Sie die Haut gegen Ende der Garzeit mit Salzwasser oder Butter.

Tiefgefrorenes Geflügel

Tauen Sie tiefgefrorenes Geflügel vor der Zubereitung im kombinierten Betrieb immer vollkommen auf. Die passenden Auftauzeiten finden Sie in der Tabelle auf der Seite 26.

Geflügelhaut

Stechen Sie die Geflügelhaut vor der Zubereitung mit dem Grill (Umluftgrill) mehrmals mit einer Gabel oder einem Zahnstocher ein. Dann bilden sich keine »Blasen«, das Fett kann besser ausbraten und die Haut wird noch knuspriger.

Saftiger Schweinebraten in Rotweinsauce

Knusprige Bräunung ist wichtig

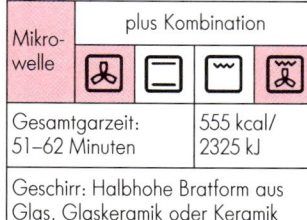

Mikro-welle	plus Kombination			
	♨	▭	〰	♨
Gesamtgarzeit: 51–62 Minuten		555 kcal/ 2325 kJ		
Geschirr: Halbhohe Bratform aus Glas, Glaskeramik oder Keramik				

1 kg Schweinenacken
Salz, weißer Pfeffer
aus der Mühle
Paprikapulver
1 TL Dijon-Senf
125 ml Rotwein
1 TL Tomatenmark
1 TL Speisestärke
3 EL Crème fraîche

Das Fleisch kalt abspülen und mit Küchenpapier gut trockentupfen. Würzen und mit Senf einreiben. Rotwein und Tomatenmark in der Bratform mischen und den Braten hineingeben.

➤ Mit Mikrowelle mittlere Stufe plus Heißluft 170–190 °C bzw. Umluft-grill 160–180 °C in 50–60 Minuten zuberei-ten.

Den Braten auf eine Platte geben, mit Alufolie abdek-ken und ca. 10 Minuten ru-hen lassen.

Speisestärke mit Crème fraîche anrühren, zum Fond geben und mit Mikro-welle solo hohe Stufe 1–2 Minuten aufkochen lassen. Die Sauce separat zum Fleisch servieren.
Beilagen: Salzkartoffeln, Krautsalat.

DAS BESONDERE REZEPT

Fleischrolle mit Spinatfüllung
Hübsch für Gäste

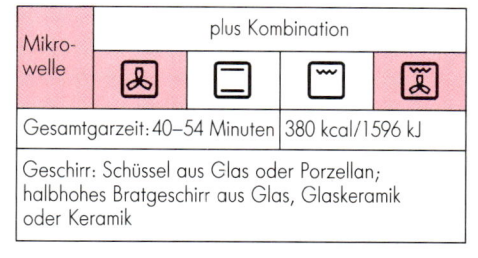

Mikro-welle	plus Kombination			
	♨	▭	〰	♨
Gesamtgarzeit: 40–54 Minuten		380 kcal/1596 kJ		
Geschirr: Schüssel aus Glas oder Porzellan; halbhohes Bratgeschirr aus Glas, Glaskeramik oder Keramik				

1 kg Schweinenacken
Salz, weißer Pfeffer aus der Mühle

Füllung
300 g Spinat (frisch oder tiefgefroren)
1 Zwiebel, 1 Knoblauchzehe, 2 EL Butter
3 EL Weißwein, 3 EL Brühe, Salz, Muskat
weißer Pfeffer aus der Mühle
¼ TL Oregano

3 EL flüssige Butter
125 ml trockener Weißwein
2 TL Speisestärke, 3 EL Crème fraîche

Das Fleisch kalt abspülen und mit Kü-chenpapier trockentupfen. Mit einem scharfen Messer eine tiefe Tasche ein-schneiden. Kräftig salzen und pfef-fern.

Frischen Spinat verlesen, gründlich wa-schen und auf ein Sieb geben, tiefgefro-renen Spinat aus der Packung nehmen. Zwiebel und Knoblauchzehe schälen, fein würfeln und mit der Butter in eine Schüssel geben. Mit Mikrowelle solo of-fen 2–3 Minuten dünsten. Spinat, Weiß-wein, Brühe, Salz und Gewürze dazuge-ben. Zugedeckt 7–9 Minuten garen, zwi-schendurch einmal umrühren. Die Fül-lung etwas abkühlen lassen, in die Fleischtasche verteilen, zuklappen und mit Zahnstochern feststecken. In das Bratgeschirr legen, mit flüssiger Butter bestreichen und den Weißwein eingie-ßen.

➤ Mit Mikrowelle niedrige Stufe plus Heißluft 180–200 °C bzw. Umluftgrill 170–190 °C in 30–40 Minuten zuberei-ten.

Anschließend 10 Minuten im abgeschal-teten Gerät ruhen lassen. Herausneh-men, auf eine Servierplatte legen und die Zahnstocher entfernen.

Speisestärke mit Crème fraîche verrüh-ren, zum Fond geben und 1–2 Minuten mit Mikrowelle solo aufkochen lassen. Die Sauce separat zum Fleisch servie-ren.
Beilagen: Bratkartoffeln, gemischter Salat.

Nackenscheiben mit pikanter Kruste

Gut zu Wein und Bier

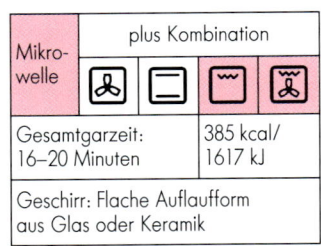

Mikro-welle	plus Kombination			
Gesamtgarzeit: 16–20 Minuten	385 kcal/ 1617 kJ			
Geschirr: Flache Auflaufform aus Glas oder Keramik				

4 Nackenscheiben vom Schwein, à 200 g
weißer Pfeffer aus der Mühle
Paprikapulver
Steakgewürz
Öl für die Form
1 größere Zwiebel
1 Knoblauchzehe
½ grüne Paprikaschote
2 kleine Tomaten
100 g gekochter Schinken
1 Bund Petersilie
1 Eigelb
100 ml süße Sahne
Salz, Estragon

Die Nackenscheiben kalt abspülen, mit Küchenpapier gut trockentupfen und kräftig würzen. Die Form mit Öl ausfetten und die Scheiben hineingeben.
➽ Mit Mikrowelle niedrige Stufe plus Grill bzw. Umluftgrill in 8–10 Minuten zubereiten.
Inzwischen Zwiebel und Knoblauchzehe schälen und sehr fein hacken. Die Paprikaschote waschen und von den Kernen und Rippen befreien. Die Tomaten heiß überbrühen und häuten. Paprika, Tomaten und Schinken sehr fein würfeln. Mit allen anderen Zutaten gut vermischen. Die Nackenscheiben wenden, mit der Gemüsemischung bestreichen und bei gleicher Einstellung weitere 8–10 Minuten zubereiten.
Beilage: Zigeunersalat.

Schweinefilets in Rahmsauce

Gelingt schnell

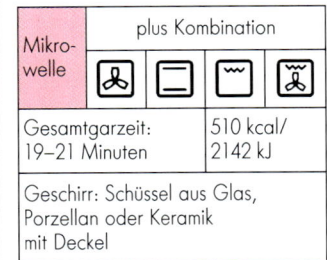

Mikro-welle	plus Kombination			
Gesamtgarzeit: 19–21 Minuten	510 kcal/ 2142 kJ			
Geschirr: Schüssel aus Glas, Porzellan oder Keramik mit Deckel				

2 kleine Zwiebeln
4 EL Butter
1 großer Apfel
600 g Schweinefilet
weißer Pfeffer aus der Mühle
Paprikapulver, Currypulver
1 Messerspitze
Cayennepfeffer
¼ l süße Sahne
¼ l trockener Weißwein
Salz
2 EL Speisestärke

Die Zwiebeln schälen, fein würfeln und mit der Butter in die Schüssel geben. Mit Mikrowelle solo hohe Stufe offen 2–3 Minuten glasig dünsten.
Den Apfel schälen, würfeln und auf die Zwiebeln geben. Das Schweinefilet kalt abspülen, mit Küchenpapier trockentupfen, eventuell häuten und in dünne Scheiben schneiden. Auf die Zwiebeln in die Schüssel geben und kräftig würzen.
Mit Mikrowelle solo hohe Stufe 8–10 Minuten geschlossen garen.
Sahne, Weißwein, Salz und Speisestärke verrühren, zum Fleisch geben und umrühren. Zugedeckt weitere 6–8 Minuten garen. Gut umrühren und nochmals abschmecken.
Beilage: Reis, Brokkoli.

Saftige Schweinshaxe

Foto

Knusprige Bräunung ist wichtig

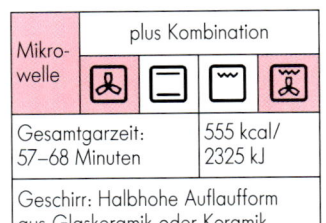

Mikro-welle	plus Kombination			
Gesamtgarzeit: 57–68 Minuten	555 kcal/ 2325 kJ			
Geschirr: Halbhohe Auflaufform aus Glaskeramik oder Keramik				

1,5 kg Schweinshaxe
Salz, weißer Pfeffer
aus der Mühle
gemahlener Kümmel
30 g flüssige Butter
2 Möhren
80 g Sellerie
1 Zwiebel
2 Knoblauchzehen
¼ l heißes Wasser
3–5 EL süße Sahne
1 EL Speisestärke

Die Schweinshaxe kurz mit kaltem Wasser abspülen, mit Küchenpapier trockentupfen und kräftig würzen. In die Auflaufform legen und mit flüssiger Butter übergießen. Möhren und Sellerie putzen, waschen und klein schneiden. Zwiebel schälen und würfeln, Knoblauchzehen schälen.
➽ Mit Mikrowelle niedrige Stufe plus Heißluft 170–190 °C bzw. Umluftgrill 190–210 °C in 55–65 Minuten offen braten. Dabei einmal wenden, mit dem Fond bestreichen und die Gemüsezutaten in die Form geben.
Nach Ablauf der Bratzeit die Haxe aus der Form auf eine vorgewärmte Platte geben und mit Alufolie abdecken. Ca. 10 Minuten »ruhen« lassen.
Den Fond durch ein Sieb passieren, wieder in das Gefäß geben und mit heißem Wasser auffüllen. Sahne und Speisestärke glattrühren, zur Sauce geben und einrühren. Mit Mikro-

welle solo in 2–3 Minuten aufkochen lassen und dabei einmal gut umrühren. Die Sauce separat zum Fleisch reichen.
Beilagen: Salzkartoffeln oder Knödel, Krautsalat.

Gratinierte Schweinefilets

Besonders schnell mit Grill

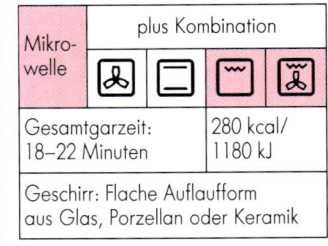

Mikro-welle	plus Kombination			
Gesamtgarzeit: 18–22 Minuten	280 kcal/ 1180 kJ			
Geschirr: Flache Auflaufform aus Glas, Porzellan oder Keramik				

2 Schweinefilets, à 400 g
Salz, weißer Pfeffer
aus der Mühle
Paprikapulver
Cayennepfeffer
4 Eiweiß
1 EL Zitronensaft
4 Eigelb
4 EL süßer Senf
8 EL Semmelbrösel

Die Schweinefilets kalt abspülen, mit Küchenpapier trockentupfen und eventuell häuten. Kräftig würzen und in die Form geben.
➽ Mit Mikrowelle mittlere Stufe plus Grill bzw. Umluftgrill 230–250 °C in 12–14 Minuten zubereiten.
Inzwischen die Eiweiß mit Zitronensaft steif schlagen. Dazu am einfachsten das elektrische Handrührgerät mit Schlägern einsetzen. Eigelb mit Senf und Semmelbröseln verrühren und unter den Eischnee heben. Die Masse auf den Schweinefilets verstreichen und unter dem heißen Grill 6–8 Minuten überbacken.
Beilage: Zucchinitarte.

Spießbraten

Hübsch für Gäste

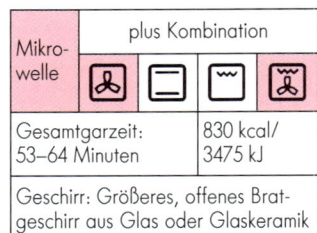

Mikro-welle	plus Kombination			
	🌀	▭	∿	🌀
Gesamtgarzeit: 53–64 Minuten		830 kcal/ 3475 kJ		

Geschirr: Größeres, offenes Bratgeschirr aus Glas oder Glaskeramik

Für 6–8 Personen

2 kg Schweinenacken mit
eingeschnittener Tasche
Salz, schwarzer Pfeffer
aus der Mühle
Paprikapulver edelsüß
gemahlener Kümmel
2 TL Dijon-Senf

Füllung

4 kleine Zwiebeln
2 Knoblauchzehen
2 Bund Petersilie
500 g gemischtes Hackfleisch
Salz, weißer Pfeffer
aus der Mühle
Selleriesalz
Cayennepfeffer
1 Ei
3–4 EL Milch

Sauce

125 ml trockener Weißwein
¼ l Fleischbrühe
3 EL Crème fraîche
2 TL Speisestärke
1 EL gehackte Petersilie

Das Fleisch kurz kalt abspülen und mit Küchenpapier trockentupfen. Rundum kräftig würzen und mit Senf einreiben.
Zwiebeln und Knoblauch schälen und würfeln. Petersilie waschen, die Stengel abschneiden und sehr fein hacken. Zusammen mit dem Hackfleisch in eine Rührschüssel geben. Kräftig würzen, Ei und Milch hinzufügen. Mit dem elektrischen Handrührgerät mit Knetern zu einem geschmeidigen Teig verarbeiten.
Das Fleisch mit der Hackfleischmasse füllen. Die Tasche mit Zahnstochern fest-stecken und mit Rouladengarn locker festbinden. In das Bratgeschirr legen und etwas Wein und Brühe angießen.
➤ Mit Mikrowelle niedrige Stufe plus Heißluft 180–200 °C bzw. Umluftgrill 170–190 °C in 50–60 Minuten zubereiten.
Vor dem Anschneiden ca. 10 Minuten im Gerät ruhen lassen. Auf eine Platte geben.
Den Bratenfond mit dem restlichen Wein und der Brühe auffüllen. Crème fraîche mit Speisestärke mischen und einrühren. Die Sauce mit Mikrowelle solo höchste Stufe in 3–4 Minuten aufkochen lassen. Dabei ein- bis zweimal kräftig durchrühren. Petersilie hineingeben, die Sauce separat zum Fleisch servieren.
Beilagen: Gratin dauphinois und Prinzeßbohnen im Schinkenmantel.

Rinderfilet im Kräutermantel

Hübsch für Gäste

Mikro-welle	plus Kombination			
	🌀	▭	∿	🌀
Gesamtgarzeit: 30–35 Minuten		485 kcal/ 2037 kJ		

Geschirr: Größere, halbhohe Auflaufform aus Glas, Glaskeramik oder Keramik

1 großes Schweinenetz
(beim Metzger bestellen)
2 Bund Petersilie
2 Bund Schnittlauch
60 ml süße Sahne
40 g Semmelbrösel
1 TL Dijon-Senf
Cayennepfeffer
schwarzer Pfeffer aus
der Mühle
400 g Kalbsbrät
400 g Rinderfilet, flaches
Stück
3 Scheiben gekochter
Schinken
Butter für die Form

Das Schweinenetz in lauwarmem Wasser gut säubern, abtropfen lassen und zwischen mehreren Lagen Küchenpapier gut trockentupfen. Zu einem Quadrat von ca. 30 × 30 cm ausbreiten.
Die Stielenden der Petersilie abschneiden. Petersilie und Schnittlauch fein hakken. Mit Sahne, Semmelbröseln, Senf und beiden Pfeffersorten gut verrühren. Dazu am besten das elektrische Handrührgerät einsetzen. Kalbsbrät zur Kräutermasse geben und kräftig unterrühren.
Das Rinderfilet kurz kalt abspülen, mit Küchenpapier trockentupfen und eventuell häuten. Von allen Seiten kräftig pfeffern. Zunächst die Kräuterfarce vorsichtig auf das Schweinenetz streichen. Die Schinkenscheiben mittig nebeneinander darüberlegen. Darauf das Rinderfilet geben. Von der Längsseite aus das Schweinenetz anheben und langsam aufrollen, so daß die Kräuterfarce das Filet völlig abdeckt. Die Enden leicht abbinden. Das Rinderfilet in eine ausreichend große, gut gefettete Auflaufform legen.
➤ Mit Mikrowelle niedrige Stufe plus Heißluft 200–220 °C bzw. Umluftgrill 190–210 °C in 30–40 Minuten zubereiten.
Noch ca. 5 Minuten im ausgeschalteten Gerät ruhen lassen.
Beilagen: Wilder Reis oder Safranreis, Feldsalat oder grüner Salat.

VARIATION

Anstelle des Rinderfilets können Sie auch ein flaches Kalbsfilet bei gleicher Einstellung zubereiten.

Filet Wellington   Foto

Hübsch für Gäste

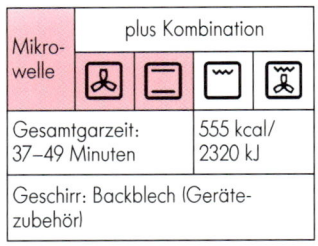

Mikro-welle	plus Kombination			
	🌀	▭	∿	🌀
Gesamtgarzeit: 37–49 Minuten		555 kcal/ 2320 kJ		

Geschirr: Backblech (Gerätezubehör)

1 Paket tiefgefrorener
Blätterteig (300 g)
800 g Rinderfilet
Salz, Cayennepfeffer
schwarzer Pfeffer
aus der Mühle
1 TL Dijon-Senf

Füllung

2 Schalotten
1 Zwiebel
100 g frische Champignons
200 g Hackfleisch vom Kalb
100 g Kalbsleberpüree
50 g Semmelbrösel
2 Eier
2 EL süße Sahne
2 EL Madeira
Salz, weißer Pfeffer
aus der Mühle
Paprika edelsüß

1 Eiweiß
1 Eigelb
2 EL süße Sahne

Den Blätterteig nach Pakkungsanweisung auftauen lassen. Das Filet kurz kalt abspülen, mit Küchenpapier trockentupfen und eventuell häuten. Von allen Seiten kräftig salzen und pfeffern und mit Senf bestreichen. In einer Bratpfanne auf der Kochstelle oder unter dem Grill von beiden Seiten ca. 6–7 Minuten anbräunen. Abkühlen lassen.
Für die Füllung Schalotten und Zwiebel schälen und fein hacken. Die Champignons waschen, putzen und sehr klein schneiden. Gemüsezutaten mit Hackfleisch, Kalbsleberpüree, Semmelbröseln, Eiern, Sahne, Madeira, Salz und Ge-

würzen in einer Rührschüssel zu einer geschmeidigen Farce verarbeiten. Dazu am einfachsten das elektrische Handrührgerät mit Knethaken einsetzen.
Den Blätterteig zu einer Teigplatte von ca. 40 × 50 cm ausrollen, dabei etwas Teig zur Dekoration beiseite legen. Den Rand rundum ca. 1 cm breit mit Eiweiß bestreichen. In die Mitte gut die Hälfte der Füllung geben. Das Filet darauflegen und mit der restlichen Füllung bestreichen. Den Blätterteig übereinanderschlagen, gut andrücken und mit der Nahtstelle nach unten auf das kalt abgespülte Backblech legen.

Von dem Blätterteigrest ca. 1 cm breite Teigstreifen ausradeln, die Teigrolle damit verzieren. Eigelb und Sahne verquirlen und die Rolle bestreichen. Zum Aufrichten der gedrückten Blätterteigkanten noch ca. 10 Minuten stehen lassen. In dieser Zeit das Kombinationsgerät etwas vorheizen.

➤ Mit Mikrowelle plus Heißluft 160–180 °C bzw. Ober- und Unterhitze 180–200 °C in 25–35 Minuten zubereiten.
Filet Wellington kann kalt oder warm mit einer bunten Salatplatte serviert werden.

DAS BESONDERE REZEPT

Rinderfilet indonesische Art

Spezialität aus Fernost

Mikro-welle	plus Kombination			
	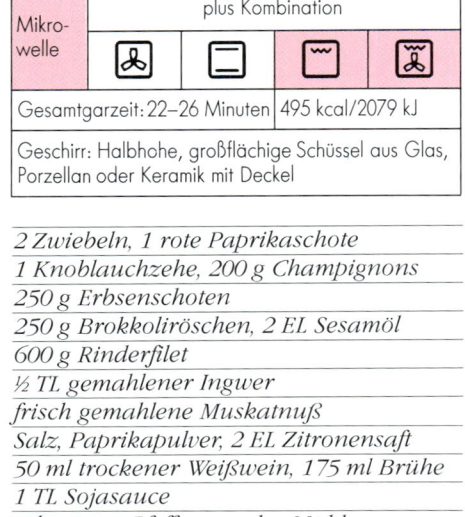			
Gesamtgarzeit: 22–26 Minuten	495 kcal/2079 kJ			
Geschirr: Halbhohe, großflächige Schüssel aus Glas, Porzellan oder Keramik mit Deckel				

2 Zwiebeln, 1 rote Paprikaschote
1 Knoblauchzehe, 200 g Champignons
250 g Erbsenschoten
250 g Brokkoliröschen, 2 EL Sesamöl
600 g Rinderfilet
½ TL gemahlener Ingwer
frisch gemahlene Muskatnuß
Salz, Paprikapulver, 2 EL Zitronensaft
50 ml trockener Weißwein, 175 ml Brühe
1 TL Sojasauce
schwarzer Pfeffer aus der Mühle

Die Zwiebeln schälen und in große Würfel schneiden. Die Paprikaschote waschen, halbieren, von den Kernen und Rippen befreien und grob würfeln. Die Knoblauchzehe schälen und zerdrükken. Champignons putzen, waschen und halbieren, Erbsenschoten und Brokkoliröschen waschen und gut abtropfen lassen. Die Gemüsezutaten mit dem Sesamöl in die Schüssel geben und mit Mikrowelle solo hohe Stufe offen 4–5 Minuten andünsten. Zwischendurch einmal umrühren.

Das Rinderfilet kalt abspülen, mit Küchenpapier gut trockentupfen, eventuell häuten und in sehr feine Streifen schneiden. Auf das Gemüse legen und würzen.

➥ Mit Mikrowelle niedrige Stufe plus Grill bzw. Umluftgrill 250 °C in 14–16 Minuten offen zubereiten.

Zitronensaft, Weißwein, Brühe, Sojasauce und Pfeffer verrühren. Zum Fleisch geben, umrühren und mit Mikrowelle solo hohe Stufe 4–5 Minuten geschlossen erhitzen.

Beilage: Safranreis.

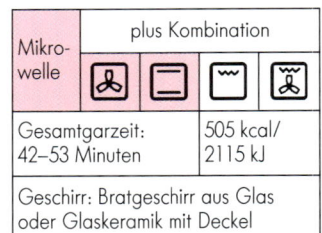

Rinderrouladen in Weinsauce

Besonders einfach

Mikro-welle	plus Kombination			
Gesamtgarzeit: 42–53 Minuten	505 kcal/ 2115 kJ			
Geschirr: Bratgeschirr aus Glas oder Glaskeramik mit Deckel				

4 Rinderrouladen, à 200 g
2 TL Dijon-Senf
Salz, weißer Pfeffer
80 g durchwachsener Speck
2 Essiggurken
2 kleine Zwiebeln
2 EL Butter
125 ml trockener Rotwein
1 TL Tomatenmark
3 EL Crème fraîche
1 EL Speisestärke

Die Rinderrouladen kalt abspülen und mit Küchenpapier gut trockentupfen. Auf die Arbeitsplatte legen, mit Senf bestreichen und kräftig salzen und pfeffern. Speck und Gurken in Streifen schneiden und auf das Fleisch geben. Die Zwiebeln schälen, fein hacken und darüberstreuen. Die Fleischscheiben aufrollen und mit Küchengarn festbinden. Nebeneinander in das Geschirr legen, Butterflöckchen aufsetzen. Rotwein und Tomatenmark mischen und angießen.

➥ Mit Mikrowelle niedrige Stufe plus Heißluft 170–190 °C bzw. Ober- und Unterhitze 210–230 °C in 40–50 Minuten zugedeckt braten.

Die Rouladen auf einer Platte anrichten und das Küchengarn entfernen. Crème fraîche mit Speisestärke glattrühren, zum Fond geben und mit Mikrowelle solo hohe Stufe 2–3 Minuten zum Binden aufkochen lassen. Dabei ein- bis zweimal kräftig umrühren. Abschmecken, separat servieren.

Saftiges Gulasch aus der Tonform

Foto

Gut zum Einfrieren

Mikro-welle	plus Kombination			
	♨	▭	〰	⊞
Gesamtgarzeit: 50–60 Minuten	505 kcal/ 2115 kJ			
Geschirr: Mittelgroße Tonform mit Deckel				

500 g Rindfleisch
aus der Hochrippe
500 g Schweinenacken

300 g Zwiebeln
2 Knoblauchzehen
¼ Sellerieknolle
1 Stange Lauch
2 Möhren
250 g Champignons
aus dem Glas
1 Peperoni
1 EL ungarischer
Rosenpaprika
2 EL Paprikapulver
edelsüß
je 1 TL Thymian und
Oregano
1 kleine Dose Tomatenmark
¼ l Rotwein (Burgunder)
6 EL Crème fraîche
3 EL gehackte Petersilie

Die Tonform 10–15 Minuten wässern.
Inzwischen das Fleisch kalt abspülen, mit Küchenpapier gut trockentupfen und in Würfel schneiden. So in das Geschirr geben, daß die Mitte frei bleibt. Zwiebeln und Knoblauchzehen schälen und würfeln. Sellerie schälen und waschen. Lauch und Möhren putzen und in feine Ringe oder Scheiben schneiden. Champignons abtropfen lassen. Peperoni waschen, halbieren, von den Kernen befreien und sehr fein würfeln.

Die Gemüsezutaten mischen und in die freigelassene Mitte der Tonform geben. Die Gewürze mit Tomatenmark und Wein verrühren, über das Fleisch in die Form gießen.
➤ Mit Mikrowelle niedrige Stufe plus Heißluft 180–200 °C bzw. Ober- und Unterhitze 200–220 °C in 50–60 Minuten geschlossen zubereiten.
Crème fraîche einrühren und, mit gehackter Petersilie bestreut, servieren.
Beilagen: Butternudeln, bunter Salat.

Ossobuco

Spezialität
aus Italien

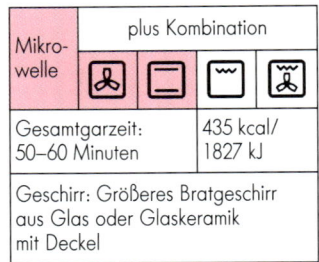

Mikro-welle	plus Kombination			
	⊡	☐	⊡	⊡
Gesamtgarzeit: 50–60 Minuten	435 kcal/ 1827 kJ			
Geschirr: Größeres Bratgeschirr aus Glas oder Glaskeramik mit Deckel				

1,5 kg Kalbshaxe, vom
Metzger in 4 Scheiben
zersägt
Salz, weißer Pfeffer
aus der Mühle
250 g Tomaten
1 Zwiebel
1 Möhre
1 Knoblauchzehe
125 ml trockener Rotwein
125 ml Brühe
je ½ TL Thymian
und Basilikum
¼ TL Oregano
1 EL Zitronensaft
100 g magerer,
durchwachsener
Speck, in dünne Scheiben
geschnitten

Die Fleischscheiben kalt
abspülen, mit Küchenpa-
pier trockentupfen, salzen
und pfeffern. Die Tomaten
heiß überbrühen, häuten
und in Scheiben schneiden.
Zwiebel, Möhre und Knob-
lauch schälen und fein würfeln. Mit den Tomaten in
das Geschirr geben. Rot-
wein, Brühe, Kräuter und
Zitronensaft hinzufügen.
Alle Zutaten gut verrühren.
Die Fleischscheiben darauflegen und mit Speckschei-
ben belegen.
➡ Mit Mikrowelle niedrige
Stufe plus Heißluft
180–200 °C bzw. Ober- und
Unterhitze 210–230 °C in
50–60 Minuten geschlos-
sen zubereiten.
Beilage: Spinatnudeln.

Kalbsfilet im Wirsingmantel

Pfiffig

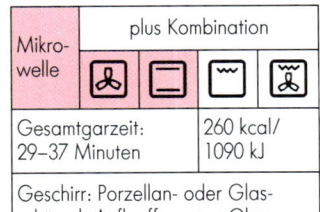

Mikro-welle	plus Kombination			
	⊡	☐	⊡	⊡
Gesamtgarzeit: 29–37 Minuten	260 kcal/ 1090 kJ			
Geschirr: Porzellan- oder Glas-schüssel; Auflaufform aus Glas, Keramik oder Porzellan				

Für 2 Personen
400 g Kalbsfilet
1 TL gehackter grüner Pfeffer
½ TL Dijon-Senf
1 cl Cognac
4 Wirsingblätter
150 g Tatar
½ TL Paprikapulver
½ Tl Thymian
1 Eigelb
3 EL Crème fraîche
¼ l Brühe
1 EL Speisestärke

Das Kalbsfilet kurz kalt abspülen und mit Küchenpa-
pier trockentupfen. Mit grü-
nem Pfeffer einreiben und
mit Senf bestreichen. Unter
dem Grill oder mit Umluftgrill 250 °C von beiden Seiten ca. 4 Minuten anbräu-
nen. Mit Cognac beträufeln
und durchziehen lassen.
Die Wirsingblätter wa-
schen, in eine Porzellan-
oder Glasschüssel geben
und mit Mikrowelle solo
3–5 Minuten auf der höch-
sten Stufe zugedeckt blanchieren. In eiskaltem Wasser abschrecken, auf einem
Küchentuch ausbreiten.
Das Tatar mit Paprikapul-
ver, Thymian, Eigelb und
1 EL Crème fraîche mi-
schen. Das Filet damit umhüllen, auf die Wirsingblätter legen und einwickeln.
In die Auflaufform legen,
Brühe hinzufügen.
➡ Mit Mikrowelle niedrige
Stufe plus Heißluft
180–200 °C bzw. Ober- und
Unterhitze 190–210 °C in
25–30 Minuten zubereiten.
Das Filet herausnehmen

und auf einer Servierplatte
anrichten. 2 EL Crème
fraîche mit Speisestärke
verrühren und die Sauce
damit binden. 1–2 Minuten
mit Mikrowelle solo aufkochen lassen, umrühren und
abschmecken. Die Sauce
separat zum Kalbsfilet reichen.
Beilage: Reis.

Kalbsbraten mit Orangensauce

Hübsch für Gäste

Mikro-welle	plus Kombination			
	⊡	☐	⊡	⊡
Gesamtgarzeit: 53–64 Minuten	665 kcal/ 2780 kJ			
Geschirr: Hohe Brat- oder Auflaufform aus Glas, Glaskeramik oder Keramik mit Deckel				

1 kg küchenfertiger
Kalbsbraten
Salz, weißer Pfeffer
aus der Mühle
40 g Butter
6 EL Weinbrand
125 ml Orangensaft

Sauce
1 große Orange
abgeriebene Schale
von ½ Orange
125 ml saure Sahne
1 EL Speisestärke

Den Kalbsbraten unter kaltem Wasser abspülen und
mit Küchenpapier gut trok-
kentupfen. Mit Salz und
Pfeffer kräftig würzen und
in die Form legen. Butterflöckchen aufsetzen. Weinbrand und Orangensaft mi-
schen und über den Braten
in die Form gießen.
➡ Mit Mikrowelle niedrige
Stufe plus Heißluft
180–200 °C bzw. Umluft-
grill 160–180 °C in
50–60 Minuten geschlos-
sen zubereiten. Nach ca.
der Hälfte der Bratzeit den
Deckel abnehmen, das
Fleisch wenden und mit
dem Fond bestreichen.

Nach Ablauf der restlichen
Zeit den Braten aus der
Form auf eine vorgewärm-
te Platte geben, mit Alufolie abdecken und ca. 10 Minuten »ruhen« lassen.
Die Orange schälen, in
Stücke zerteilen und filetie-
ren. Mit der Schale zum
Fond geben. Saure Sahne
und Speisestärke vermi-
schen und in den Fond einrühren. Mit Mikrowelle solo
hohe Stufe 3–4 Minuten offen aufkochen lassen, da-
bei zweimal kräftig umrühren. Die Sauce separat zum
Fleisch reichen.
Beilagen: Nudeln und Gratinierter Brokkoli.

Lammgulasch in Dillsauce   Foto

Spezialität aus Norwegen

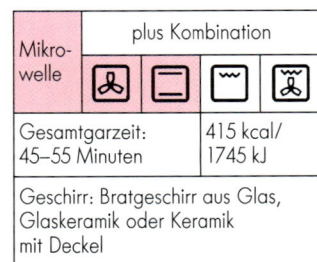

Mikro-welle	plus Kombination			
	⊡	☐	⊡	⊡
Gesamtgarzeit: 45–55 Minuten	415 kcal/ 1745 kJ			
Geschirr: Bratgeschirr aus Glas, Glaskeramik oder Keramik mit Deckel				

2 große Zwiebeln
2 Knoblauchzehen
1 Bund Suppengemüse
4 Tomaten
1 kg Lammfleisch ohne
Knochen
Salz
½ TL weißer Pfeffer
aus der Mühle
je 1 TL Thymian, Oregano
und Rosmarin
etwas Mehl
¼ l trockener Roséwein
150 g Crème fraîche
2 EL gehackter Dill

Zwiebeln und Knoblauch-
zehen schälen und fein
würfeln. Das Suppengemü-
se putzen, waschen und
klein schneiden. Die Tomaten mit heißem Wasser
überbrühen, abziehen und
klein schneiden. Das
Lammfleisch kalt abspülen,

mit Küchenpapier trockentupfen und in größere Würfel schneiden. Zuerst die Gemüsezutaten in das Geschirr geben, die Fleisch-

würfel darauflegen und kräftig würzen. Mit Mehl bestäuben, den Roséwein darübergießen und den Deckel auflegen.

➤➤ Mit Mikrowelle niedrige Stufe plus Heißluft 170–190 °C bzw. Ober- und Unterhitze 190–210 °C in 45–55 Minuten zubereiten.

Crème fraîche mit Dill verrühren, zum Fleisch geben und unterrühren.
Beilagen: Kräuterkartoffeln, Bohnentopf.

DAS BESONDERE REZEPT

Hammelkeule »römisch«
Sie sparen 50% Zeit

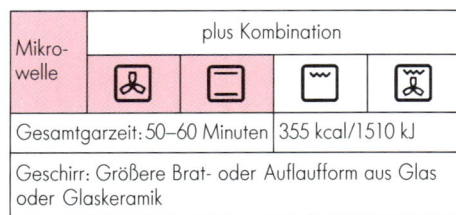

Mikro-welle	plus Kombination			
	⊞	⊡	∿	⊠
Gesamtgarzeit: 50–60 Minuten		355 kcal/1510 kJ		
Geschirr: Größere Brat- oder Auflaufform aus Glas oder Glaskeramik				

Für 6 Personen
1,5 kg Hammelkeule mit Knochen
1 Knoblauchzehe
Salz, weißer Pfeffer aus der Mühle
5 EL Olivenöl
2 EL gehackte Petersilie
2 TL Dijon-Senf
je ¼ TL Thymian,
Rosmarin und Oregano
¼ l trockener Rotwein
1–2 EL süße Sahne

Die Hammelkeule kalt abspülen und mit Küchenpapier trockentupfen. Fettschichten mit einem scharfen Messer leicht einritzen. Die Knoblauchzehe schälen, halbieren und die Keule damit einreiben. Mit Salz und Pfeffer rundum würzen. Das Öl mit Petersilie, Senf und den Kräutern verrühren und die Keule damit bestreichen. Rotwein und Sahne mischen, in die Form geben und die Keule hineinlegen.

➤ Mit Mikrowelle niedrige Stufe plus Heißluft 150–170 °C bzw. Ober- und Unterhitze 180–200 °C in 50–60 Minuten offen braten, dabei einmal wenden.
Beilagen: Rotkohl, Kroketten.

Lammtopf mit Wirsing
Besonders einfach

Mikro-welle	plus Kombination			
	⊞	⊡	∿	⊠
Gesamtgarzeit: 45–50 Minuten		615 kcal/ 2574 kJ		
Geschirr: Größere Schüssel aus Glas, Glaskeramik oder Keramik mit Deckel				

1 kg Lammschulter
ohne Knochen
2 Zwiebeln
2 Knoblauchzehen
Salz, weißer Pfeffer
aus der Mühle
1 EL Koriander
⅜ l trockener Rotwein
1 kg Wirsing

Das Fleisch kalt abspülen, mit Küchenpapier trockentupfen, in größere Würfel schneiden und in die Schüssel geben. Zwiebeln und Knoblauch schälen, fein würfeln und zum Fleisch geben. Kräftig würzen. Den Wein hinzufügen und alles gut vermischen. Den Deckel aufsetzen.
➤ Mit Mikrowelle niedrige Stufe plus Heißluft 170–190 °C bzw. Ober- und Unterhitze 190–210 °C in 25 Minuten zubereiten. Inzwischen den Wirsing waschen, putzen und in Streifen schneiden. Zum Fleisch geben, umrühren und weitere 20–25 Minuten bei gleicher Einstellung gar werden lassen.
Beilage: Geröstetes Weißbrot mit Knoblauchbutter.

Raffiniert gefüllter Hackbraten

Foto

Preiswert

Mikro-welle	plus Kombination			
	⊞	▭	▨	⊟
Gesamtgarzeit: 26–33 Minuten	480 kcal/ 2016 KJ			
Geschirr: Kleine Schüssel aus Glas oder Porzellan; Kastenform, Länge ca. 20 cm, aus Glas oder Keramik				

Für 4–6 Personen

200 g Brechbohnen (frisch oder tiefgefroren)
200 g Kohlrabi (frisch oder tiefgefroren)
5–6 EL Wasser
2 Zwiebeln
1 Knoblauchzehe
500 g gemischtes Hackfleisch
60 g Semmelbrösel
1 TL Dijon-Senf
1 TL Tomatenmark
2 Eier
4 EL Milch
Salz
weißer Pfeffer aus der Mühle
Muskat
Paprikapulver
Butter für die Form
3 EL grob geriebener Emmentaler

Frisches Gemüse waschen und putzen, tiefgefrorenes Gemüse aus der Packung nehmen. In eine kleinere Schüssel geben, Wasser hinzufügen und zugedeckt mit Mikrowelle solo hohe Stufe 6–8 Minuten vorgaren. In ein Sieb schütten, abtropfen und erkalten lassen. Zwiebeln und Knoblauchzehe schälen und fein hakken. Mit Hackfleisch, Semmelbröseln, Senf, Tomatenmark, Eiern, Milch, Salz und Gewürzen gut mischen. Dazu am einfachsten das elektrische Handrührgerät mit Knethaken oder die Küchenmaschine einsetzen. Die Kastenform einfetten oder mit Backpapier auslegen. Den Fleischteig und das abgetropfte Gemüse abwechselnd in die Form schichten. Jede Lage fest andrücken. Die Form mehrmals auf der Arbeitsplatte fest aufstoßen, damit eventuelle Luftblasen entweichen können.

➤ Mit Mikrowelle mittlere Stufe plus Heißluft 180–200 °C bzw. Umluftgrill 160–180 °C in 20–25 Minuten zubereiten.

Mit geriebenem Käse bestreuen und kurz im Gerät belassen, bis der Käse geschmolzen ist.
Beilagen: Bratkartoffeln, Blattsalat.

Italienischer Gewürzhackbraten

Gut zum Einfrieren

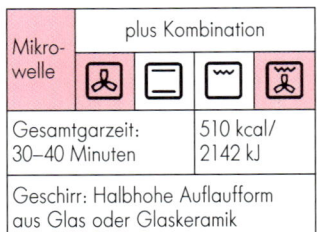

Mikro-welle	plus Kombination			
Gesamtgarzeit: 30–40 Minuten	510 kcal/ 2142 kJ			
Geschirr: Halbhohe Auflaufform aus Glas oder Glaskeramik				

1 größere Zwiebel
750 g gemischtes Hackfleisch
2 Eier
1 TL weißer Pfeffer
½ TL Salz
frisch geriebene Muskatnuß
1 TL Tomatenmark
1 EL italienische
Kräutermischung
½ TL Dijon-Senf
60 g Kräuterfrischkäse

Die Zwiebel schälen und fein hacken, in eine hohe Rührschüssel geben. Hackfleisch, Eier und Gewürze hinzufügen. Mit dem elektrischen Handrührgerät mit Knetern oder in der Küchenmaschine zu einem geschmeidigen Fleischteig verarbeiten. Tomatenmark, italienische Kräuter, Senf und Frischkäse mischen, zum Fleischteig geben und kräftig unterrühren. Den Hackfleischteig mit nassen Händen zu einem flachen Laib formen und in die Auflaufform legen.
➡ Mit Mikrowelle mittlere Stufe plus Heißluft 190–210 °C bzw. Umluftgrill 170–190 °C in 30–40 Minuten zubereiten.
Beilagen: Bouillonkartoffeln, Spinatgratin.

Fasan mit Maronenfüllung

Etwas teuer

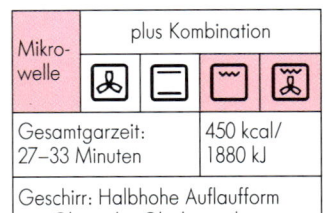

Mikro-welle	plus Kombination			
Gesamtgarzeit: 27–33 Minuten	450 kcal/ 1880 kJ			
Geschirr: Halbhohe Auflaufform aus Glas oder Glaskeramik				

1 küchenfertiger Fasan
von ca. 1 kg
Salz, weißer Pfeffer
aus der Mühle
4 Wacholderbeeren
6–8 vorgekochte Maronen
(Eßkastanien)
100 g feingeschnittener,
fetter Speck
4 cl Wacholdergeist
Salbei
5–6 EL süße Sahne
2 TL Speisestärke

Den Fasan innen und außen kalt abspülen und mit Küchenpapier gut trockentupfen. Mit Salz und Pfeffer einreiben. Wacholderbeeren im Mörser zerstoßen und mit den feingewürfelten Maronen mischen. Den Fasan damit füllen und die Öffnung mit Zahnstochern zustecken. Speckscheiben um Brust und Keulen wickeln und mit Rouladengarn festbinden. In die Form legen und mit Wacholdergeist beträufeln.
➡ Mit Mikrowelle niedrige Stufe plus Grill bzw. Umluftgrill 200–220 °C in 25–30 Minuten zubereiten, dabei einmal wenden. Den Fasan auf eine vorgewärmte Platte geben, mit Alufolie abdecken. Ca. 5 Minuten ruhen lassen. Zum Bratenfond Salbei und die mit Sahne angerührte Speisestärke geben. Gut umrühren und mit Mikrowelle solo hohe Stufe in 2–3 Minuten offen aufkochen. Separat reichen.
Beilagen: Kartoffelpüree, Ananaskraut.

Wildschweinrücken

Etwas teuer

Mikro-welle	plus Kombination			
Gesamtgarzeit: 68–80 Minuten	760 kcal/ 3180 kJ			
Geschirr: Größere, halbhohe Bratform aus Glas oder Glaskeramik				

Für 4–6 Personen

2,5 kg Wildschweinrücken
Salz, weißer Pfeffer
aus der Mühle
1 EL Kräuter der Provence
2 EL Öl
einige Gewürznelken
2 Bund Suppengrün
2 große Zwiebeln
¼ l heiße Fleischbrühe
40 g Butter
¼ l trockener Rotwein
2 EL Johannisbeergelee
150 ml saure Sahne
2 EL Speisestärke

Den Wildschweinrücken kalt abspülen und mit Küchenpapier gut trockentupfen. Die Schwarte mit einem scharfen Messer kreuzweise einschneiden. Salz, Pfeffer und Kräuter mit dem Öl verrühren, das Fleisch damit einreiben und anschließend mit Gewürznelken spicken. Mit der Schwartenseite nach unten in die Bratform legen. Suppengrün putzen, waschen und klein schneiden. Zwiebeln schälen und würfeln.
➡ Den Wildschweinrücken mit Mikrowelle niedrige Stufe plus Heißluft 160–180 °C bzw. Ober- und Unterhitze 190–210 °C in 65–76 Minuten offen braten. Dabei einmal wenden, Gemüsezutaten hinzufügen, heiße Fleischbrühe angießen und Butterflöcken aufsetzen.
Den Wildschweinrücken auf eine vorgewärmte Platte geben, mit Alufolie abdecken und 10–15 Minuten ruhen lassen.

Den Fond durch ein Sieb streichen, wieder in die Form geben und Rotwein und Johannisbeergelee einrühren. Saure Sahne mit Speisestärke glattrühren, zum Fond geben und kräftig unterrühren. Mit Mikrowelle solo hohe Stufe 3–5 Minuten zum Binden aufkochen. Die Sauce separat zum Fleisch servieren.
Beilagen: Kroketten, buntes Gemüse.

Hase in Traubensauce

Leichte Kost

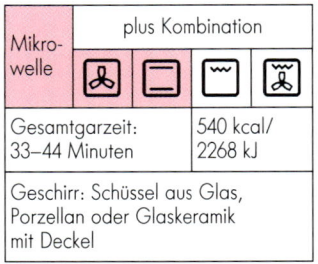

Mikro-welle	plus Kombination			
Gesamtgarzeit: 33–44 Minuten	540 kcal/ 2268 kJ			
Geschirr: Schüssel aus Glas, Porzellan oder Glaskeramik mit Deckel				

800–1000 g Hasenfleisch
ohne Knochen
Salz, weißer Pfeffer
Paprikapulver
125 ml Fleischbrühe
125 ml trockener Weißwein
1 Möhre, 1 Zwiebel
1 Stange Bleichsellerie
125 ml süße Sahne
2 EL Speisestärke
4 cl Cognac
300 g blaue und grüne
Weintrauben

Das Hasenfleisch kalt abspülen, mit Küchenpapier trockentupfen und würzen. In die Schüssel geben und mit Brühe und Wein auffüllen. Möhre und Zwiebel schälen und sehr fein würfeln. Bleichsellerie putzen, waschen und klein schneiden. Die Gemüsezutaten zum Fleisch geben und kurz unterrühren.
➡ Mit Mikrowelle niedrige Stufe plus Heißluft 170–190 °C bzw. Ober- und Unterhitze 190–210 °C in 30–40 Minuten geschlossen zubereiten.

Sahne mit Speisestärke glattrühren und mit dem Cognac zum Fleisch geben. Die Weintrauben waschen, halbieren, entkernen und unterrühren. Mit Mikrowelle solo hohe Stufe geschlossen 3–4 Minuten erhitzen. Gut umrühren. *Beilagen:* Nudeln, Blattspinat.

Hasenrücken

Besonders schnell mit Grill

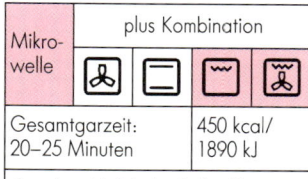

Mikro-welle	plus Kombination			
	⊞	▯	▭	⊟
Gesamtgarzeit: 20–25 Minuten	450 kcal/ 1890 kJ			
Geschirr: Halbhohe Auflaufform aus Glas oder Keramik				

Für 2 Personen

60 g durchwachsener Speck
2 Zwiebeln
1 Hasenrücken von ca. 800 g
Salz, weißer Pfeffer
Paprikapulver
100 ml Crème fraîche
2 EL Tomatenmark
4 zerdrückte
Wacholderbeeren
1½ EL Johannisbeergelee
125 ml trockener Rotwein
2 cl Madeira

Den Speck fein würfeln. Die Zwiebeln schälen und klein schneiden. Beides in die Form geben und mit Mikrowelle solo hohe Stufe offen 4–5 Minuten andünsten, einmal umrühren. Den Hasenrücken kalt abspülen, trockentupfen, würzen und auf die Speck-Zwiebel-Masse geben.
➤ Mit Mikrowelle mittlere Stufe plus Grill bzw. Umluftgrill 210–230 °C in 10–12 Minuten zubereiten.
Alle restlichen Zutaten verrühren, über den Hasenrücken verteilen, bei gleicher Einstellung noch 6–8 Minuten im Gerät belassen.

DAS BESONDERE REZEPT

Kaninchenrücken provençale
Spezialität aus Frankreich

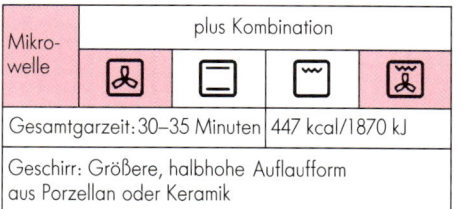

Mikro-welle	plus Kombination			
	⊞	▯	▭	⊟
Gesamtgarzeit: 30–35 Minuten	447 kcal/1870 kJ			
Geschirr: Größere, halbhohe Auflaufform aus Porzellan oder Keramik				

1 küchenfertiger Kaninchenrücken
von ca. 1,5 kg, Salz, weißer Pfeffer
aus der Mühle, 2 EL Kräuter der Provence
etwas Cayennepfeffer
¼ TL Paprikapulver edelsüß
200 g Schalotten, 200 g Zucchini
3 feste Tomaten, 2 gelbe Paprikaschoten
2 Knoblauchzehen, 1 TL Basilikum
¼ TL Oregano, 125 ml trockener Weißwein
4 EL Crème fraîche

Den Kaninchenrücken kalt abspülen, mit Küchenpapier trockentupfen und würzen. Die Schalotten schälen und halbieren. Zucchini waschen und in Scheiben schneiden. Die Tomaten heiß überbrühen, häuten und achteln. Die Paprikaschoten waschen, halbieren, von den Kernen und Rippen befreien und in größere Würfel schneiden. Knoblauchzehen schälen und auspressen. Die Gemüsezutaten in das Geschirr geben, mit Basilikum und Oregano bestreuen, Weißwein und Crème fraîche hinzufügen und alles gut verrühren. Den Kaninchenrücken auf das Gemüse legen.
➤ Mit Mikrowelle mittlere Stufe plus Heißluft 190–210 °C bzw. Umluftgrill 160–180 °C in 30–35 Minuten offen zubereiten.
Beilage: Butternudeln.

Gefüllte Poularde

Sie sparen 50% Zeit

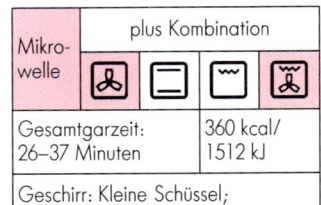

Mikro-welle	plus Kombination			
Gesamtgarzeit: 26–37 Minuten	360 kcal/ 1512 kJ			
Geschirr: Kleine Schüssel; halbhohe Auflaufform aus Glas oder Keramik				

1 küchenfertige Poularde
von 1,1–1,3 kg
Salz, weißer Pfeffer
aus der Mühle
½ TL Paprikapulver edelsüß

Füllung
2 altbackene Semmeln
50 ml Milch
150 g gekochter Schinken
1 Ei
2 EL Cognac
2 EL gemischte Kräuter
2 EL gehackte Petersilie
Salz, Paprikpulver
20 g Butter

Die Poularde innen und außen kalt abspülen, mit Küchenpapier gut trockentupfen und kräftig würzen.
Für die Füllung die Semmeln in eine kleine Schüssel geben, mit Milch übergießen und mit Mikrowelle solo hohe Stufe 1–2 Minuten erwärmen.
Den Schinken fein würfeln, mit Ei, Cognac, Kräutern und Petersilie gut vermischen. Zu den ausgedrückten Semmeln geben und gut verkneten. Dazu am einfachsten das elektrische Handrührgerät mit Knetern einsetzen. Mit Salz und Paprikapulver pikant abschmecken.
Die Poularde mit der Masse füllen und die Öffnung mit Zahnstochern zustecken. Mit der Brustseite nach unten in die Form legen.
➤ Mit Mikrowelle niedrige Stufe plus Heißluft 190–210 °C bzw. Umluftgrill 210–230 °C in 25–35 Minu-

ten zubereiten, dabei einmal wenden.
Kurz vor Ende der Garzeit die Poularde mehrmals mit Butter bestreichen.
Beilagen: Kräuterkartoffeln, Salat.

Hähnchenbrust auf Mangosauce

Knusprig und köstlich

Mikro-welle	plus Kombination			
Gesamtgarzeit: 12–14 Minuten	410 kcal/ 1715 kJ			
Geschirr: Größere Auflaufform aus Glas, Glaskeramik oder Porzellan				

4 Hähnchenbrüste, à 150 g
Salz, weißer Pfeffer
aus der Mühle
Currypulver
2 größere, reife Mangos
Butter oder Margarine
für die Form
1 EL Mango-Chutney
2 EL Cognac
150 g gehackte Mandeln
1–2 EL Mehl
2 Eigelb
5–6 EL Crème fraîche

Die Hähnchenbrüste vom Knochen lösen, häuten und würzen. Die Haut der Mangos abziehen und das Fruchtfleisch in Spalten vom Kern lösen. In die gefettete Auflaufform geben, ebenfalls salzen und pfeffern. Mango-Chutney und Cognac unterrühren. Die Hähnchenbrüste daraufsetzen. Mandeln mit Mehl, Eigelb und Crème fraîche verrühren und gleichmäßig auf dem Fleisch verstreichen.
➤ Mit Mikrowelle hohe Stufe plus Grill bzw. Umluftgrill 200–220 °C in 12–14 Minuten zubereiten. Zwischendurch kontrollieren, damit die Mandelmasse nicht zu dunkel wird.
Beilagen: Reis, Eisbergsalat.

Hähnchenschenkel mit pikanter Kruste

Besonders schnell
mit Grill

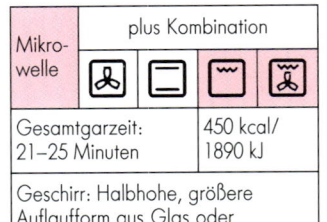

Mikro-welle	plus Kombination			
Gesamtgarzeit: 21–25 Minuten	450 kcal/ 1890 kJ			
Geschirr: Halbhohe, größere Auflaufform aus Glas oder Glaskeramik				

4 Hähnchenschenkel, à 250 g
Salz, weißer Pfeffer
aus der Mühle
2 EL Butter
1 reife Banane
1 Knoblauchzehe
½ EL Currypulver
50 g gehobelte Mandeln
6 EL Crème fraîche

Die Hähnchenschenkel waschen, mit Küchenpapier trockentupfen und würzen. Mit der Hautseite nach unten in die Form legen.
➤ Mit Mikrowelle mittlere Stufe plus Grill bzw. Umluftgrill 230–250 °C in 10–12 Minuten zubereiten, wenden und weitere 7–8 Minuten bei gleicher Einstellung im Gerät belassen. Dabei die Hautseite mehrmals mit einer Gabel einstechen und mit Butter bestreichen.
Die Banane schälen, längs vierteln und sehr fein würfeln. Knoblauch schälen und durchpressen, zur Banane geben. Currypulver, Mandeln und Crème fraîche hinzufügen und alles gut verrühren. Auf den Hähnchenschenkeln verteilen und 4–5 Minuten unter dem Grill bzw. mit Umluftgrill 250 °C überkrusten. Sofort servieren.
Beilagen: Butterreis, Brokkoliflan.

Hähnchen in Backpflaumensauce

Foto

Besonder schnell

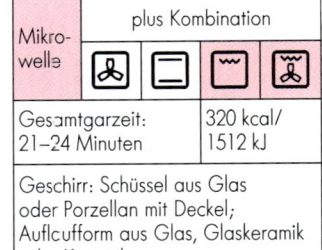

Mikro-welle	plus Kombination			
Gesamtgarzeit: 21–24 Minuten	320 kcal/ 1512 kJ			
Geschirr: Schüssel aus Glas oder Porzellan mit Deckel; Auflcufform aus Glas, Glaskeramik oder Keramik				

Für 2 Personen
10–12 Backpflaumen
ohne Stein
125 ml trockener Weißwein
1 Hähnchen von ca. 1 kg
Salz, weißer Pfeffer
aus der Mühle
Paprikapulver
20 g Butter
80 g Crème fraîche
2 TL Speisestärke
Currypulver
1 Prise Ingwerpulver

Backpflaumen und Weißwein in die Schüssel geben. Mit Mikrowelle solo hohe Stufe 4–5 Minuten zugedeckt aufkochen. Beiseite stellen und weitere 10 Minuten ziehen lassen.
Inzwischen das Hähnchen halbieren, kalt abspülen, mit Küchenpapier trockentupfen und würzen. Mit der Hautseite nach oben in die Auflaufform legen und Butterflöckchen aufsetzen.
➤ Mit Mikrowelle hohe Stufe plus Grill bzw. Umluftgrill 210–230 °C in 15–17 Minuten zubereiten.
Den Fond durch ein Sieb passieren und zu den Backpflaumen geben. Crème fraîche und Speisestärke verrühren, mit Salz, Pfeffer und Currypulver kräftig würzen und unterrühren. Mit Mikrowelle solo zugedeckt ca. 2 Minuten aufkochen lassen. Umrühren und zum Hähnchen servieren.
Beilage: Butterreis.

DAS BESONDERE REZEPT

Coq au vin
Spezialität aus Frankreich

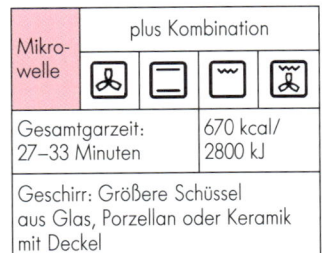

Mikro-welle	plus Kombination			
	⊞	▢	∿	⊟
Gesamtgarzeit: 27–33 Minuten	670 kcal/ 2800 kJ			
Geschirr: Größere Schüssel aus Glas, Porzellan oder Keramik mit Deckel				

50 g geräucherter Speck
1 Hähnchen (Poularde) von ca. 1–1,2 kg
2 Frühlingszwiebeln, 200 g frische Champignons
1 Möhre, 1 Knoblauchzehe, 1 Prise Zucker
Salz, weißer Pfeffer aus der Mühle, 1 Lorbeerblatt
frischer Thymian, 125 ml Hühnerbrühe
½ l trockener, kräftiger Rotwein
2 EL Speisestärke, 4–5 EL Wasser

Den Speck würfeln, in die Schüssel geben und mit Mikrowelle solo hohe Stufe in 2–3 Minuten offen anrösten. Das Hähnchen (Poularde) waschen, achteln, die Haut abziehen und auf den Speck legen. Die Frühlingszwiebeln waschen und klein schneiden. Champignons putzen und waschen. Die Möhre schälen und sehr fein würfeln. Knoblauch schälen und hacken.
Die Gemüsezutaten, Zucker und Gewürze über die Hähnchenteile in die Form geben. Hühnerbrühe und Rotwein hinzufügen.
➤ Mit Mikrowelle solo hohe Stufe zugedeckt 8–10 Minuten ankochen und auf der niedrigen Stufe in 16–18 Minuten fertiggaren. Umrühren.
In kaltem Wasser angerührte Speisestärke hinzufügen und nochmals 1–2 Minuten aufkochen lassen.
Beilagen: Stangenweißbrot, gemischter Salat.

Hühnerfrikassee
Besonders einfach

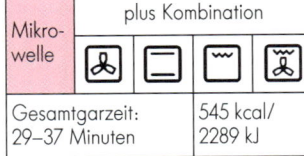

Mikro-welle	plus Kombination			
	⊞	▢	∿	⊟
Gesamtgarzeit: 29–37 Minuten	545 kcal/ 2289 kJ			
Geschirr: Größere Schüssel aus Glas oder Porzellan mit Deckel				

1 Poularde von ca. 1,2 kg
125 ml trockener Weißwein
1 Möhre
100 g Erbsen
Salz, weißer Pfeffer
aus der Mühle

Sauce
125 ml süße Sahne
¼ l Brühe
1 EL Butter
3 gehäufte EL Speisestärke
2 TL Currypulver
1 Messerspitze
Cayennepfeffer
1 Prise Zucker
1 kleine Dose Spargel-
abschnitte (200 g)
1 kleine Dose Champignons
(175 g)
1 Eigelb
2 EL Crème fraîche

Die Poularde waschen, mit Küchenpapier trockentupfen, achteln und in die Schüssel geben. Den Weißwein hinzufügen. Die Möhre schälen und würfeln. Die Erbsen waschen und abtropfen lassen. Die Gemüsezutaten mit Salz und Pfeffer zur Poularde geben. Mit Mikrowelle solo hohe Stufe in 16–20 Minuten zugedeckt garen. Das Fleisch aus dem Geschirr auf einen Teller geben und abkühlen lassen.
In der Zwischenzeit die Sauce vorbereiten. Hierzu Sahne, Brühe, Butter, Speisestärke und Gewürze gut verrühren. Zum Fond in die Schüssel geben und geschlossen mit Mikrowelle solo hohe Stufe in 6–8 Minuten aufkochen lassen. Dabei zweimal umrühren.

Die Poularde häuten, entbeinen und das Fleisch in Würfel schneiden. Spargelabschnitte und Champignons abtropfen lassen, Champignons halbieren. Beides mit dem Geflügelfleisch zur Sauce geben. Geschlossen mit Mikrowelle solo mittlere Stufe in 7–9 Minuten langsam aufkochen lassen.
Eigelb mit Crème fraîche verquirlen und das Frikassee damit legieren.
Beilage: Reisrand.

Hühnerfrikassee in scharfer Walnußsauce
Etwas teuer

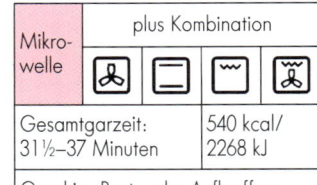

Mikro-welle	plus Kombination			
	⊞	▢	∿	⊟
Gesamtgarzeit: 31½–37 Minuten	540 kcal/ 2268 kJ			
Geschirr: Brat- oder Auflaufform aus Glas oder Keramik mit Deckel; Schüssel aus Glas oder Porzellan mit Deckel				

1 küchenfertiges Hähnchen
von ca. 1 kg
Salz, weißer Pfeffer
aus der Mühle
100 ml trockener Weißwein
8 Scheiben Weißbrot
400 ml Milch
200 g Walnüsse
60 g Parmesan
2 Zwiebeln
2 Knoblauchzehen
30 g Butter
½ TL getrocknete,
gemahlene Chilischoten

Das Hähnchen kalt abspülen, mit Küchenpapier trockentupfen, vierteln und mit Salz und Pfeffer würzen. Mit dem Weißwein in die Form geben und mit Mikrowelle solo hohe Stufe in 16–18 Minuten geschlossen garen.
Die Weißbrotscheiben würfeln und in Milch einweichen. Die Walnüsse im Mixer oder in der Küchenma-

schine fein mahlen. Parmesan reiben.

Das Hähnchen aus dem Gerät nehmen, beiseite stellen und einige Minuten nachgaren lassen.

Inzwischen Zwiebeln und Knoblauch schälen, fein würfeln und mit der Butter in die Schüssel geben. Mit Mikrowelle solo hohe Stufe offen 2–3 Minuten andünsten. Die Walnüsse hinzufügen und weitere 3 Minuten erhitzen, dabei zweimal umrühren.

Das Weißbrot aus der Milch nehmen, ausdrücken, zur Nußmasse geben und unterrühren. Mit Mikrowelle solo offen 1½–2 Minuten erhitzen, die Milch hinzufügen und unter mehrmaligem Umrühren weitere 5–6 Minuten erhitzen, bis eine cremige Masse entstanden ist.

Das Hähnchen aus dem Geschirr auf einen Teller ge-

ben, häuten, das Fleisch ablösen und in Würfel oder Streifen schneiden. Mit dem Käse zur Sauce geben, 5–6 Eßlöffel der Kochflüssigkeit und die Chilischoten dazugeben und gut verrühren. Geschlossen 4–5 Minuten aufkochen lassen. Umrühren, mit Salz und Pfeffer abschmecken. *Beilagen:* Butterreis oder Salzkartoffeln, gratinierter Brokkoli.

Paella – Spanische Hühnerpfanne   Foto
Hübsch für Gäste

Mikro-welle	plus Kombination			
	🌀	▭	〰	▤
Gesamtgarzeit: 28–40 Minuten	660 kcal/ 2772 kJ			
Geschirr: Größere, flache Auflaufform aus Glas, Kunststoff, Keramik oder Glaskeramik				

1 Zwiebel
1 Knoblauchzehe
1 EL Olivenöl
300 g Hähnchenbrust
1 rote Paprikaschote
1 grüne Paprikaschote
100 g Erbsen (frisch oder tiefgefroren)
500 g vorgegarter Reis

Salz, weißer Pfeffer
Paprika, Curry, Safran
300 g Rotbarschfilet
125 g Muschelfleisch
125 g Krabbenfleisch
4 Garnelen (frisch oder tiefgefroren)
2 EL Olivenöl

Die Zwiebel schälen und fein hacken, die Knoblauchzehe durchpressen. Beides mit dem Olivenöl in die Auflaufform geben und umrühren. Mit Mikrowelle solo höchste Stufe 3–5 Minuten vorgaren. Hähnchenbrust kalt abspülen, mit Küchenpapier trockentupfen,

würfeln und in eine große Schüssel geben. Paprikaschoten waschen, halbieren, von den Kernen befreien und würfeln. Frische Erbsen kurz waschen, abtropfen lassen und zufügen, tiefgefrorene Erbsen in der Packung 3–4 Minuten antauen. Die Gemüsezutaten mit dem Reis zum Fleisch geben. Kräftig würzen.

Den Fisch kalt abspülen, mit Küchenpapier trockentupfen und würfeln. Muscheln und Krabbenfleisch sowie gesäuberte Garnelen vorbereiten. Fisch und Meeresfrüchte mit allen anderen Zutaten gut mischen. In die Auflaufform geben. Öl darüberträufeln.

➤ Mit Mikrowelle niedrige Stufe plus Heißluft 180–200 °C bzw. Ober- und Unterhitze 200–220 °C in 25–35 Minuten zubereiten. *Beilage:* Gemischter Salat.

Gefüllte Poulardenbrust auf Möhrencreme

Besonders schnell
mit Grill

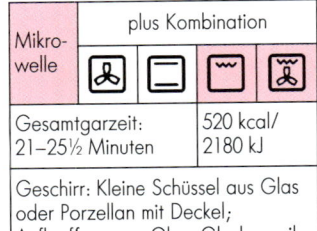

Mikro-welle	plus Kombination			
	🌀	▢	〜	🔆
Gesamtgarzeit: 21–25½ Minuten		520 kcal/ 2180 kJ		

Geschirr: Kleine Schüssel aus Glas oder Porzellan mit Deckel; Auflaufform aus Glas, Glaskeramik oder hitzebeständigem Porzellan

Für 2 Personen
Möhrencreme

200 g Möhren

30 g Butter

1 Prise Zucker

Salz, weißer Pfeffer aus der Mühle

knapp ½ Tasse Wasser

1 EL Crème fraîche

2 ausgelöste Poulardenbrüste, à 250–300 g

80 g Mozzarella

frisches Basilikum

Salz, weißer Pfeffer aus der Mühle

Die Möhren putzen, sehr fein schneiden und in eine kleine Schüssel geben. Butter, Zucker, Gewürze und Wasser zufügen, umrühren und geschlossen mit Mikrowelle solo hohe Stufe in 8–10 Minuten weich garen. Mit dem Handrührgerät oder in der Küchenmaschine fein pürieren, abschmecken und Crème fraîche zugeben. Beiseite stellen.
Die Poulardenbrüste kurz kalt abspülen, mit Küchenpapier trockentupfen und eine Tasche einschneiden. Mozzarella in Scheiben schneiden, Basilikum waschen und in Streifen schneiden. Die Poulardenbrüste damit füllen, mit Zahnstochern feststecken und würzen. Mit der Hautseite nach oben in die Auflaufform geben.

➤ Mit Mikrowelle mittlere Stufe plus Grill bzw. Umluftgrill 220–240 °C in 12–14 Minuten knusprig braun grillen.
Die Möhrencreme für 1–1½ Minuten erhitzen. Die Poulardenbrüste aus der Form nehmen, die Zahnstocher entfernen und einmal quer durchschneiden. Die heiße Möhrencreme gut umrühren, auf vorgewärmten Tellern verteilen und die Poulardenhälften daraufgeben. Sofort servieren.
Beilagen: Safranreis, Feldsalat.

Exotisches Mangohähnchen

Besonders schnell
mit Grill

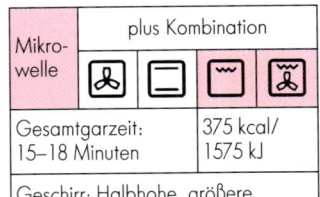

Mikro-welle	plus Kombination			
	🌀	▢	〜	🔆
Gesamtgarzeit: 15–18 Minuten		375 kcal/ 1575 kJ		

Geschirr: Halbhohe, größere Auflaufform aus Glas oder Keramik

1 Hähnchen (Poularde) von 1–1,2 kg

125 ml Orangensaft

2 EL Mango-Chutney

1 EL Currypulver

1 TL Zimtpulver

¼ TL Salz

80 g Aprikosen aus der Dose

50 g gehobelte Haselnüsse

2 EL Crème fraîche

Hähnchen (Poularde) waschen, vierteln und mit Küchenpapier trockentupfen. Mit der Hautseite nach oben in die Form legen.
➤ Mit Mikrowelle hohe Stufe plus Grill bzw. Umluftgrill 210–230 °C in 8–10 Minuten zubereiten.
Inzwischen Orangensaft, Mango-Chutney, Gewürze, kleingeschnittene Aprikosen, Haselnüsse und Crème fraîche miteinander verrühren. Die Geflügelviertel mit der Masse bestreichen und bei gleicher Einstellung weitere 7–8 Minuten zubereiten.
Beilagen: Spinatnudeln und Zucchinitarte.

Gans mit Pfirsichfüllung   Foto

Knusprige Bräunung
ist wichtig

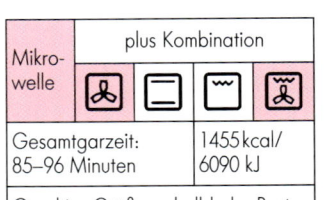

Mikro-welle	plus Kombination			
	🌀	▢	〜	🔆
Gesamtgarzeit: 85–96 Minuten		1455 kcal/ 6090 kJ		

Geschirr: Größere, halbhohe Brat- oder Auflaufform aus Glas oder Glaskeramik

Für 6–8 Personen

1 größere, küchenfertige Frühmastgans von 3–3,5 kg

Salz, weißer Pfeffer aus der Mühle

50 ml Pfirsichsaft zum Bestreichen

Füllung

200 g Pfirsichhälften aus der Dose

2 EL Weinbrand

1 Banane

1 EL Zitronensaft

2 Zwiebeln

5 altbackene Semmeln

3 Eier

100 ml süße Sahne

25 g gemahlene Mandeln

Majoran

Salz, weißer Pfeffer aus der Mühle

Sauce

125 ml Hühnerbrühe

125 ml trockener Weißwein

2 EL Speisestärke

Salz, weißer Pfeffer aus der Mühle

Die Gans innen und außen kalt abspülen und gut mit Küchenpapier trockentupfen. Mit Salz und Pfeffer würzen.
Für die Füllung die Pfirsichhälften gut abtropfen lassen, würfeln und mit Weinbrand beträufeln. Beiseite stellen. Die Banane schälen, der Länge nach vierteln, würfeln und mit Zitronensaft beträufeln. Die Zwiebeln schälen und fein hacken. Semmeln in ca. 2 cm große Würfel schneiden und in eine Rührschüssel geben. Eier, Sahne, Pfirsich- und Bananenwürfel, Zwiebeln, gemahlene Mandeln und Gewürze hinzufügen. Mit dem elektrischen Handrührgerät mit Knetern zu einer geschmeidigen Masse verarbeiten.
Die Füllung in die Gans geben, die Öffnung mit Zahnstochern feststecken und zusätzlich mit Küchengarn zubinden. Die fetten Fleischpartien unter den Keulen mit einer Gabel mehrmals einstechen. Die Gans mit der Brustseite nach unten in das Bratgeschirr geben.
➤ Mit Mikrowelle niedrige Stufe plus Heißluft 160–180 °C bzw. Umluftgrill 180–200 °C in 80–90 Minuten zubereiten, dabei einmal wenden und das zwischenzeitlich ausgetretene Fett abgießen. Kurz vor dem Wenden und kurz vor Ende der Gesamtgarzeit mit wenig Pfirsichsaft bestreichen.
Die Gans auf eine vorgewärmte Platte geben und mit Alufolie abdecken. Ca. 10 Minuten ruhen lassen. Den Fond mit dem restlichen Pfirsichsaft, Brühe und der im Weißwein angerührten Speisestärke auffüllen. Mit Mikrowelle solo hohe Stufe offen 5–6 Minuten aufkochen lassen. Dabei zweimal gut umrühren. Mit Salz und Pfeffer abschmecken. Die Sauce separat zur Gans servieren.
Beilagen: Mandelkroketten, mit Preiselbeeren gefüllte Pfirsichhälften, gemischter Salat.

Gefüllte Putenrolle
Pfiffig

Foto

Mikro-welle	plus Kombination			
	⟲	▭	∿	⟲
Gesamtgarzeit: 35–40 Minuten	532 kcal/ 2226 kJ			
Geschirr: Halbhohe Auflaufform aus Glaskeramik oder Keramik				

4 längliche, dickere Putenschnitzel, à 200–220 g
Salz, weißer Pfeffer
aus der Mühle
Currypulver

Füllung
2 kleine Zwiebeln
1 Knoblauchzehe
1 Bund Petersilie
je 1 TL Rosmarin und
Majoran
50 g Frischkäse
50 g Semmelbrösel
2 EL Crème fraîche
1 Eigelb
150 g feingeschnittener,
fetter Speck zum Einrollen

Die Putenschnitzel kalt abspülen, mit Küchenpapier gut trockentupfen, klopfen und kräftig würzen.

Für die Füllung Zwiebeln und Knoblauch schälen. Die Petersilie waschen, trockentupfen und die Stengel abschneiden. Die Gemüsezutaten in der Küchenmaschine oder im Mixer fein pürieren und in eine Rührschüssel geben. Frischkäse, Semmelbrösel, Crème fraîche und das Eigelb hinzufügen und alles gut verrühren. Ein Drittel der Farce auf ein Putenschnitzel streichen, das nächste auflegen und wieder bestreichen. Mit einem weiteren Schnitzel abdekken, den Rest der Farce darüber verteilen und das letzte Schnitzel auflegen. Etwas festdrücken. Mit Speckscheiben umwickeln und in die Form geben.
➤ Mit Mikrowelle mittlere Stufe plus Heißluft 170–190 °C bzw. Ober- und Unterhitze 190–210 °C in 35–40 Minuten offen zubereiten.
Beilagen: Gratin dauphinois, Feldsalat.

Gefüllte Putenschnitzel
Pfiffig

Mikro-welle	plus Kombination			
	⊟	▭	⊡	⊞
Gesamtgarzeit: 22–28 Minuten		350 kcal/ 1480 kJ		
Geschirr: Halbhohe Auflaufform aus Porzellan oder Keramik				

2 größere, dicke Puten-
schnitzel, à 400 g, mit
eingeschnittener Tasche
Salz, weißer Pfeffer
aus der Mühle
Paprikapulver
100 g gekochter Schinken
2 EL Semmelbrösel
1 Ei
1 TL gemahlene grüne
Pfefferkörner
1 EL Sojasauce
30 g Butter
100 g Crème fraîche
1 EL Tomatenmark
Cayennepfeffer
2 cl Cognac

Die Putenschnitzel kalt abspülen, mit Haushaltspapier gut trockentupfen und kräftig würzen. Den Schinken sehr fein würfeln, mit Semmelbröseln, Ei und Pfefferkörnern gut mischen. Als Füllung in die Tasche der Putenschnitzel geben, mit Zahnstochern feststecken und mit Küchengarn festbinden. In das Geschirr geben, mit Sojasauce bestreichen und Butterflöckchen aufsetzen.

➥ Mit Mikrowelle mittlere Stufe plus Heißluft 190–210 °C bzw. Umluftgrill 170–190 °C in 20–25 Minuten zubereiten.
Aus dem Geschirr auf eine vorgewärmte Platte legen, mit Alufolie abdecken und ca. 5 Minuten nachziehen lassen.
Inzwischen den Fond mit Crème fraîche und eventuell etwas Wasser auffüllen.

Mit Mikrowelle solo 2–3 Minuten aufkochen. Mit Tomatenmark, Salz, Pfeffer, Cayennepfeffer und Cognac abschmecken. Von den Putenschnitzeln die Zahnstocher entfernen, in Scheiben schneiden und, mit der Sauce übergossen, servieren.
Beilagen: Salzkartoffeln, gemischter Salat.

Putenhappen »Kalifornia«
Knusprig und köstlich

Mikro-welle	plus Kombination			
	⊟	▭	⊡	⊞
Gesamtgarzeit: 11–13 Minuten		380 kcal/ 1596 kJ		
Geschirr: Auflaufform aus Glas, Glaskeramik oder Porzellan				

500 g Putenbrust
weißer Pfeffer aus der Mühle
Currypulver
150 g roher, geräucherter
Speck, in sehr feine
Scheiben geschnitten
1 kleine Dose Pfirsichspalten
(ca. 150 g Einwaage)
3 EL Mangosauce
2 EL Weinbrand
½ TL Currypulver
1 Prise Zimt
60 g geriebener Gouda

Die Putenbrust kalt abspülen, mit Küchenpapier trockentupfen, in größere Würfel schneiden und kräftig würzen. Mit je 1 Scheibe Speck umwickeln. Die Pfirsichspalten abtropfen lassen, in das Geschirr geben und etwas zerteilen. 3–4 Eßlöffel Pfirsichsaft hinzufügen. Mangosauce, Weinbrand, Curry und Zimt gut unterrühren. Die Putenhappen daraufsetzen und mit Käse bestreuen.
➥ Mit Mikrowelle hohe Stufe plus Grill bzw. Umluftgrill 210–230 °C in 11–13 Minuten zubereiten.
Beilagen: Reis, grüner Salat.

DAS BESONDERE REZEPT

Puten-Curry
Gelingt schnell

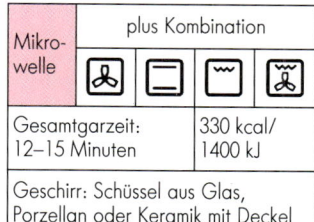

Mikro-welle	plus Kombination			
	⊟	▭	⊡	⊞
Gesamtgarzeit: 12–15 Minuten		330 kcal/ 1400 kJ		
Geschirr: Schüssel aus Glas, Porzellan oder Keramik mit Deckel				

2 kleine Zwiebeln, 50 g Butter, 600 g Putenbrust
Salz, weißer Pfeffer aus der Mühle
2 TL Currypulver, 2 EL Mehl
3 EL Mango-Chutney, ¼ l Hühnerbrühe
¼ l trockener Weißwein, 1 TL Sojasauce
2 EL Crème fraîche

Die Zwiebeln schälen, fein würfeln und mit der Butter in das Geschirr geben. Mit Mikrowelle solo hohe Stufe offen 2–3 Minuten glasig dünsten.
Das Putenfleisch kalt abspülen, mit Küchenpapier trockentupfen, in Würfel oder Streifen schneiden und kräftig mit Salz, Pfeffer und Currypulver würzen. Auf die Zwiebeln in das Geschirr geben und mit Mehl bestreuen.
➥ Mit Mikrowelle solo hohe Stufe geschlossen 6–7 Minuten garen. Zwischendurch einmal umrühren.
Mango-Chutney, Brühe und Weißwein zum Fleisch geben. Geschlossen bei gleicher Einstellung 4–5 Minuten aufkochen lassen. Mit Sojasauce und Crème fraîche abschmecken.
Beilagen: Reis, gemischter Salat.

Putenrollbraten »Nizza«

Gut zu Wein und Bier

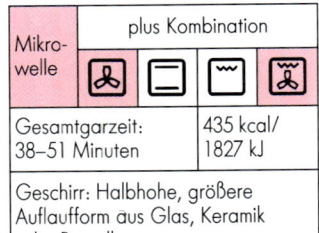

Mikro-welle	plus Kombination			
Gesamtgarzeit: 38–51 Minuten		435 kcal/ 1827 kJ		

Geschirr: Halbhohe, größere
Auflaufform aus Glas, Keramik
oder Porzellan

3 Knoblauchzehen
2 große Zwiebeln
2 EL Olivenöl
1 Putenrollbraten von 1 kg
Salz, weißer Pfeffer
aus der Mühle
¼ TL Paprikapulver
1 rote Paprikaschote
1 Dose Pizzatomaten
(450 g)
1 TL Thymian
1 TL gehackte Petersilie
8 grüne Oliven
2 cl trockener Sherry

Knoblauchzehen und Zwiebeln schälen, fein hacken und mit dem Öl in die Auflaufform geben. Mit Mikrowelle solo hohe Stufe offen 2–3 Minuten andünsten.
Den Putenrollbraten kalt abspülen, mit Küchenpapier trockentupfen und würzen. Auf die Zwiebeln in die Form legen und etwas von der Mischung auf dem Fleisch verteilen.
➤ Mit Mikrowelle mittlere Stufe plus Heißluft 180–200 °C bzw. Umluftgrill 170–190 °C in 30–40 Minuten zubereiten, dabei einmal wenden.
Den Braten aus der Form auf eine vorgewärmte Platte geben, mit Folie abdecken und ca. 10 Minuten ruhen lassen.
Die Paprikaschote waschen, halbieren, von den Kernen und Rippen befreien und würfeln. Mit den Pizzatomaten zum Fond geben, würzen und die halbierten Oliven unterrühren.

Bei gleicher Geräte-Einstellung 6–8 Minuten offen zubereiten, dabei einmal umrühren. Mit Sherry abschmecken und separat zum Rollbraten servieren.
Beilagen: Butterreis, überbackene Honigmöhren.

Ente à l'Orange

Knusprig und köstlich

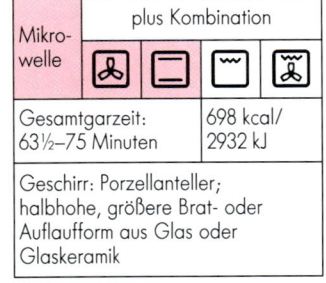

Mikro-welle	plus Kombination			
Gesamtgarzeit: 63½–75 Minuten		698 kcal/ 2932 kJ		

Geschirr: Porzellanteller;
halbhohe, größere Brat- oder
Auflaufform aus Glas oder
Glaskeramik

2 Orangen
1 TL Zucker
1 küchenfertige Ente
von ca. 1,8 kg
Salz, weißer Pfeffer
aus der Mühle
Saft von 2 Orangen
2 TL Speisestärke
Zimt- und Ingwerpulver
2 cl Cointreau

Die Orangen schälen, dabei das Weiße vollständig entfernen. Die Früchte in ½ cm dicke Scheiben schneiden, jede Scheibe halbieren, auf einen Teller legen und Zucker darüberstreuen. Mit Mikrowelle solo hohe Stufe 1½–2 Minuten vorgaren.
Die Ente kalt abspülen, mit Küchenpapier gut trockentupfen und würzen. Die fetten Partien unter den Keulen mit einer Gabel mehrmals einstechen. Mit der Brustseite nach unten in die Form legen.
➤ Mit Mikrowelle niedrige Stufe plus Heißluft 170–190 °C bzw. Ober- und Unterhitze 200–220 °C in 60–70 Minuten zubereiten, dabei einmal wenden und das zwischenzeitlich ausgetretene Fett abgießen. Kurz

vor dem Wenden und ca. 10 Minuten vor dem Ende der Gesamtgarzeit mit dem Orangensaft (2–3 EL zurückbehalten) und etwas Abtropffett bestreichen.
Die Ente auf eine vorgewärmte Platte legen und mit Alufolie abdecken.
Den Fond mit der in dem restlichen Orangensaft angerührten Speisestärke verrühren. Mit Salz, Pfeffer, Zimt und Ingwer würzen und mit Mikrowelle solo 2–3 Minuten offen aufkochen lassen, dabei zweimal umrühren. Durchsieben und mit Likör abschmecken.
Die angedünsteten Orangenscheiben dekorativ zur Ente auf die Servierplatte legen und die Sauce separat dazu servieren.
Beilagen: Kartoffelknödel, gemischter Salat.

Wildente mit Burgunderkirschen

Pfiffig

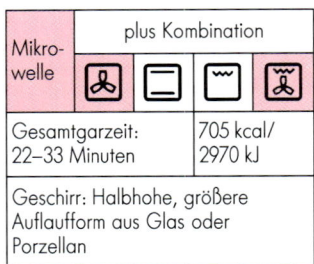

Mikro-welle	plus Kombination			
Gesamtgarzeit: 22–33 Minuten		705 kcal/ 2970 kJ		

Geschirr: Halbhohe, größere
Auflaufform aus Glas oder
Porzellan

1 küchenfertige Wildente
von 800–1000 g
Salz, weißer Pfeffer
aus der Mühle
250 g Sauerkirschen
aus dem Glas
30 ml Kirschwasser
2 EL Kirschlikör
125 ml trockener Rotwein
(Burgunder)
4 EL süße Sahne
1 EL Speisestärke
1 Prise Zimt

Die Wildente kalt abspülen, mit Küchenpapier trockentupfen und vierteln. Rundum kräftig salzen und pfeffern. Mit der Hautseite nach oben in die Form legen. Die Sauerkirschen abtropfen lassen. Mit Kirschwasser und -likör sowie Rotwein mischen.
➤ Mit Mikrowelle niedrige Stufe plus Heißluft 180–200 °C bzw. Umluftgrill 200–220 °C in 10–15 Minuten zubereiten, die Sauerkirschen zur Ente geben und bei gleicher Einstellung weitere 10–15 Minuten im Gerät belassen.
Die Entenstücke auf eine vorgewärmte Platte legen. Die mit Sahne angerührte Speisestärke zu den Kirschen geben und mit Zimt würzen. Mit Mikrowelle solo hohe Stufe offen 2–3 Minuten aufkochen lassen. Gut umrühren und über die Ente verteilen. Sofort servieren.
Beilagen: Rosenkohl in heller Sauce und Gratin dauphinois.

Fische und Meeresfrüchte

Fische und Meeresfrüchte,
mit gleichzeitig zugeschalteter Mikrowelle
zubereitet, gelingen als Delikatesse
für Feinschmecker.

Entdecken Sie Fisch als gesunde Kost. Mit Ihrem Kombinationsgerät haben Sie viele Möglichkeiten, schmackhafte Fischgerichte in kurzer Zeit zuzubereiten. Ob gegrillt, gebraten oder gedünstet – der Fisch behält stets seinen typischen Eigengeschmack und gelingt zart und saftig. Ob frisch oder sogar tiefgefroren, im Ganzen oder als Filet, mit wenig oder sogar ohne Flüssigkeit gegart – Fisch wird stets zu einer Delikatesse. Die schnelle Zubereitung mit zugeschalteter Mikrowelle schont bei Gerichten mit Fisch oder Meeresfrüchten vor allem das hochwertige Eiweiß, die Vitamine A, B und D und die Mineralstoffe wie Eisen, Jod und Phosphor. Fisch ist immer leicht verdaulich.

Praktische Hinweise

»3-S-Regel«

Die Vorbereitung beginnt mit dem »3-S-System«.

1. Säubern: Eventuell schuppen, ausnehmen und unter fließendem kalten Wasser abspülen.

2. Säuern: Der geringe Gehalt an Bindegewebe läßt den Fisch während des Garens leicht zerfallen. Durch das Beträufeln mit Zitronensaft, Essig oder Wein wird das Gewebe gefestigt. Lassen Sie den Fisch dann stets 10 Minuten ziehen.

3. Salzen: Gesalzen wird der Fisch erst kurz vor der Zubereitung, vermeiden Sie jedoch eine übermäßige Zugabe. Kräutermischungen, Gemüsezutaten oder Käse intensivieren ebenso den Geschmack.

Garen und Wenden

Fisch wird, je nach Rezept, *offen* (Kombination) oder *geschlossen* (Mikrowelle solo) zubereitet. Größere, ganze Fische *wenden* Sie zwischendurch einmal.

Einen ganzen Fisch wenden

Panierter Fisch

Panierter Fisch ist für die Zubereitung in der Kombination nicht geeignet, da die Panade zu schnell weich und demnach nicht knusprig wird.

Garprobe

Fisch ist gar, wenn sich die Rückenflosse leicht herauszupfen läßt.

Bei den meisten Fischgerichten empfiehlt es sich, eine Nachgarzeit von 2–5 Minuten einzuplanen. In dieser Zeit verteilt sich die Wärme gleichmäßig und der Fisch bleibt saftig.

Frische Muscheln

Möchten Sie frische Muscheln zubereiten, so müssen die Schalen stets gut verschlossen und unbeschädigt sein. Während des Garens öffnen sie sich von selbst. Dann noch geschlossene Muscheln unbedingt aussortieren!

Überkrustete Heilbuttschnitten

Knusprige Bräunung ist wichtig

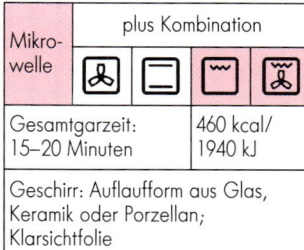

Mikro-welle	plus Kombination			
	🔆	▱	〰	🔆
Gesamtgarzeit: 15–20 Minuten	460 kcal/ 1940 kJ			
Geschirr: Auflaufform aus Glas, Keramik oder Porzellan; Klarsichtfolie				

4 Heilbuttschnitten, à 200 g
2 EL Weinessig
Salz, weißer Pfeffer
aus der Mühle
1 Bund Suppengrün
250 g frische Champignons
2 EL Butter
80 ml trockener Weißwein
125 ml süße Sahne
125 ml saure Sahne
4 EL geriebener Parmesan
2 EL feingeschnittener
Schnittlauch

Die Heilbuttschnitten kalt abspülen, mit Küchenpapier trockentupfen. Auf einen Teller legen, mit Weinessig beträufeln, salzen und pfeffern. Suppengrün und Champignons waschen, putzen, klein schneiden und mit der Butter in die Form geben. 3–4 Eßlöffel Weißwein hinzufügen und mit Folie abdecken. Mit Mikrowelle solo hohe Stufe 3–4 Minuten garen. Die Heilbuttscheiben auflegen und den restlichen Wein darüberträufeln. Weitere 6–8 Minuten zugedeckt garen. Inzwischen die süße Sahne steif schlagen, mit der sauren Sahne und dem geriebenen Käse mischen und die Heilbuttscheiben damit überziehen.
➨ Mit Mikrowelle niedrige Stufe plus Grill bzw. Umluftgrill 230–250 °C in 6–8 Minuten goldbraun überkrusten.
Mit Schnittlauch bestreut servieren.
Beilage: Kräuterkartoffeln.

Muscheln im Weinsud

Leichte Kost

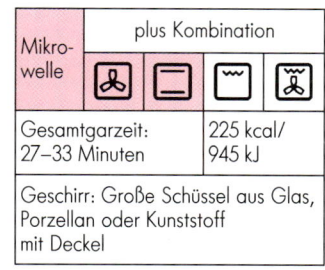

Mikro-welle	plus Kombination			
	🔆	▱	〰	🔆
Gesamtgarzeit: 27–33 Minuten	225 kcal/ 945 kJ			
Geschirr: Große Schüssel aus Glas, Porzellan oder Kunststoff mit Deckel				

1,5 kg Miesmuscheln
2 Zwiebeln
3 EL Butter
2 Knoblauchzehen
½ l trockener Weißwein
Salz, weißer Pfeffer
aus der Mühle
1 Lorbeerblatt
etwas Thymian

Die Miesmuscheln sehr gut waschen. Beschädigte oder geöffnete Muscheln aussortieren. Die Zwiebeln schälen, fein würfeln und mit der Butter in das Geschirr geben. Mit Mikrowelle solo hohe Stufe offen 2–3 Minuten glasig dünsten.
Die Knoblauchzehe schälen und durchpressen. Mit dem Weißwein und den Gewürzen zu den Zwiebeln geben. Die Muscheln hinzufügen und gut umrühren.
➨ Mit Mikrowelle mittlere Stufe plus Heißluft 170–190 °C bzw. Ober- und Unterhitze 190–210 °C in 25–30 Minuten geschlossen zubereiten, dabei einmal wenden.
Beilage: Stangenweißbrot.

DAS BESONDERE REZEPT

Gratinierte Languste

Etwas teuer

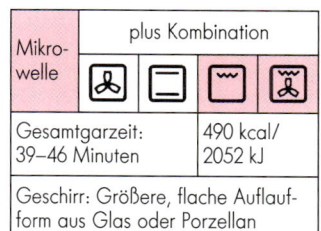

Mikro-welle	plus Kombination			
	🔆	▱	〰	🔆
Gesamtgarzeit: 39–46 Minuten	490 kcal/ 2052 kJ			
Geschirr: Größere, flache Auflaufform aus Glas oder Porzellan				

Für 2 Personen

1 küchenfertige Languste von 1,5 kg, Salz
1–2 EL Zitronensaft, 100 g Crème fraîche
50 ml trockener Weißwein, 2½ TL Speisestärke
1 Messerspitze Backpulver, 2 kleine Eier
weißer Pfeffer aus der Mühle, 1 Prise Zucker

Die Languste in reichlich kochendem Salzwasser auf der Kochstelle 25–30 Minuten garen. Herausnehmen und abtropfen lassen. Die Languste seitlich der Länge nach mit einer Küchenschere halbieren. Die Schalen dabei nicht zerbrechen. Die Innereien entfernen, das Fleisch auslösen und in kleine Stücke schneiden. Mit Zitronensaft beträufeln.
Crème fraîche, Weißwein, Speisestärke, Backpulver, Eier, Salz, Pfeffer und Zucker verrühren. Das Langustenfleisch hinzufügen und gut umrühren. Die Masse in die Langustenschalen füllen und glattstreichen. In die Auflaufform geben.
➨ Mit Mikrowelle hohe Stufe plus Grill bzw. Umluftgrill 210–230 °C in 14–16 Minuten zubereiten.
Beilagen: Stangenweißbrot, Kopfsalat.

DAS BESONDERE REZEPT

Delikate Fischrolle
Etwas teuer

Mikro-welle	plus Kombination			
	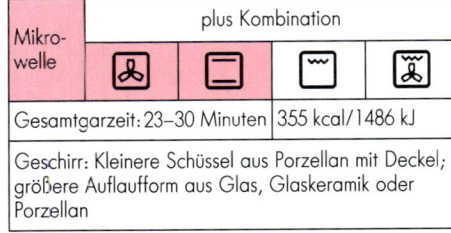			
Gesamtgarzeit: 23–30 Minuten			355 kcal/1486 kJ	

Geschirr: Kleinere Schüssel aus Porzellan mit Deckel; größere Auflaufform aus Glas, Glaskeramik oder Porzellan

200 g Krabbenfleisch, Salz
weißer Pfeffer aus der Mühle, 2 Eiweiß
100 ml süße Sahne
8 Seezungenfilets
Salz, 1–2 EL Zitronensaft
250 g frischer Spinat, 2–3 EL Wasser
weißer Pfeffer aus der Mühle
1 Prise Muskat, 200 g geräucherter Lachs
in feinen Scheiben, 125 ml Weißwein
2 EL Speisestärke, 4 EL süße Sahne
1 EL grüner Pfeffer
Butter für die Form

Das Krabbenfleisch zerkleinern oder in der elektrischen Küchenmaschine grob pürieren, salzen und pfeffern. Eiweiß und Sahne getrennt steif schlagen, mischen und das Krabbenfleisch vorsichtig unterziehen.
Die Seezungenfilets kurz kalt abspülen und mit Küchenpapier sehr gut trockentupfen, salzen und mit Zitronensaft beträufeln.

Frischen Spinat verlesen, die Stielenden abschneiden, waschen und gut abtropfen lassen. In die Schüssel geben, Wasser, Pfeffer und Muskat hinzufügen und 2–3 Minuten mit Mikrowelle solo blanchieren, sofort in eiskaltes Wasser eintauchen und zwischen zwei Lagen Küchenpapier gut trockentupfen.
Ein großes Stück Klarsichtfolie auf der Arbeitsplatte ausbreiten, die Seezungenfilets dicht nebeneinander darauflegen. Den Spinat darauf verteilen und mit der Krabbenmasse bestreichen. Zuletzt die Lachsscheiben auflegen. Die Folie von der Längsseite her aufrollen, etwas festdrücken und die Fischrolle aus der Folie in die gefettete Form gleiten lassen. Weißwein dazugeben.
➥ Mit Mikrowelle mittlere Stufe plus Heißluft 140–160 °C bzw. Ober- und Unterhitze 170–190 °C in 20–25 Minuten zubereiten.
Vor dem Anschneiden 10 Minuten ruhen lassen.
Speisestärke, Sahne und Pfefferkörner verrühren, zum Fond geben und gut unterrühren. Mit Mikrowelle solo 1–2 Minuten aufkochen lassen. Die Fischrolle in Scheiben schneiden. Die Sauce auf Servierteller verteilen, Die Fischscheiben darauflegen und sofort servieren.
Beilagen: Butterreis, Feldsalat.

Italienischer Tomatenfisch
Foto
Gelingt schnell

Mikro-welle	plus Kombination			
	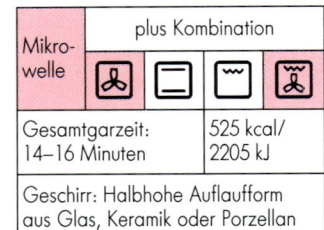			
Gesamtgarzeit: 14–16 Minuten			525 kcal/2205 kJ	

Geschirr: Halbhohe Auflaufform aus Glas, Keramik oder Porzellan

Für 2 Personen
400 g Kabeljaufilet (frisch
oder tiefgefroren)
1 EL Zitronensaft
Salz, weißer Pfeffer
1 Apfel, 1 Zwiebel
4 Tomaten
50 g gekochter Schinken
1 Gewürzgurke
5 grüne Oliven
20 g flüssige Butter
1 TL Kapern
weißer Pfeffer aus der Mühle
Paprikapulver
1 Messerspitze Cayenne-
pfeffer, 1 Prise Zucker

Frischen Fisch unter kaltem Wasser abspülen und mit Küchenpapier trockentupfen, tiefgefrorenes Kabeljaufilet in der Verpackung 4–5 Minuten auftauen lassen. In das Geschirr legen, mit Zitronensaft beträufeln, salzen und pfeffern.
Apfel und Zwiebel schälen und würfeln. Tomaten kreuzweise einschneiden, mit heißem Wasser überbrühen, abziehen und würfeln. Schinken, Gewürzgurke und Oliven sehr klein schneiden. Alle Gemüsezutaten mit dem Pürierstab des elektrischen Handrührgerätes oder in der Küchenmaschine grob pürieren. Flüssige Butter und Kapern unterrühren, die Masse kräftig würzen und auf dem Fisch verstreichen.
➥ Mit Mikrowelle hohe Stufe plus Heißluft 180–200 °C bzw. Umluftgrill 170–190 °C in 14–16 Minuten zubereiten.
Beilage: Gemischter Reis.

DAS BESONDERE REZEPT

Frikassee von Meeresfrüchten
Etwas teuer

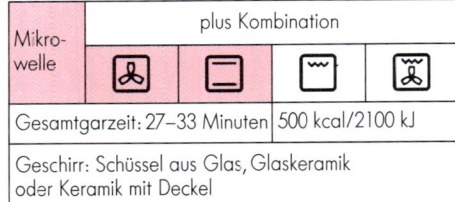

Mikro-welle	plus Kombination			
	🌀	▢	〰	🌀
Gesamtgarzeit: 27–33 Minuten		500 kcal/2100 kJ		
Geschirr: Schüssel aus Glas, Glaskeramik oder Keramik mit Deckel				

1 Knoblauchzehe, 1 EL Butter
4 geputzte Jakobsmuscheln
250 g Seezungenfilets, 1½ EL Zitronensaft
350 g Garnelenfleisch, 2 Tomaten
100 ml süße Sahne, 1 TL Tomatenmark
125 ml trockener Weißwein
Salz, weißer Pfeffer, aus der Mühle
1 Messerspitze Cayennepfeffer
2 TL frische, gehackte Petersilie
2 EL Crème fraîche, 2 TL Speisestärke

Die Knoblauchzehe schälen, fein hakken und mit der Butter in das Gefäß geben. Mit Mikrowelle solo hohe Stufe 1 Minute andünsten.

Jakobsmuscheln und Seezungenfilets kalt abspülen und mit Küchenpapier trockentupfen. Die Muscheln vierteln, den Fisch würfeln, in die Schüssel geben und mit Zitronensaft beträufeln. Die Garnelen einmal durchschneiden und hinzufügen. Die Tomaten heiß überbrühen, häuten und würfeln. Sahne und Tomatenmark mischen und mit dem Weißwein, den Tomatenwürfeln und den Gewürzen in die Schüssel gießen. Gut unterheben.

➡ Mit Mikrowelle niedrige Stufe plus Heißluft 160–180 °C bzw. Ober- und Unterhitze 170–180 °C in 25–30 Minuten geschlossen zubereiten, dabei einmal umrühren.

Mit gehackter Petersilie bestreuen. Crème fraîche mit Speisestärke glattrühren, zum Frikassee geben und offen 1–2 Minuten mit Mikrowelle solo hohe Stufe zum Binden aufkochen lassen.
Beilagen: Bandnudeln, grüner Salat.

Gedünsteter Gemüselachs
Etwas teuer

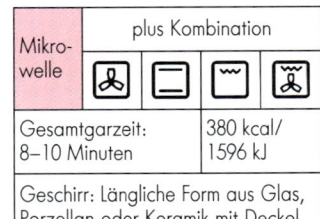

Mikro-welle	plus Kombination			
	🌀	▢	〰	🌀
Gesamtgarzeit: 8–10 Minuten		380 kcal/1596 kJ		
Geschirr: Längliche Form aus Glas, Porzellan oder Keramik mit Deckel				

Für 2 Personen
2 Tomaten
2 Scheiben frischer Lachs, à 200 g
1 Apfel
1 Gewürzgurke
1 Zwiebel
1 TL Kapern
Salz, weißer Pfeffer aus der Mühle
Paprikapulver
1 EL Zitronensaft
1 EL Cognac
4 EL trockener Weißwein
1 EL Butter
2 TL gehackter Dill

Die Tomaten waschen, in Scheiben schneiden und auf den Boden der Form legen. Den Lachs kalt abspülen, mit Küchenpapier trockentupfen und auf die Tomaten legen.
Den Apfel schälen, vierteln, vom Kerngehäuse befreien und raspeln. Die Gewürzgurke sehr fein schneiden. Die Zwiebel schälen und würfeln. Diese Zutaten mit den Kapern und Gewürzen mischen. Gleichmäßig auf dem Fisch verteilen. Zitronensaft, Cognac und Weißwein verrühren. Über den Fisch träufeln und Butterflöckchen aufsetzen. Mit Mikrowelle solo hohe Stufe zugedeckt in 8–10 Minuten garen.
Mit gehacktem Dill bestreut servieren.
Beilagen: Salzkartoffeln, gratinierter Brokkoli.

Gemüse-Kabeljau aus der Bratfolie Foto

Leichte Kost

Mikro-welle	plus Kombination			
	♨	▭	⌷	⌷
Gesamtgarzeit: 20–25 Minuten		300 kcal/ 1250 kJ		
Geschirr: Bratfolie, Backblech				

300 g tiefgefrorenes
Sommergemüse
Salz, weißer Pfeffer
aus der Mühle
frisch geriebene Muskatnuß
400 g Kabeljaufilet
(frisch oder tiefgefroren)
125 ml trockener Weißwein
20 g flüssige Butter
1 EL gehackter Dill

Von der Bratfolie ein ausreichend großes Stück abschneiden und an einer Seite fest verschließen. Das Sommergemüse hineinfüllen und mit Salz, Pfeffer und Muskat würzen. Frischen Fisch unter kaltem Wasser abspülen und mit Küchenpapier trockentupfen (tiefgefrorenes Kabeljaufilet in der Verpackung 4–5 Minuten antauen lassen). Den Fisch in die Folie geben, Wein, Butter und Dill vermischen, zum Fisch geben. Das andere Folienende fest verschließen. Das Folienpaket auf das Backblech legen und in das Gerät einsetzen.

➤ Mit Mikrowelle mittlere Stufe plus Heißluft 140–160 °C bzw. Ober- und Unterhitze 170–190 °C in 20–25 Minuten zubereiten.

Beilage: Salzkartoffeln.

Heilbutt auf Blattspinat mit Käsecreme

Foto

Pfiffig

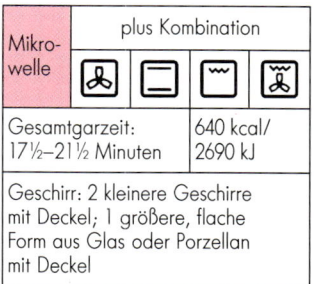

Mikro-welle	plus Kombination			
	⊠	▢	⌇	⊠
Gesamtgarzeit: 17½–21½ Minuten		640 kcal/ 2690 kJ		
Geschirr: 2 kleinere Geschirre mit Deckel; 1 größere, flache Form aus Glas oder Porzellan mit Deckel				

Für 2 Personen

400 g frischer Spinat
2 EL Butter

2 Scheiben Heilbuttfilet,
à 200 g
Salz, weißer Pfeffer
aus der Mühle
1 EL Zitronensaft
4 EL trockener Weißwein
20 g Butter

Käsecreme

1 Zwiebel, 2 EL Butter
50 ml Milch
50 ml süße Sahne
1 EL Speisestärke
3 gehäufte EL geriebener
Emmentaler

40 g Semmelbrösel
1½ EL Butter

Den Spinat verlesen, gründlich waschen und tropfnaß mit der Butter in eine kleine Schüssel geben. Mit Mikrowelle solo hohe Stufe in 5–6 Minuten geschlossen garen.
Inzwischen die Heilbuttfilets kalt abspülen, mit Küchenpapier trockentupfen, in die größere Form geben, salzen, pfeffern und mit Zitronensaft beträufeln. Den Weißwein hinzufügen und Butterflöckchen aufsetzen. Mit Mikrowelle solo hohe Stufe geschlossen 7–9 Minuten garen.
Für die Käsecreme die Zwiebel schälen, fein würfeln und mit der Butter in das zweite, kleinere Geschirr geben. Mit Mikrowelle solo offen 2 Minuten glasig dünsten. Die restlichen Zutaten hinzufügen, gut verrühren und geschlossen 3–4 Minuten aufkochen lassen, dabei einmal umrühren.
Die Semmelbrösel in eine Tasse geben, Butter dazugeben und offen ½ Minute anrösten.
Den Spinat auf vorgewärmten Tellern anrichten, je 1 Scheibe Fischfilet darauflegen, mit der Käsecreme überziehen und mit gerösteten Semmelbröseln bestreuen. Sofort servieren.
Beilage: Gratin dauphinois.

Seezungenschleifen

Spezialität aus Frankreich

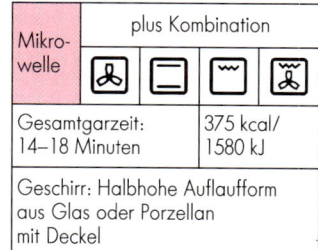

Mikro-welle	plus Kombination			
	⊠	▢	⌇	⊠
Gesamtgarzeit: 14–18 Minuten		375 kcal/ 1580 kJ		
Geschirr: Halbhohe Auflaufform aus Glas oder Porzellan mit Deckel				

2 Zwiebeln
1 EL Butter
125 ml trockener Weißwein
Salz, weißer Pfeffer
aus der Mühle
4 frische Seezungenfilets
(ca. 600 g)
150 g frische Shrimps
1 EL Zitronensaft
100 g Crème fraîche
1 EL Speisestärke
2 Eigelb
2 EL gehackte Petersilie

Die Zwiebeln schälen und fein hacken. Mit der Butter in die Form geben und mit Mikrowelle solo hohe Stufe 2–3 Minuten glasig dünsten. Weißwein, Salz und Pfeffer hinzufügen und umrühren.
Seezungenfilets und Shrimps kalt abspülen und mit Küchenpapier trockentupfen. Den Fisch zu Schleifen zusammenlegen, in die Form geben, die Shrimps darüberstreuen und mit Zitronensaft beträufeln. Mit Mikrowelle solo hohe Stufe geschlossen 10–12 Minuten garen. Die Seezungenschleifen herausnehmen und auf eine vorgewärmte Platte setzen. Crème fraîche mit Speisestärke glattrühren und zum Fischsud geben. Mit Mikrowelle solo 2–3 Minuten unter mehrmaligem Umrühren aufkochen lassen. Die Sauce mit Eigelb legieren und gehackte Petersilie unterrühren. Über die Seezungenschleifen geben und sofort servieren.
Beilagen: Butterreis, grüner Salat.

Hechtklößchen in Kräuterrahm

Gelingt leicht

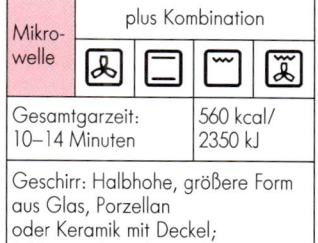

Mikro-welle	plus Kombination			
	⊠	▢	⌇	⊠
Gesamtgarzeit: 10–14 Minuten		560 kcal/ 2350 kJ		
Geschirr: Halbhohe, größere Form aus Glas, Porzellan oder Keramik mit Deckel; 1 kleine Schüssel aus Glas oder Porzellan				

Für 2 Personen

1 altbackene Semmel
½ Tasse Milch
200 g Hechtfilet
1 kleine Zwiebel
1 TL Kapern
1 Ei
Salz, weißer Pfeffer
aus der Mühle
frisch geriebene Muskatnuß
1 TL Zitronensaft

Sauce

125 ml süße Sahne
125 ml Hühnerbrühe
Salz
1 TL Zitronensaft
2 Scheiben Schmelzkäse
2 TL Speisestärke
2 EL Crème fraîche
3 EL gehackte, gemischte
Kräuter

Die Semmel in Milch einweichen. Den Fisch kalt abspülen, mit Küchenpapier trockentupfen und würfeln. Die Zwiebel schälen, fein hacken, zusammen mit dem Fisch und den Kapern im Mixer oder in der Küchenmaschine fein pürieren. Das Fischpüree mit dem gut ausgedrückten Brötchen, Ei, Gewürzen und Zitronensaft zu einer geschmeidigen Masse verarbeiten. Dazu am besten das elektrische Handrührgerät mit Knetern einsetzen. Mit zwei Eßlöffeln Klößchen abstechen. In die Form geben und ca. 2 cm hoch mit Wasser auffüllen. Mit Mikrowelle solo hohe Stufe zugedeckt 6–8 Minuten garen und zum Nachziehen beiseite stellen.
Für die Sauce Sahne, Hühnerbrühe, Salz, Zitronensaft und kleingeschnittenen Schmelzkäse in der kleineren Schüssel mischen und offen 3–4 Minuten aufkochen lassen. Speisestärke mit Crème fraîche verrühren, zur Sauce geben und 1–2 Minuten zum Binden aufkochen lassen. Kräuter hinzufügen und alles gut verrühren.
Die Hechtklößchen aus dem Geschirr heben, auf einer vorgewärmten Platte anrichten und mit der Sauce überziehen.
Beilagen: Kartoffelpüree, gemischter Salat.

Schellfisch in pikanter Sauce

Gut zu Wein und Bier

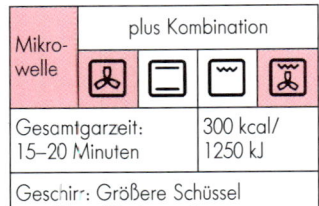

Mikro-welle	plus Kombination			
Gesamtgarzeit: 15–20 Minuten	300 kcal/ 1250 kJ			
Geschirr: Größere Schüssel aus Glas, Glaskeramik oder Keramik mit Deckel				

1 grüne Paprikaschote
1 große Zwiebel
1 Knoblauchzehe
10 grüne Oliven
2 Tomaten
1½ EL Paprikapulver edelsüß
1 TL Rosmarin
3 EL frische, gemischte Kräuter
Salz, weißer Pfeffer aus der Mühle
125 ml trockener Rotwein
2 EL Mehl
2 EL Butter
400 g Schellfischfilet (frisch oder tiefgefroren)
1 EL Zitronensaft

Die Paprikaschote waschen, halbieren, von den Kernen und Rippen befreien und würfeln. Zwiebel und Knoblauchzehe schälen und fein hacken. Die Oliven in Scheiben schneiden. Die Tomaten heiß überbrühen, häuten und würfeln. Die Gemüsezutaten in das Geschirr geben, würzen und den Rotwein hinzugießen. Mehl und Butter verkneten, zum Gemüse geben. Frischen Fisch kalt abspülen und mit Küchenpapier trockentupfen (tiefgefrorenes Filet in der Packung 4–5 Minuten auftauen lassen). Den Fisch in größere Würfel schneiden, mit Zitronensaft beträufeln, zum Gemüse in das Geschirr geben und umrühren.
➦ Mit Mikrowelle hohe Stufe plus Heißluft 170–190 °C bzw. Umluft-grill 160–180 °C geschlossen in 15–20 Minuten zubereiten.
Vor dem Servieren einmal umrühren.
Beilage: Butterreis

Überbackene Schollenfilets

Besonders schnell mit Grill

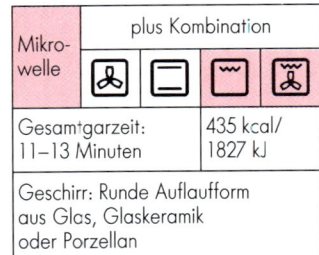

Mikro-welle	plus Kombination			
Gesamtgarzeit: 11–13 Minuten	435 kcal/ 1827 kJ			
Geschirr: Runde Auflaufform aus Glas, Glaskeramik oder Porzellan				

Für 2 Personen
300 g frische Schollenfilets
1 EL Zitronensaft
Salz, weißer Pfeffer aus der Mühle
1 Päckchen Holländische Sauce (Instant)
200 ml süße Sahne
2 EL gemahlene Mandeln
1 zerdrückte Knoblauchzehe
1 Prise Zucker
1 Messerspitze Cayenne-pfeffer
1 EL Mandelblättchen zum Bestreuen

Die Schollenfilets kalt abspülen, mit Küchenpapier trockentupfen und in die Form legen. Mit Zitronensaft beträufeln, salzen und pfeffern. Das Instant-Saucenpulver mit der Sahne und den restlichen Zutaten gut verrühren. Über die Schollenfilets in die Form gießen.
➦ Mit Mikrowelle hohe Stufe plus Grill bzw. Umluftgrill 210–230 °C in 11–13 Minuten zubereiten.
Mit Mandelblättchen bestreut servieren.
Beilage: Tomatenreis.

Fischrouladen »Imperial«

Foto

Etwas teuer

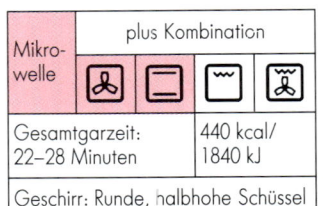

Mikro-welle	plus Kombination			
Gesamtgarzeit: 22–28 Minuten	440 kcal/ 1840 kJ			
Geschirr: Runde, halbhohe Schüssel aus Glas oder Porzellan mit Deckel				

4 Schollenfilets, à 250 g
Salz, Saft von ½ Zitrone
250 g Lachsfilet ohne Gräten
100 ml süße Sahne
1 Eiweiß
weißer Pfeffer aus der Mühle
etwas Paprikapulver
Cayennepfeffer
150 g Krabbenfleisch
125 ml trockener Weißwein
3 EL Crème fraîche
2 TL Speisestärke

Die Schollenfilets kurz kalt abspülen, mit Küchenpapier trockentupfen, auf eine Platte legen, salzen und mit Zitronensaft beträufeln. Das Lachsfilet ebenfalls kalt abspülen, mit Küchenpapier gut trockentupfen und im Mixer oder in der elektrischen Küchenmaschine fein pürieren. Sahne und Eiweiß unterrühren und kräftig würzen. Die Schollenfilets mit der Lachsmasse bestreichen, aufrollen und mit einem Zahnstocher festhalten. Das Krabbenfleisch kalt abspülen und abtropfen lassen. In das Geschirr geben, die Fischrouladen aufsetzen und mit Wein übergießen.
➦ Mit Mikrowelle mittlere Stufe plus Heißluft 140–160 °C bzw. Ober- und Unterhitze 160–180 °C in 20–25 Minuten zubereiten. Die Rouladen aus der Form auf eine Platte heben. Den Sud mit in Crème fraîche angerührter Speisestärke vermischen und mit Mikrowelle solo geschlossen 2–3 Minuten aufkochen lassen. Umrühren und eventuell mit Salz und Pfeffer abschmecken. Separat zu den Fischrouladen servieren.
Beilagen: Zucchinigemüse, kleine Croutons.

Schollenfilets auf buntem Gemüse

Gelingt schnell

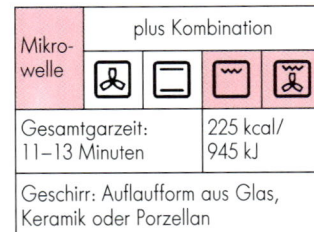

Mikro-welle	plus Kombination			
Gesamtgarzeit: 11–13 Minuten	225 kcal/ 945 kJ			
Geschirr: Auflaufform aus Glas, Keramik oder Porzellan				

300 g tiefgefrorenes Butter-gemüse
Butter für die Form
300 g frische Champignons
500 g tiefgefrorene Schollen-filets
150 g süße Sahne
150 g geriebener Emmentaler
Salz, weißer Pfeffer aus der Mühle
1 Prise Cayennepfeffer
1 EL Zitronensaft
50 g Butter

Das Buttergemüse aus der Packung in die gefettete Form geben. Die Champignons putzen und waschen. Zum Gemüse geben und kurz verrühren. Die Schollenfilets aus der Packung nehmen und auf das Gemüse legen. Sahne, Käse, Gewürze und Zitronensaft verrühren. Über den Fisch in die Form gießen und Butterflöckchen aufsetzen.
➦ Mit Mikrowelle hohe Stufe plus Grill bzw. Umluftgrill 190–210 °C in 11–13 Minuten zubereiten.
Beilage: Kartoffelpüree.

Fischfilets mit Tomaten-Mandel-Haube

Leichte Kost

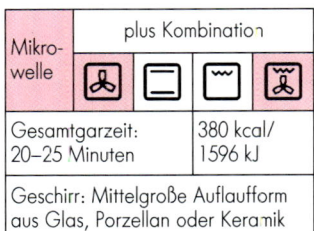

Mikro-welle	plus Kombination			
Gesamtgarzeit: 20–25 Minuten	380 kcal/ 1596 kJ			
Geschirr: Mittelgroße Auflaufform aus Glas, Porzellan oder Keramik				

1 kg Fischfilet (Kabeljau,
Schellfisch oder Seelachs)
Salz, weißer Pfeffer
aus der Mühle
3–4 EL Zitronensaft
2 Zwiebeln
2 Knoblauchzehen
500 g Tomaten
2 Scheiben getoastetes
Roggenbrot
80 g gemahlene Mandeln
50 g geriebener Emmentaler
30 g Butter

Fischfilets säubern, kalt abspülen, mit Küchenpapier gut trockentupfen und in die Form legen. Salzen, pfeffern und mit Zitronensaft beträufeln. Ca. 10 Minuten ziehen lassen. Zwiebeln und Knoblauchzehen schälen, fein hacken und auf dem Fisch verteilen.
Die Tomaten waschen, in dickere Scheiben schneiden und den Fisch damit abdecken. Das gut vorgetoastete Roggenbrot in der Küchenmaschine fein zerbröseln oder in eine Plastiktüte geben und mit einem Teigroller zu ganz feinen Bröseln zerdrücken. Mit gemahlenen Mandeln und geriebenem Käse mischen und über die Tomaten streuen. Butterflöckchen aufsetzen.
➤ Mit Mikrowelle hohe Stufe plus Heißluft 190–210 °C bzw. Umluftgrill 170–190 °C in 20–25 Minuten offen zubereiten.
Beilage: Zucchini-Kartoffel-Gratin.

Schollenfilets in Apfel-Krabben-Sauce

Gelingt schnell

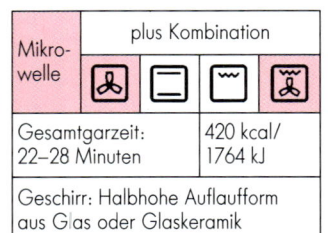

Mikro-welle	plus Kombination			
Gesamtgarzeit: 22–28 Minuten	420 kcal/ 1764 kJ			
Geschirr: Halbhohe Auflaufform aus Glas oder Glaskeramik				

80 g geräucherter Speck
500 g Schollenfilet
1 EL Zitronensaft
Salz, weißer Pfeffer
aus der Mühle
2 Tomaten, 1 Apfel
2 Gewürzgurken
150 g Krabbenfleisch
125 ml süße Sahne
1 Messerspitze Cayenne-
pfeffer, 1 TL Kapern
1½ EL Speisestärke

Den Speck fein würfeln, in die Form geben und mit Mikrowelle solo hohe Stufe offen 2–3 Minuten auslassen.
Das Schollenfilet kalt abspülen, mit Küchenpapier trockentupfen und auf den Speck in die Form legen. Mit Zitronensaft beträufeln und kräftig würzen. Die Tomaten heiß überbrühen, häuten und in Scheiben schneiden. Auf dem Fisch verteilen. Den Apfel schälen, vierteln und grob raspeln. Die Gewürzgurken würfeln. Das Krabbenfleisch kalt abspülen, mit Küchenpapier trockentupfen und mit den Apfelraspeln und Gurkenwürfeln mischen. Auf die Tomatenscheiben geben. Sahne, Cayennepfeffer, Kapern und Speisestärke verrühren. Die Sauce in die Form gießen.
➤ Mit Mikrowelle hohe Stufe plus Heißluft 180–200 °C bzw. Umluftgrill 200–210 °C in 20–25 Minuten zubereiten.
Beilage: Curryreis.

Gegrillter Rotbarsch mit Füllung

Besonders schnell mit Grill

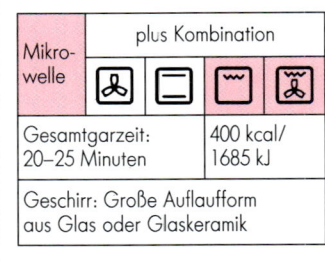

Mikro-welle	plus Kombination			
Gesamtgarzeit: 20–25 Minuten	400 kcal/ 1685 kJ			
Geschirr: Große Auflaufform aus Glas oder Glaskeramik				

1 küchenfertiger Rotbarsch
von 1,5 kg
Salz
2–3 EL Zitronensaft
30 g flüssige Butter
zum Bestreichen

Füllung

150 g frische Champignons
2 TL Zitronensaft
150 g Semmelbrösel
1 Ei
3 EL Crème fraîche
1 EL gehackte Petersilie
1 EL gehackter Dill
weißer Pfeffer aus der Mühle
1 Messerspitze Cayenne-
pfeffer

Den Rotbarsch eventuell säubern, von innen und außen kalt abspülen und mit Küchenpapier gut trockentupfen. Salzen, mit Zitronensaft beträufeln und ca. 10 Minuten ziehen lassen. Inzwischen die Füllung vorbereiten. Hierzu die Champignons waschen, putzen und fein hacken. Mit Zitronensaft, Semmelbröseln, Ei, Crème fraîche, Kräutern und Gewürzen verrühren. Den Rotbarsch damit füllen und mit Zahnstochern feststecken. In die Form legen und mit etwas flüssiger Butter bestreichen.
➤ Mit Mikrowelle hohe Stufe plus Grill bzw. Umluftgrill 210–230 °C in 20–25 Minuten zubereiten, dabei einmal vorsichtig wenden und mit der restlichen Butter bestreichen.
Beilage: Salzkartoffeln.

Überbackener Lauch-Fisch

Gelingt schnell

Mikro-welle	plus Kombination			
Gesamtgarzeit: 16–19 Minuten	360 kcal/ 1512 kJ			
Geschirr: Mittelgroße Auflaufform aus Glas, Keramik oder Porzellan				

2 kleine Stangen Lauch
100 ml süße Sahne
400 g Rotbarschfilet (frisch
oder tiefgefroren)
6 EL trockener Weißwein
Salz, weißer Pfeffer
aus der Mühle, Muskat
3 feste Tomaten
3 Scheiben Roggentoast
100 g geriebener
Emmentaler
2 EL frisch gehackte Kräuter

Den Lauch in Ringe oder Streifen schneiden, waschen und gut abtropfen lassen. Auf dem Boden der Auflaufform ausbreiten und mit Sahne übergießen. Mit Mikrowelle solo hohe Stufe 5–6 Minuten offen vorgaren.
Frischen Fisch unter kaltem Wasser abspülen und mit Küchenpapier trockentupfen (tiefgefrorenes Rotbarschfilet in der Packung 4–5 Minuten antauen). Auf den Lauch geben. Mit Weißwein beträufeln und würzen. Die Tomaten waschen, nach Belieben häuten und in Scheiben schneiden. Auf dem Fisch verteilen. Den gut vorgetoasteten Roggentoast in der Küchenmaschine fein zerbröseln oder in eine Plastiktüte geben und mit einem Teigroller zu ganz feinen Bröseln zerdrücken. Brösel, Käse, Kräuter, Salz und Pfeffer mischen. Gleichmäßig über die Tomaten verteilen.
➤ Mit Mikrowelle höchste Stufe plus Grill bzw. Umluftgrill 200–220 °C in 12–14 Minuten zubereiten.

Gemüse und Gemüsegerichte

Ob frisch oder tiefgefroren – Gemüse
eignet sich besonders gut für die Zubereitung
im Kombinationsgerät.

Das Gemüseangebot ist heute so vielfältig, daß fast alle Sorten das ganze Jahr über verfügbar sind. Ob frisch oder tiefgefroren, bei diesem reichhaltigen Angebot und den verschiedenen Zubereitungsmöglichkeiten in Ihrem Gerät ist es bestimmt ganz leicht, jeden Tag Gemüse zu essen. Gemüse eignet sich vorzüglich für die Zubereitung mit Mikrowelle solo oder in der Kombination. Dafür sprechen das appetitliche Aussehen, der intensive Eigengeschmack und die frische Farbe. Die nur geringe Zugabe an Fett oder Flüssigkeit hilft, Vitamine und Mineralstoffe bestmöglich zu erhalten.

Praktische Hinweise

Frisches Gemüse

Frisches Gemüse kurz in kaltem Wasser waschen, zerteilen und sofort weiterverarbeiten. Je kleiner das Gemüse geschnitten ist, desto kürzer ist die Garzeit. Teilen Sie daher Blumenkohl in Röschen oder schneiden Sie Möhren in Stifte oder Scheiben.

Tiefgefrorenes Gemüse

Behandeln Sie tiefgefrorenes Gemüse wie Frischware. Aus der Pakkung gleich in das Geschirr gefüllt, ist es in einem Arbeitsgang schnell aufgetaut und gegart.

Garen und Umrühren

Gemüse mit Mikrowelle solo stets gut zugedeckt garen, um ein Austrocknen zu vermeiden. Ein Umrühren während der Zubereitung ist sinnvoll und hilft, die Wärme gleichmäßig zu verteilen.

1 Brokkoli mit den Röschen nach außen ins Geschirr geben,
2 Kochflüssigkeit zugießen
3 Tiefgefrorenes Gemüse zum Auftauen aus der Packung direkt ins Geschirr geben

Anordnung im Geschirr

Bei ungleichmäßig geformten Gemüsesorten, zum Beispiel Brokkoli, garen die dünneren Teile schneller als die dickeren. Ordnen Sie daher im Geschirr die Röschen nach außen und die Stengel nach innen an.

Salzen

Geben Sie Salz stets in die Kochflüssigkeit (Wasser oder Brühe) und nicht auf das Gemüse, sonst entstehen schnell angetrocknete Partien.

Garzeit

Lassen Sie alle Gemüsegerichte, ob mit Mikrowelle solo oder in der Kombination zubereitet, nicht zu weich garen. Gemüse schmeckt einfach besser, wenn es noch »knackig« ist. Ein kurzes Stehenlassen vor dem Servieren ist sinnvoll zur gleichmäßigen Wärmeverteilung.

Gefüllte Gemüse

In der Kombination erhalten gefüllte Gemüse, zum Beispiel Paprikaschoten oder Zwiebeln, ein besonderes Aroma.

Anstechen

Ganzes Gemüse, zum Beispiel Tomaten oder Auberginen, stechen Sie vor der Zubereitung an, damit die Schale nicht platzt.

Rosenkohl in heller Sauce

Gelingt leicht

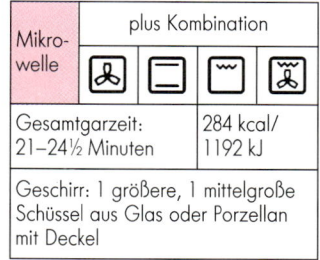

Mikro-welle	plus Kombination			

Gesamtgarzeit: 21–24½ Minuten	284 kcal/ 1192 kJ

Geschirr: 1 größere, 1 mittelgroße Schüssel aus Glas oder Porzellan mit Deckel

600 g Rosenkohl (frisch oder tiefgefroren)
125 ml Brühe

Sauce
40 g Butter
30 g Speisestärke
¼ l lauwarmes Wasser
1 gehäufter TL gekörnte Brühe
125 ml Milch
1 EL Crème fraîche
Salz, weißer Pfeffer aus der Mühle
frisch geriebene Muskatnuß

Frischen Rosenkohl waschen und putzen (tiefgefrorenes Gemüse aus der Packung nehmen). In die größere Schüssel geben und die Brühe hinzufügen. Mit Mikrowelle solo hohe Stufe 14–16 Minuten garen, dabei einmal umrühren. Die Butter in die mittelgroße Schüssel geben und offen 2–2½ Minuten mit Mikrowelle solo hohe Stufe schmelzen. Speisestärke darüberstreuen, Wasser angießen und mit einem Schneebesen alles kräftig verrühren. Gekörnte Brühe, Milch, Crème fraîche und Gewürze hinzufügen und erneut gut verrühren. Zugedeckt 5–6 Minuten aufkochen lassen, dabei zweimal kräftig umrühren. Den Rosenkohl abgießen, die Sauce darübergießen, unterrühren und sofort servieren.

DAS BESONDERE REZEPT

Kohlrouladen in Tomatensauce
Preiswert

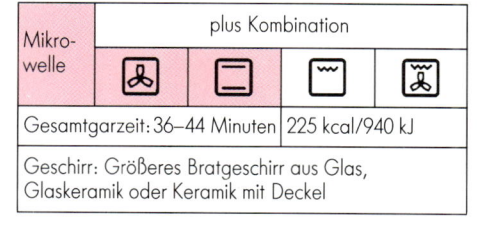

Mikro-welle	plus Kombination			

Gesamtgarzeit: 36–44 Minuten	225 kcal/940 kJ

Geschirr: Größeres Bratgeschirr aus Glas, Glaskeramik oder Keramik mit Deckel

1 großer Kopf Weißkohl

Füllung
500 g gemischtes Hackfleisch, 1 Ei
1 Zwiebel, 50 g Semmelbrösel
Salz, weißer Pfeffer aus der Mühle
Paprikapulver

Tomatensauce
2 größere Tomaten, 1 TL Tomatenmark
2 EL Crème fraîche, Thymian, Origano
½ l Fleischbrühe

2 EL Crème fraîche, 1 EL Speisestärke

Den Weißkohl putzen, die Blätter nacheinander lösen, waschen und tropfnaß in das Geschirr geben. Mit Mikrowelle solo höchste Stufe 4–6 Minuten zugedeckt blanchieren. Sofort in eiskaltes Wasser eintauchen und gut abtropfen lassen.

Hackfleisch mit Ei, geschälter und feingehackter Zwiebel, Semmelbröseln und Gewürzen gut verkneten. Dazu am einfachsten das elektrische Handrührgerät mit Knetern einsetzen. Den Fleischteig gleichmäßig auf die Kohlblätter verteilen, fest zusammenrollen und mit Küchengarn binden. Die Rollen nebeneinander in das Gefäß legen.
Die Tomaten mit heißem Wasser überbrühen, abziehen und würfeln. Mit Tomatenmark, Crème fraîche und Gewürzen mischen. Die Fleischbrühe dazugeben und alles gut verrühren. Über die Rouladen in das Gefäß gießen und den Deckel auflegen.
➤ Mit Mikrowelle mittlere Stufe plus Heißluft 170–190 °C bzw. Ober- und Unterhitze 180–200 °C in 30–35 Minuten zubereiten.
Die Kohlrouladen auf einer Platte anrichten, das Küchengarn entfernen. Crème fraîche und Speisestärke glattrühren, zur Sauce geben und mit Mikrowelle solo hohe Stufe 2–3 Minuten zugedeckt zum Binden aufkochen lassen, dabei ein- bis zweimal kräftig umrühren, abschmecken und separat zu den Rouladen servieren.
Beilage: Salzkartoffeln oder Butterreis.

DAS BESONDERE REZEPT

Schinkenkartoffeln
Pfiffig

Mikro-welle	plus Kombination			
	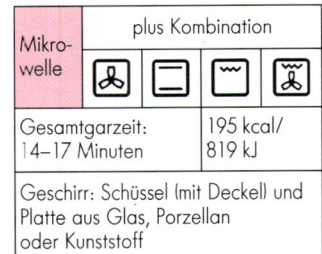			
Gesamtgarzeit: 14–17 Minuten	195 kcal/ 819 kJ			
Geschirr: Schüssel (mit Deckel) und Platte aus Glas, Porzellan oder Kunststoff				

4 große Kartoffeln, 30 g Butter
100 g gekochter Schinken, 4 EL süße Sahne
4 EL geriebener Gouda
3 EL gehackter Schnittlauch
Salz, weißer Pfeffer aus der Mühle
1 Messerspitze Cayennepfeffer
Paprikapulver

Die Kartoffeln gründlich waschen und abbürsten. In die Schüssel geben und ca. 100 ml Wasser hinzufügen. Mit Mikrowelle solo hohe Stufe 12–14 Minuten zugedeckt garen, dabei einmal wenden.

Die Kartoffeln kurz kalt abspülen, einen Deckel abschneiden und das Innere so mit einem Löffel vorsichtig herauslösen, daß ein Rand von ca. 1 cm bleibt. Das Kartoffelfleisch mit Butter, feingewürfeltem Schinken, Sahne, Käse, Schnittlauch und Gewürzen sehr gut verrühren. Wieder in die Kartoffeln füllen, auf eine Platte geben und nochmals 2–3 Minuten mit Mikrowelle solo hohe Stufe erhitzen. Sofort servieren.

Raffinierter Gemüsepudding
Hübsch für Gäste

Mikro-welle	plus Kombination			
	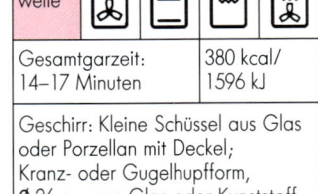			
Gesamtgarzeit: 14–17 Minuten	380 kcal/ 1596 kJ			
Geschirr: Kleine Schüssel aus Glas oder Porzellan mit Deckel; Kranz- oder Gugelhupfform, Ø 26 cm, aus Glas oder Kunststoff; Klarsichtfolie				

100 g Möhren
100 g Erbsen
100 g Brokkoliröschen
100 g gekochter Schinken
Butter und 2 EL Semmel-
brösel für die Form
150 ml süße Sahne
3 EL trockener Weißwein
3 Eier
2 EL gehackte Petersilie
Salz, weißer Pfeffer
aus der Mühle
frisch geriebene Muskatnuß

Die Möhren schälen, waschen und in kleine Würfel schneiden. Erbsen und Brokkoliröschen kalt abspülen und gut abtropfen lassen, die Brokkoliröschen halbieren oder vierteln. Die Gemüsezutaten in die Schüssel geben, 2–3 Eßlöffel Wasser hinzufügen und mit Mikrowelle solo hohe Stufe 4–5 Minuten andünsten.

Den Schinken fein würfeln und unter das abgegossene Gemüse mischen.

Die Kranz- oder Gugelhupfform einfetten und mit Semmelbröseln ausstreuen. Sahne mit Weißwein, Eiern, Petersilie und Gewürzen gut verrühren. Dazu am einfachsten das elektrische Handrührgerät mit Schlägern einsetzen. Die Gemüse-Schinken-Mischung hinzufügen, umrühren und sofort in die vorbereitete Form füllen. Mit Klarsichtfolie abdecken und mit Mikrowelle solo hohe Stufe in 10–12 Minuten garen.

Weitere 5 Minuten in der Form ruhen lassen. Auf eine Platte stürzen und, in Scheiben geschnitten, heiß servieren.

HINWEIS

Der Gemüsepudding paßt als Beilage zu allen Fleisch- und Geflügelgerichten, die mit einer Sauce serviert werden. Mit einem frischen Salat kann er auch als selbständiges Gericht gereicht werden.

Spinat mit Joghurtsauce
Foto
Spezialität aus der Türkei

Mikro-welle	plus Kombination			
	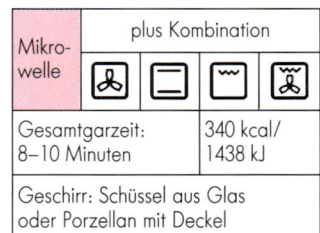			
Gesamtgarzeit: 8–10 Minuten	340 kcal/ 1438 kJ			
Geschirr: Schüssel aus Glas oder Porzellan mit Deckel				

Für 2 Personen
300 g Spinat (frisch
oder tiefgefroren)
3–4 EL Fleischbrühe
2 EL Butter
frisch geriebene Muskatnuß
2 Knoblauchzehen
1 Zwiebel
2 EL Olivenöl
Salz, weißer Pfeffer
Paprikapulver
1 Becher Joghurt

Frischen Spinat verlesen, gründlich waschen und auf ein Sieb geben (tiefgefrorenen Spinat aus der Packung nehmen). Den Spinat in die Schüssel geben, Brühe, Butter und Muskat dazugeben. Mit Mikrowelle solo hohe Stufe zugedeckt 8–10 Minuten garen. Inzwischen Knoblauch und Zwiebel schälen und sehr fein hakken. Mit Öl, Gewürzen und Joghurt verrühren. Den Spinat umrühren und auf vorgewärmten Tellern anrichten. Die Joghurtsauce dazugeben und sofort servieren.

DAS BESONDERE REZEPT

Prinzeßbohnen im Schinkenmantel
Besonders einfach

Mikro-welle	plus Kombination			
	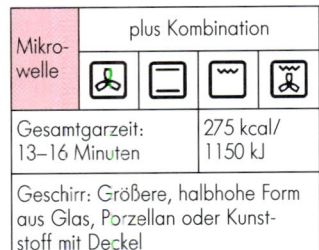			
Gesamtgarzeit: 13–16 Minuten	275 kcal/ 1150 kJ			
Geschirr: Größere, halbhohe Form aus Glas, Porzellan oder Kunst- stoff mit Deckel				

600 g Prinzeßbohnen
2 kleine Zwiebeln
2 EL Butter
8–10 feine Scheiben geräucherter Schinken
100 ml Fleischbrühe
2–3 kleine Knoblauchzehen nach Belieben
30 g Butter
1–2 EL gehackte Petersilie

Die Bohnen waschen, putzen und, falls erforderlich, Fäden abziehen. Die Zwiebeln schälen und fein hak- ken. Mit der Butter in das Gefäß geben und mit Mikro- welle solo hohe Stufe in 1–2 Minuten offen glasig dünsten. Die Schinkenscheiben auf der Arbeitsfläche auslegen und je ein Bündel Bohnen darin einwickeln. Auf die Zwiebeln in die Form legen. Fleischbrühe an- gießen und nach Belieben Knoblauch hinzufügen. Butterflöckchen aufsetzen. Mit Mikrowelle solo hohe Stufe in 12–14 Minuten zugedeckt garen.
Mit gehackter Petersilie bestreut servieren.

Bohnentopf
Gelingt leicht

Mikro-welle	plus Kombination			
	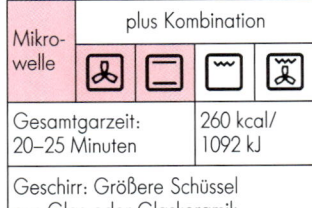			
Gesamtgarzeit: 20–25 Minuten	260 kcal/ 1092 kJ			
Geschirr: Größere Schüssel aus Glas oder Glaskeramik mit Deckel				

600 g frische grüne Bohnen
1 Gemüsezwiebel
2 Tomaten
1 Knoblauchzehe
125 ml Brühe
Salz, weißer Pfeffer
aus der Mühle
Bohnenkraut
80 g durchwachsener,
magerer Speck

Die Stielenden der Bohnen entfernen, Bohnen kalt ab- spülen, abtropfen lassen und in kleinere Stücke schneiden. Die Gemüse- zwiebel schälen und wür- feln. Die Tomaten heiß überbrühen, häuten und achteln. Knoblauch schälen und durchpressen. Die Bohnen mit allen Gemüse- zutaten mischen und in die Schüssel füllen. Brühe und Gewürze dazugeben, gut unterrühren. Den Speck würfeln und den Bohnen- topf damit abdecken. Dek- kel auflegen.
➥ Mit Mikrowelle mittlere Stufe plus Heißluft 150–170 °C bzw. Ober- und Unterhitze 180–200 °C in 20–25 Minuten zubereiten. Vor dem Servieren einmal umrühren.

Zucchinigemüse mit Kalbfleischbällchen
Pfiffig

Mikro-welle	plus Kombination			
	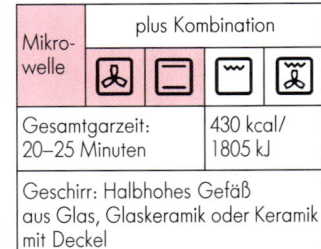			
Gesamtgarzeit: 20–25 Minuten	430 kcal/ 1805 kJ			
Geschirr: Halbhohes Gefäß aus Glas, Glaskeramik oder Keramik mit Deckel				

2 größere Zucchini
2 feste Tomaten
2 Zwiebeln
125 ml Fleischbrühe
Salz, weißer Pfeffer
aus der Mühle
Thymian, Origano

Kalbfleischbällchen
250 g Hackfleisch vom Kalb
1 Ei
50 g Semmelbrösel
3 EL süße Sahne
1 Messerspitze Cayenne-
pfeffer

3 EL gehackte Petersilie

Die Zucchini waschen und in dickere Scheiben schnei- den. Tomaten heiß überbrü- hen, häuten und achteln. Zwiebeln schälen und grob würfeln. Die Gemüsezuta- ten mit der Brühe und den Gewürzen in das Gefäß ge- ben.
Das Hackfleisch mit Ei, Semmelbröseln, Sahne, Salz, Pfeffer und Cayenne- peffer verkneten. Dazu am einfachsten das elektrische Handrührgerät mit Knetern einsetzen. Mit feuchten Händen aus dem Fleisch- teig kleine Fleischbällchen formen. Auf das Zucchini- gemüse setzen und den Deckel auflegen.
➥ Mit Mikrowelle mittlere Stufe plus Heißluft 150–170 °C bzw. Ober- und Unterhitze 180–200 °C in 20–25 Minuten zubereiten. Umrühren und, mit gehack- ter Petersilie bestreut, ser- vieren.
Beilage: Bouillonkartoffeln.

Fenchel à la Mornay

Besonders schnell
mit Grill

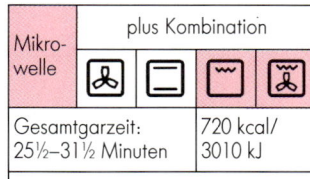

Mikro-welle	plus Kombination			
	⊞	⬚	▭	⊞
Gesamtgarzeit: 25½–31½ Minuten			720 kcal/ 3010 kJ	

Geschirr: 1 große und 1 kleine Schüssel aus Glas oder Porzellan; Auflaufform aus Glas, Keramik oder Glaskeramik

---

4 Fenchelknollen
6 EL trockener Weißwein
125 ml Wasser
½ TL Salz

Sauce

4 EL Butter
1–2 EL Mehl
knapp ½ l Brühe
6 EL Dosenmilch
125 g geriebener Emmentaler
1 Eigelb
Salz, weißer Pfeffer aus der Mühle
frisch geriebene Muskatnuß
1 Prise Zucker

Butter oder Margarine für die Form
200 g gekochter Schinken
30 g Butter

Von den Fenchelknollen die grünen Stengel abschneiden. Die Knollen säubern, in Scheiben schneiden und zusammen mit dem Wein, Wasser und Salz in eine größere Schüssel geben. Mit Mikrowelle solo hohe Stufe 10–12 Minuten zugedeckt vorgaren. Für die Sauce die Butter in einer kleineren Schüssel ½ Minute mit Mikrowelle solo zerlassen. Das Mehl einrühren, Brühe und Dosenmilch zufügen. Abgedeckt 3–5 Minuten erhitzen. Geriebenen Käse und Eigelb unterziehen. Mit Salz, Pfeffer, Muskat und Zucker abschmecken. Die Auflaufform ausfetten. Mit den abgetropften Fenchelscheiben auslegen.

Kleingeschnittenen Schinken darüberstreuen. Mit der Sauce übergießen und Butterflöckchen aufsetzen.

➤ Mit Mikrowelle niedrige Stufe plus Grill bzw. Umluftgrill 200–220 °C in 12–14 Minuten zubereiten.
Beilage: Bratkartoffeln oder Weißbrot.

Gefüllte Mangoldrollen

Leichte Kost

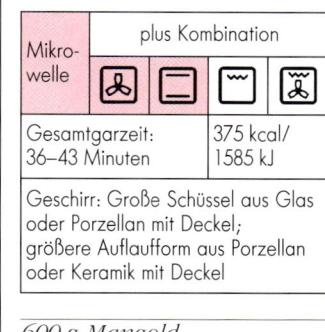

Mikro-welle	plus Kombination			
	⊞	▢	▭	⊞
Gesamtgarzeit: 36–43 Minuten			375 kcal/ 1585 kJ	

Geschirr: Große Schüssel aus Glas oder Porzellan mit Deckel; größere Auflaufform aus Porzellan oder Keramik mit Deckel

---

600 g Mangold
Salz

Füllung

250 g gemischtes Hackfleisch
50 g Semmelbrösel
1 kleine Zwiebel
1 Ei
1 EL gehackte Petersilie
Salz, weißer Pfeffer aus der Mühle
frisch geriebene Muskatnuß

¼ l Brühe
2 EL Speisestärke
150 g saure Sahne

Die Mangoldblätter verlesen, waschen und von den Stielenden befreien. In die Schüssel geben, ca. ¼ l Salzwasser hinzufügen und mit Mikrowelle solo hohe Stufe zugedeckt 4–5 Minuten blanchieren. Sofort in eiskaltes Wasser eintauchen und gut abtropfen lassen. Für die Füllung Hackfleisch, Semmelbrösel, geschälte und feingehackte Zwiebel, Ei, Petersilie und Gewürze gut vermischen. Dazu am einfachsten das elektrische Handrührgerät

mit Knetern einsetzen. Den Fleischteig zu einer Rolle formen und in gleichgroße Stücke teilen.
Jeweils mehrere Mangoldblätter übereinanderlegen, eine Portion Hackfleisch daraufgeben und die Blätter fest zusammenrollen. Die Rollen eng nebeneinander in die Auflaufform legen und mit Brühe übergießen.
➤ Mit Mikrowelle mittlere Stufe plus Heißluft 160–180 °C bzw. Ober- und Unterhitze 170–190 °C in 30–35 Minuten zubereiten.
Die Mangoldrollen auf einer Platte anrichten. Speisestärke mit saurer Sahne glattrühren, zum Gemüsefond geben und mit Mikrowelle solo hohe Stufe 2–3 Minuten zugedeckt zum Binden aufkochen lassen. Dabei ein- bis zweimal kräftig umrühren und abschmecken. Etwas Sauce über die Mangoldrollen geben, den Rest separat dazu servieren.

Überbackene Honigmöhren

Vollwertig

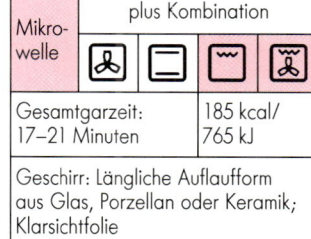

Mikro-welle	plus Kombination			
	⊞	⬚	▭	⊞
Gesamtgarzeit: 17–21 Minuten			185 kcal/ 765 kJ	

Geschirr: Längliche Auflaufform aus Glas, Porzellan oder Keramik; Klarsichtfolie

---

750 g junge Möhren
3–4 EL Honig
1 EL gemischte Kräuter
20 g Butter
Salz, weißer Pfeffer aus der Mühle
5 EL süße Sahne
80 g geriebener Gouda

Die Möhren putzen, waschen, in ca. 6–7 cm lange Stücke schneiden und halbieren. In die Form geben,

mit Honig beträufeln und mit Kräutern bestreuen. Butterflöckchen aufsetzen und kräftig würzen. Mit Klarsichtfolie abdecken und mit Mikrowelle solo hohe Stufe 5–7 Minuten andünsten.
Die Klarsichtfolie abnehmen. Die Sahne zu den Möhren geben und geriebenen Käse darüberstreuen.
➤ Mit Mikrowelle hohe Stufe plus Grill bzw. Umluftgrill 210–230 °C in 12–14 Minuten zubereiten.

Wirsinggemüse

Preiswert

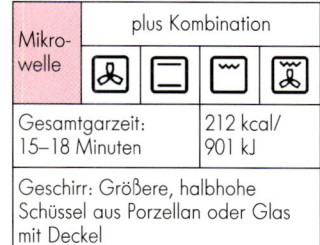

Mikro-welle	plus Kombination			
	⊞	⬚	▭	⊞
Gesamtgarzeit: 15–18 Minuten			212 kcal/ 901 kJ	

Geschirr: Größere, halbhohe Schüssel aus Porzellan oder Glas mit Deckel

---

80–100 g magerer, durchwachsener Speck
1 kleine Zwiebel
1 Knoblauchzehe
2 EL Butter
600 g Wirsing
Salz, weißer Pfeffer aus der Mühle
frisch geriebene Muskatnuß
50 ml süße Sahne
3–4 EL Fleischbrühe

Den Speck fein würfeln. Zwiebel und Knoblauch schälen und fein hacken. Mit dem Speck und der Butter in die Schüssel geben. Mit Mikrowelle hohe Stufe offen 3–4 Minuten andünsten, dabei ein- bis zweimal umrühren. Wirsing waschen, achteln, in Würfel oder Streifen schneiden und zur Speck-Zwiebel-Mischung geben. Kräftig würzen, Sahne und Brühe hinzufügen. Gut verrühren. Mit Mikrowelle solo hohe Stufe zugedeckt 12–14 Minuten garen.

Gemüse- gulasch

Gut zum Einfrieren

Mikro- welle	plus Kombination			
	⌘	▢	⌐	⌘
Gesamtgarzeit: 50–55 Minuten		720 kcal/ 3024 kJ		

Geschirr: Größeres Bratgeschirr mit Deckel aus Glas, Keramik oder Glaskeramik

2 große Zwiebeln
1 Knoblauchzehe
2 rote Paprikaschoten
2 grüne Paprikaschoten
2 Möhren
600 g Schweinenacken
Paprika, Thymian, Origano
Salz, weißer Pfeffer
aus der Mühle
3 EL Tomatenmark
100 ml trockener Rotwein
50 ml Fleischbrühe
2 TL Speisestärke
100 ml süße Sahne

Zwiebeln und Knoblauch-zehe schälen und würfeln. Paprikaschoten waschen, halbieren, von den Kernen und Rippen befreien und würfeln. Möhren putzen und in Scheiben schneiden. Alle Gemüsezutaten in das Bratgeschirr geben und gut vermischen. Das Fleisch kurz kalt abspülen, mit Kü-chenpapier trockentupfen, würfeln und kräftig wür-zen. Auf das Gemüse legen. Tomatenmark, Rotwein und Brühe verrühren. Über das Fleisch in die Form gießen und den Deckel aufsetzen.
➥ Mit Mikrowelle niedrige Stufe plus Heißluft 190–210 °C bzw. Umluft-grill 170–190 °C in 45–50 Minuten zubereiten.
Speisestärke und Sahne verrühren, zum Gemüsegu-lasch geben und gut unter-mischen. Zum Binden wei-tere 5 Minuten bei gleicher Einstellung im Gerät belas-sen.
Beilage: Polenta oder Nudeln.

Champignons in Schinkensauce

Gelingt schnell

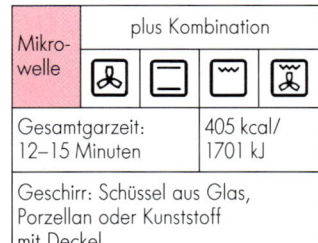

Mikro- welle	plus Kombination			
	⌘	▢	⌐	⌘
Gesamtgarzeit: 12–15 Minuten		405 kcal/ 1701 kJ		

Geschirr: Schüssel aus Glas, Porzellan oder Kunststoff mit Deckel

800 g frische Champignons
3 TL Zitronensaft
1 EL Butter
150 g gekochter Schinken
125 ml süße Sahne
4 EL trockener Weißwein
2 EL Speisestärke
2 EL frisch gehackte Peter-silie
Salz, weißer Pfeffer
aus der Mühle

Die Champignons waschen, putzen, große Köpfe hal-bieren und in die Schüssel geben. Mit Zitronensaft be-träufeln und Butterflöck-chen aufsetzen. Mit Mikro-welle solo hohe Stufe zuge-deckt 8–10 Minuten garen, dabei einmal umrühren. Abgießen.
Den Schinken fein würfeln und zu den Champignons geben. Sahne, Weißwein, Speisestärke, Petersilie und Gewürze gut verrühren. Zu den Champignons geben und 4–5 Minuten offen weitergaren, dabei zweimal gut umrühren.

Raffinierte Zucchinitarte

Spezialität aus der Türkei

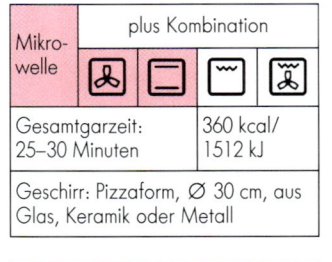

Mikro- welle	plus Kombination			
	⌘	▢	⌐	⌘
Gesamtgarzeit: 25–30 Minuten		360 kcal/ 1512 kJ		

Geschirr: Pizzaform, Ø 30 cm, aus Glas, Keramik oder Metall

750 g Zucchini
1 große Zwiebel
Salz
5 Eier
1 EL gehackte Petersilie
1 EL gehackter Dill
50 g weiche Butter
2 gehäufte EL Mehl
2 gehäufte EL Speisestärke
100 ml saure Sahne
½ TL Paprikapulver
weißer Pfeffer aus der Mühle
Butter für die Form
50 g geriebener Emmentaler
zum Bestreuen

Zucchini und Zwiebel schä-len und fein raspeln. Mit Salz bestreuen, umrühren und ca. 10–15 Minuten zie-hen lassen. Gut ausdrücken und die Flüssigkeit abgie-ßen. Alle weiteren Zutaten dazugeben und gut verrüh-ren. Die Pizzaform einfet-ten, die Gemüsemasse ein-füllen und mit geriebenem Käse bestreuen.
➥ Mit Mikrowelle niedrige Stufe plus Heißluft 180 °C bzw. Ober- und Unterhitze 200 °C in 25–30 Minuten goldbraun backen.

HINWEIS

Die Zucchinitarte wird lau-warm in Tortenstücke ge-schnitten und als raffinierte Gemüsebeilage serviert. Kalt ist sie eine pikante Vor-speise.

Champignons mit Spinatfüllung

Foto

Pfiffig

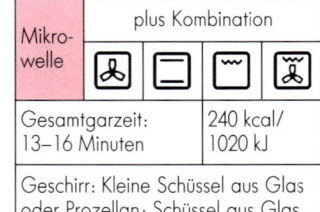

Mikro- welle	plus Kombination			
	⌘	▢	⌐	⌘
Gesamtgarzeit: 13–16 Minuten		240 kcal/ 1020 kJ		

Geschirr: Kleine Schüssel aus Glas oder Prozellan; Schüssel aus Glas, Kunststoff oder Porzellan mit Deckel

Für 2 Personen
6 große Champignons
1 TL Zitronensaft

Füllung
1 kleine Zwiebel
50 g gemischtes Hackfleisch
Salz, weißer Pfeffer
aus der Mühle
2 EL Butter
80 g frischer Spinat
2 EL Sojasprossen
1 EL Butter
frisch geriebene Muskatnuß

Die Champignons putzen, waschen und gut abtropfen lassen. Die Stiele vorsichtig von den Köpfen trennen. Die Köpfe mit Zitronensaft beträufeln und in die Schüssel setzen.
Die Zwiebel schälen und fein würfeln. Mit dem Hackfleisch in eine kleine Schüssel geben, würzen und die Butter hinzufügen. Mit Mikrowelle solo hohe Stufe offen 5–6 Minuten andünsten. Dabei mehr-mals umrühren. Die Mi-schung in die Champignon-köpfe geben. Spinat verle-sen, waschen und gut ab-tropfen lassen. Mit den So-jasprossen ebenfalls in die Champignons füllen. But-terflöckchen aufsetzen und Muskat darübergeben. Mit Mikrowelle solo hohe Stufe zugedeckt 8–10 Minuten garen.

DAS BESONDERE REZEPT

Brokkoli mit Mozzarellasauce
Gelingt leicht

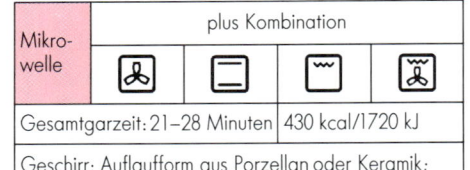

Mikro-welle	plus Kombination			
	🌀	▢	〰	〰
Gesamtgarzeit: 21–28 Minuten	430 kcal/1720 kJ			

Geschirr: Auflaufform aus Porzellan oder Keramik; Klarsichtfolie; kleine Schüssel aus Glas oder Porzellan mit Deckel

600 g Brokkoli (frisch oder tiefgefroren)
100 ml Fleischbrühe
200 g frische, kleine Champignons
100 g gewürfelter, magerer Speck

Sauce
2 Schalotten, 2 EL Butter
100 g Mozzarella, 80 ml süße Sahne
2 EL Speisestärke
Salz, weißer Pfeffer aus der Mühle
frisch geriebene Muskatnuß

Den frischen Brokkoli kalt abspülen und abtropfen lassen. Große Stauden halbieren oder vierteln (tiefgefrorenen

Brokkoli aus der Packung nehmen. Das Gemüse mit der Fleischbrühe in die Auflaufform geben und mit Klarsichtfolie abdecken. Mit Mikrowelle solo hohe Stufe 8–10 Minuten garen.

Inzwischen die Champignons waschen und putzen, dann zum Brokkoli geben. Weitere 4–6 Minuten mit dem Speck zugedeckt mitgaren.

Für die Sauce die Schalotten schälen und fein würfeln. Mit der Butter in die Schüssel geben und mit Mikrowelle solo hohe Stufe offen 2–3 Minuten glasig dünsten.

Den Mozzarella in Scheiben schneiden und dazugeben. Sahne und Speisestärke verrühren und nach und nach zufügen und kräftig würzen. Zuletzt die Brokkoli-Gemüsebrühe dazugießen. Kräftig umrühren und zugedeckt 5–6 Minuten unter zweimaligem Umrühren aufkochen lassen, bis die Sauce sehr schön cremig ist. Die Sauce über dem Brokkoli verteilen und mit Mikrowelle solo hohe Stufe 2–3 Minuten erhitzen.

Brokkoliflan
Hübsch für Gäste

Mikro-welle	plus Kombination			
	🌀	▢	〰	〰
Gesamtgarzeit: 30–34 Minuten	340 kcal/1428 kJ			

Geschirr: Größere Schüssel aus Glas, Porzellan oder Kunststoff; 8 Flan-Förmchen aus Porzellan; Klarsichtfolie

500 g Brokkoli (frisch oder tiefgefroren)
6–8 EL Wasser
125 ml Fleischbrühe
5 EL süße Sahne
2 Eiweiß
Salz, weißer Pfeffer aus der Mühle
etwas geriebene Muskatnuß
Butter für die Förmchen

Frischen Brokkoli kalt abspülen, große Stauden halbieren oder vierteln (tiefgefrorenen Brokkoli aus der Packung nehmen). Das Gemüse mit dem Wasser in die Schüssel geben. Mit Mikrowelle solo höchste Stufe zugedeckt 12–14 Minuten garen. Gut abtropfen lassen, von Hand das restliche Wasser kräftig ausdrücken und das Gemüse fein pürieren. Dazu am besten die elektrische Küchenmaschine einsetzen. Fleischbrühe, Sahne und Eiweiß unterrühren, abschmecken. Die Flan-Förmchen einfetten, die Masse einfüllen, glattstreichen und jedes Förmchen mit etwas Klarsichtfolie locker abdecken. Mit Mikrowelle solo niedrige Stufe in 18–20 Minuten fertiggaren.

Hinweis
Dieses Gericht paßt als Beilage zu jedem gegrillten Fleisch.

Ratatouille

Foto

Spezialität aus
Südfrankreich

Mikro-welle	plus Kombination		
	⊿	▢	⌇	⌇

Gesamtgarzeit: 29–35 Minuten	245 kcal/ 1029 kJ

Geschirr: Größere Schüssel aus
Glas, Glaskeramik oder Keramik

2 Auberginen, à 200 g
2 Zucchini, à 150 g
Salz, 2 EL Zitronensaft

400 g Tomaten
1 rote Paprikaschote
1 grüne Paprikaschote
1 gelbe Paprikaschote
3 mittelgroße Zwiebeln
4 EL Olivenöl
150 g frische Champignons
5 EL trockener Weißwein
weißer Pfeffer aus der Mühle
2 EL Kräuter der Provence
1 Prise Zucker
2 durchgepreßte
Knoblauchzehen
2 EL geriebener Emmentaler

Auberginen und Zucchini
waschen, die Stielenden abschneiden und in Scheiben
schneiden. Auf einem gro-
ßen Teller ausbreiten, salzen und mit Zitronensaft
beträufeln. 5 Minuten ziehen lassen. Inzwischen die
Tomaten heiß überbrühen,
häuten und vierteln.
Die Paprikaschoten wa-
schen, halbieren, von den
Kernen und Rippen befrei-
en und in feine Streifen
schneiden. Die Zwiebeln in
Scheiben schneiden und
mit dem Öl in die Schüssel
geben. Mit Mikrowelle solo
hohe Stufe offen 4–5 Minuten glasig dünsten.
Die Champignons wa-
schen, putzen und in Scheiben schneiden und zu den
Zwiebeln geben. Aubergi-
nen, Zucchini, Tomaten
und Paprika, Weißwein,
Salz und Gewürze zufügen.
Alles gut verrühren.
➤ Mit Mikrowelle mittlere
Stufe plus Heißluft
150–170 °C bzw. Ober- und
Unterhitze 190–210 °C in
25–30 Minuten zubereiten.
5 Minuten vor Ende der
Garzeit mit geriebenem Käse bestreuen.

Gemüsezwiebeln mit Buchweizenfüllung

Vollwertig

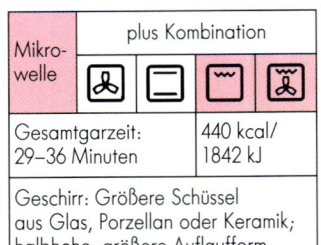

Mikrowelle	plus Kombination
Gesamtgarzeit: 29–36 Minuten	440 kcal/ 1842 kJ
Geschirr: Größere Schüssel aus Glas, Porzellan oder Keramik; halbhohe, größere Auflaufform aus Glas oder Glaskeramik	

4 große Gemüsezwiebeln
400 ml Wasser
5–6 EL Weißwein
½ TL Salz
400 g Buchweizen, ganz
½ TL getrockneter Majoran
2 gestrichene TL Kräutersalz
½ TL Curry
200 g Lauch
4 kleine Eier
2 EL flüssige Butter
100 g geriebener Emmentaler
Butter für die Form

Die Zwiebel schälen. Einen Deckel abschneiden und so viel vom Inneren herauslösen, daß ca. 2–3 Schalen übrig bleiben. Mit der Schnittfläche nach unten in das Geschirr geben und die Hälfte des Wassers hinzufügen. Mit Mikrowelle solo auf der höchsten Stufe zugedeckt 6–8 Minuten vorgaren. Herausnehmen und auf einen Teller legen.
Das restliche Wasser, Wein und Salz zur Kochflüssigkeit geben. Den Buchweizen hinzufügen, umrühren und würzen. Mit Mikrowelle solo höchste Stufe in 3–4 Minuten zugedeckt aufkochen und anschließend auf der niedrigen Stufe 8–10 Minuten ausquellen lassen.
Lauch putzen, waschen und in feine Streifen schneiden. Die Eier mit dem elektrischen Handrührgerät mit Schlägern schaumig rühren. Lauch, Eier, flüssige Butter und die Hälfte des Käses zur Buchweizenmasse geben. Gut verrühren. In die Zwiebeln füllen. Die Auflaufform einfetten, die Zwiebeln eng nebeneinander hineinsetzen und mit dem restlichen Käse bestreuen.
➽ Mit Mikrowelle mittlere Stufe plus Grill bzw. Umluftgrill 210–230 °C in 12–14 Minuten zubereiten.

Kohlrabigemüse

Gelingt leicht

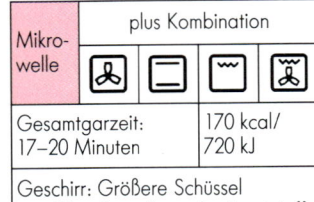

Mikrowelle	plus Kombination
Gesamtgarzeit: 17–20 Minuten	170 kcal/ 720 kJ
Geschirr: Größere Schüssel aus Glas, Porzellan oder Kunststoff mit Deckel	

600 g Kohlrabi
125 ml Fleischbrühe
¼ l Milch
30 g Butter
2 EL Speisestärke
4 EL süße Sahne
Salz, weißer Pfeffer aus der Mühle
frisch geriebene Muskatnuß

Kohlrabi schälen und in Stifte schneiden.
Mit der Fleischbrühe in die Schüssel geben und mit Mikrowelle solo hohe Stufe 12–14 Minuten garen.
Die Kohlrabistifte in ein Sieb schütten, abtropfen lassen, die Gemüsebrühe auffangen und wieder in die Schüssel geben. Mit Milch auffüllen und Butter hinzugeben. Speisestärke und Sahne glattrühren, zur Flüssigkeit geben, untermischen und würzen. 3–4 Minuten offen mit Mikrowelle solo hohe Stufe aufkochen lassen, dabei zweimal gut umrühren. Die Kohlrabistifte hinzufügen und weitere 2 Minuten erhitzen.

Auberginen mit Gemüsefüllung

Spezialität aus Griechenland

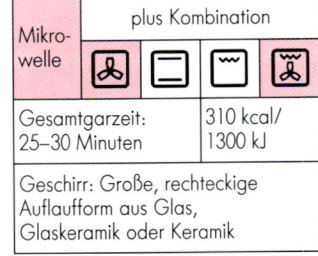

Mikrowelle	plus Kombination
Gesamtgarzeit: 25–30 Minuten	310 kcal/ 1300 kJ
Geschirr: Große, rechteckige Auflaufform aus Glas, Glaskeramik oder Keramik	

4 Auberginen à ca. 300 g
Salz
2–3 EL Zitronensaft
500 g Zucchini
200 g rote Paprikaschoten
300 g grüne Paprikaschoten
4 reife Tomaten
1 Gemüsezwiebel
1 größere Knoblauchzehe
2–3 EL Olivenöl
weißer Pfeffer aus der Mühle
Thymian, Origano
5–6 EL trockener Rotwein
3 kleine, gekochte Kartoffeln
Butter für die Form
2 EL gehackte Petersilie

Die Auberginen waschen, Stengelansätze abschneiden, der Länge nach halbieren und das Fruchtfleisch mit einem Löffel herauslösen. Dabei einen ca. 1 cm breiten Rand belassen.
Fruchtfleisch und Hälften salzen und mit Zitronensaft beträufeln. Zucchini waschen, putzen und in Scheiben schneiden. Paprikaschoten waschen und halbieren, Stengel, Kerne und Rippen entfernen, in feine Streifen schneiden. Tomaten waschen, mit heißem Wasser überbrühen, häuten und würfeln. Zwiebel und Knoblauch schälen und würfeln. Das Fruchtfleisch der Auberginen mit allen anderen Gemüsezutaten gut mischen. 1 Eßlöffel Öl, Gewürze, Rotwein und kleingeschnittene Kartoffeln dazugeben. Die Auberginenhälften in die gefettete Auflaufform setzen, mit der Gemüsemischung füllen und mit dem restlichen Öl beträufeln.
➽ Mit Mikrowelle mittlere Stufe plus Heißluft 190–210 °C bzw. Umluftgrill 160–180 °C in 25–30 Minuten zubereiten.
Mit Petersilie bestreut servieren.

Ananaskraut

Besonders einfach

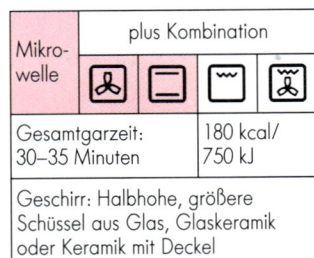

Mikrowelle	plus Kombination
Gesamtgarzeit: 30–35 Minuten	180 kcal/ 750 kJ
Geschirr: Halbhohe, größere Schüssel aus Glas, Glaskeramik oder Keramik mit Deckel	

750 g Sauerkraut
1 Gemüsezwiebel
3–4 Wacholderbeeren
4 Pfefferkörner
¼ TL gemahlener Kümmel
1 Lorbeerblatt
Salz, weißer Pfeffer aus der Mühle
1 Prise Zucker
250 g abgetropfte Ananasstücke aus der Dose
¼ l Apfelwein
125 ml Ananassaft

Das Sauerkraut in die Schüssel geben und mit einer Gabel etwas auflockern. Die Gemüsezwiebel schälen und fein würfeln. Mit allen Gewürzen und den abgetropften Ananasstücken zum Sauerkraut geben. Gut umrühren. Apfelwein und Ananassaft mischen und über das Kraut gießen.
➽ Mit Mikrowelle mittlere Stufe plus Heißluft 140–160 °C bzw. Ober- und Unterhitze 160–180 °C in 30–35 Minuten geschlossen zubereiten.

Gratins und pikante Aufläufe

Knusprige Bräunung durch die Backofenhitze
und schnelles Garwerden mit
zugeschalteter Mikrowelle – so gelingen
Aufläufe und Gratins in phantastisch
kurzen Zeiten.

Ob Auflauf oder Gratin – die besonderen Vorteile Ihres Kombinationsgerätes werden Sie vor allem bei der Zubereitung dieser Gerichte entdecken. Von dem schnellen, schonenden Garen der Mikrowelle in gleichzeitiger Verbindung mit dem Überbacken oder Gratinieren, zum Beispiel unter dem Grill, werden Sie sicher begeistert sein. Haben Sie bisher 1 Stunde und mehr warten müssen, bis ein schmackhafter Auflauf fertig war, gelingt er Ihnen in der Kombination in der Hälfte der Zeit oder noch kürzer, zudem ist das Ergebnis vielfach besser, denn Gemüsezutaten behalten ihr frisches Aussehen, Kartoffeln verkochen nicht und Fisch schmeckt intensiver. Gratins und pikante Aufläufe servieren Sie als vollwertiges Hauptgericht mit einem frischen Salat oder als Beilage zu gebratenem Fleisch oder Geflügel.

Die Kombination der Zutaten kennt keine Grenzen. Wichtig ist immer, daß die Menge stimmt.

Soufflées und Aufläufe mit viel Schaummasse gehen mit zugeschalteter Mikrowelle zu schnell auf. Diese Gerichte bereiten Sie daher besser konventionell zu.

1 Eine flache, breite Form ausfetten,
2 Zutaten einschichten
3 Aufgestreuter Käse bringt eine krosse Kruste
4 Sahne gibt dem Gratin einen typischen Geschmack

Praktische Hinweise

Geschirr

Verwenden Sie stets ein hitzebeständiges und gleichzeitig mikrowellengeeignetes Gefäß aus Glas, Porzellan oder Keramik.

Bevorzugen Sie flache bzw. halbhohe breite und glattwandige Geschirre. Auch runde Formen sind gut geeignet. Enge, hohe Gefäße sind weniger empfehlenswert, da die Mikrowelle oftmals die Mitte nicht erreicht und der Auflauf dann nicht ausreichend gar wird.

Nur offen garen

Alle Aufläufe und Gratins werden in der Kombination offen zubereitet, damit eine gute Bräunung entsteht.

Zutaten zerteilen

Zerteilen oder schneiden Sie alle Zutaten in gleich große Stücke.

Kruste

Eine krosse Kruste entsteht durch Bestreuen mit reichlich geriebenem Käse, Aufsetzen von Butterflöckchen oder Überziehen mit einer pikanten Sauce.

Temperatur

Stellen Sie die Temperatur nicht höher als angegeben ein, da die Oberfläche dann zwar braun, das Gratin bzw. der Auflauf jedoch nicht gar ist.

Nachgaren

Lassen Sie die Gerichte vor dem Servieren noch bis zu 5 Minuten nachgaren.

Champignonauflauf
Sie sparen 50% Zeit

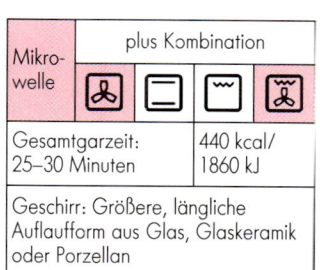

Mikro-welle	plus Kombination			
	⬛	⬛	⬛	⬛

Gesamtgarzeit: 25–30 Minuten	440 kcal/ 1860 kJ

Geschirr: Größere, längliche Auflaufform aus Glas, Glaskeramik oder Porzellan

500 g frische Champignons
400 g Kartoffeln
200 g Salami
200 g Gouda
Butter für die Form
Salz, weißer Pfeffer
aus der Mühle
30 g Butter
2 EL Sesamsamen
4 Eier
100 ml süße Sahne
3 Tropfen Tabasco
1 Messerspitze Cayenne-pfeffer
¼ Bund Schnittlauch

Champignons waschen und putzen, Kartoffeln schälen und waschen. Beides in sehr dünne Scheiben schneiden. Die Salami in Streifen, den Käse in Würfel schneiden. Die Auflauf-form ausfetten. Die vorbe-reiteten Zutaten abwech-selnd hineinschichten und mit Salz und Pfeffer wür-zen. Butterflöckchen auf-setzen und Sesamsamen darüberstreuen. Eier, Sah-ne, Tabasco und Cayenne-pfeffer verquirlen, dazu am einfachsten das elektrische Handrührgerät mit Schlä-gern einsetzen. Über die Zutaten in die Form gie-ßen.
➥ Mit Mikrowelle mittlere Stufe plus Heißluft 180–200 °C bzw.Umluftgrill 160–180 °C in 25–30 Minu-ten zubereiten.
Mit gehacktem Schnittlauch bestreut servieren.

DAS BESONDERE REZEPT

Zucchini-Kartoffel-Gratin
Sie sparen 50% Zeit

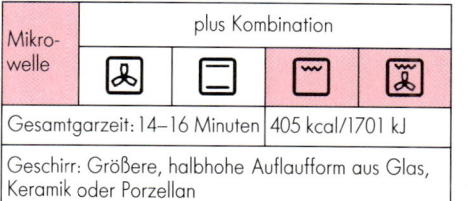

Mikro-welle	plus Kombination			
	⬛	⬛	⬛	⬛

Gesamtgarzeit: 14–16 Minuten	405 kcal/1701 kJ

Geschirr: Größere, halbhohe Auflaufform aus Glas, Keramik oder Porzellan

800 g Kartoffeln, 400 g Zucchini
Butter für die Form
Salz, weißer Pfeffer aus der Mühle
1 Knoblauchzehe, 40 g Butter
¼ l süße Sahne

Die Kartoffeln waschen, schälen und in dünne Scheiben schneiden. Zucchini waschen und ebenfalls in dünne Schei-ben schneiden. Die gefettete Auflauf-form abwechselnd mit Kartoffel- und Zucchinischeiben auslegen. Kräftig sal-zen und pfeffern. Die Knoblauchzehe fein hacken und darüberstreuen. Butter-flöckchen aufsetzen und die Sahne dar-übergießen.
➥ Mit Mikrowelle hohe Stufe plus Grill bzw. Umluftgrill 180–200 °C in 14–16 Minuten zubereiten.

Schnelles Fischgratin

Knusprige Bräunung ist wichtig

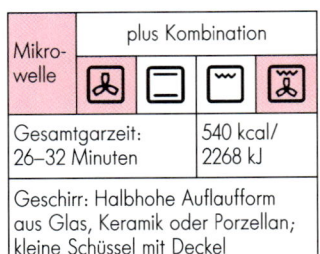

Mikro-welle	plus Kombination			
Gesamtgarzeit: 26–32 Minuten		540 kcal/ 2268 kJ		

Geschirr: Halbhohe Auflaufform aus Glas, Keramik oder Porzellan; kleine Schüssel mit Deckel

400 g Fischfilet (Rotbarsch oder Schellfisch)
Saft von ½ Zitrone, Salz
2 EL frisch gehackte Kräuter
1 größere Zucchini

Sauce

200 ml süße Sahne
125 ml Milch
2 gehäufte EL Speisestärke
6 EL kalte Milch
Salz, 1 Prise Zucker
1½ EL Tomatenmark
½ TL Dijon-Senf
100 g geriebener Emmentaler
30 g Butter

Das Fischfilet kalt abspülen, mit Küchenpapier trockentupfen und in die Mitte der Form geben. Mit Zitronensaft beträufeln, salzen und die frischen Kräuter darüberstreuen. Zucchini waschen, in dünne Scheiben schneiden, um den Fisch in die Form legen.
In der kleineren Schüssel Sahne und Milch mit Mikrowelle solo hohe Stufe in 6–7 Minuten erhitzen. Speisestärke mit kalter Milch glattrühren und zur heißen Sahnemilch geben. Salz, Zucker, Tomatenmark, Senf und geriebenen Käse hinzufügen. Gut verrühren und über den Fisch in die Form gießen. Zuletzt Butterflöckchen aufsetzen.
➥ Mit Mikrowelle hohe Stufe plus Heißluft 180–200 °C bzw. Umluftgrill 170–190 °C in 20–25 Minuten zubereiten.

Kartoffelauflauf mit Putenfleisch

Preiswert

Mikro-welle	plus Kombination			
Gesamtgarzeit: 25–30 Minuten		750 kcal/ 3140 kJ		

Geschirr: Größere, ovale oder rechteckige Auflaufform aus Glas oder Keramik

1 kg vorgekochte Kartoffeln
300 g Erbsen
2 Gemüsezwiebeln
150 g frische Champignons
400 g Putenbrust
Salz, weißer Pfeffer aus der Mühle, Curry
Butter für die Form
200 ml süße Sahne
125 ml saure Sahne
3 EL geriebener Parmesan
1 EL Butter

Die Kartoffeln schälen und in ½ cm dicke Scheiben schneiden. Die Erbsen kurz kalt abspülen und abtropfen lassen. Die Gemüsezwiebeln schälen und in Scheiben schneiden. Die Champignons putzen, waschen und fein würfeln. Die Putenbrust kalt abspülen, mit Küchenpapier trockentupfen und in Streifen schneiden, kräftig würzen.
Die Form ausfetten. Die Hälfte der vorbereiteten Gemüsezutaten einfüllen und mit Salz und Pfeffer würzen. Das Putenfleisch hinzufügen und so mit den restlichen Gemüsezutaten abdecken, daß obenauf die Kartoffelscheiben liegen. Süße und saure Sahne verrühren und über die Kartoffelscheiben gießen. Mit geriebenem Parmesan bestreuen und Butterflöckchen aufsetzen.
➥ Mit Mikrowelle mittlere Stufe plus Heißluft 150–170 °C bzw. Ober- und Unterhitze 190–210 °C in 25–30 Minuten zubereiten.

Kartoffeln in Sesambutter

Vollwertig

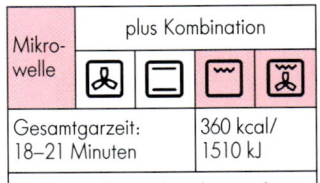

Mikro-welle	plus Kombination			
Gesamtgarzeit: 18–21 Minuten		360 kcal/ 1510 kJ		

Geschirr: Kleines, hitzebeständiges Gefäß aus Glas oder Porzellan; größere Auflaufform aus Glas, Glaskeramik oder hitzebeständigem Porzellan

50 g Sesamsamen
20 g Butter
1 TL Butter für die Form
1 Knoblauchzehe
600 g Kartoffeln
Salz, weißer Pfeffer aus der Mühle
4 Eier
1 TL Sojasauce
ca. 100 ml Milch

Sesam mit Butter in ein kleineres, hitzebeständiges Gefäß geben und 3–4 Minuten offen rösten. Zwischendurch zweimal umrühren.
Die Auflaufform ausfetten. Die Knoblauchzehe schälen und die Form damit einreiben. Die Kartoffeln schälen, gut waschen und in sehr dünne Scheiben schneiden (Gurkenhobel). Die Hälfte davon in die Form schichten, salzen und pfeffern. Die restlichen Kartoffelscheiben auflegen, erneut würzen. Die Sesambutter gleichmäßig darüber verteilen. Eier, Sojasauce und Milch verquirlen und über die Kartoffeln in die Form gießen.
➥ Mit Mikrowelle hohe Stufe plus Grill bzw. Umluftgrill 220 °C in 15–17 Minuten zubereiten.

Kartoffelauflauf mit Käsekruste   Foto

Gelingt leicht

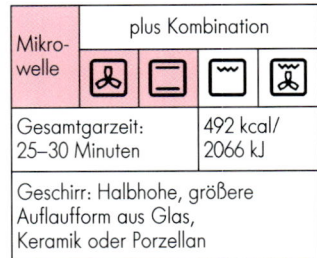

Mikro-welle	plus Kombination			
Gesamtgarzeit: 25–30 Minuten		492 kcal/ 2066 kJ		

Geschirr: Halbhohe, größere Auflaufform aus Glas, Keramik oder Porzellan

800 g Kartoffeln
2 größere Zwiebeln
Salz, weißer Pfeffer aus der Mühle
frisch geriebene Muskatnuß
2 Eigelb
¼ l süße Sahne
80 g Crème fraîche
2 Eiweiß
150 g geriebener Emmentaler
Butter für die Form
30 g Butter

Die Kartoffeln schälen, waschen und grob reiben. Erneut waschen, abtropfen lassen und mit den Händen gut ausdrücken. In eine hohe Schüssel geben. Die Zwiebeln schälen und grob würfeln. Zu den Kartoffeln geben und kräftig würzen. Eigelb, Crème fraîche und Sahne dazugeben. Alle Zutaten gut verrühren. Eiweiß steif schlagen, dazu am besten das elektrische Handrührgerät mit Schlägern einsetzen. Mit der Hälfte des Käses unter die Kartoffelmasse heben und sofort in die gefettete Form füllen. Butterflöckchen aufsetzen.
➥ Mit Mikrowelle hohe Stufe plus Heißluft 170–190 °C bzw. Ober- und Unterhitze 190–210 °C in 25–30 Minuten zubereiten.

DAS BESONDERE REZEPT

Kartoffel-Hackfleisch-Auflauf
Gut zu Wein und Bier

Mikro-welle	plus Kombination			
	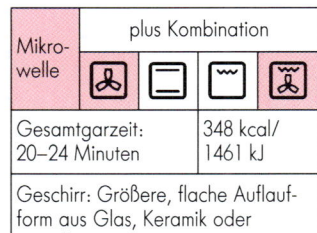			
Gesamtgarzeit: 25–30 Minuten	681 kcal/2784 kJ			
Geschirr: Größere Auflaufform aus Glas, Keramik oder Porzellan				

750 g Kartoffeln
3 größere, feste Tomaten
300 g gemischtes Hackfleisch
2 Zwiebeln
Salz, weißer Pfeffer aus der Mühle
Thymian, Rosmarin
Butter für die Form
¼ l Fleischbrühe
100 g geriebener Gouda

Die Kartoffeln schälen, waschen und in Scheiben schneiden. Die Tomaten heiß überbrühen, häuten und in Scheiben schneiden. Die Zwiebeln schälen, fein würfeln und mit dem Hackfleisch mischen, würzen.

Die Form ausfetten und mit der Hälfte der Kartoffelscheiben auslegen. Mit Salz und Pfeffer bestreuen. Tomatenscheiben auflegen und die Hackfleischmasse gleichmäßig darüber verteilen. Mit den restlichen Kartoffelscheiben abdecken. Brühe darübergießen und obenauf mit geriebenem Käse bestreuen.

➤ Mit Mikrowelle hohe Stufe plus Heißluft 170–190 °C bzw. Ober- und Unterhitze 190–210 °C in 25–30 Minuten zubereiten.

Gemüse-Apfel-Gratin
Vollwertig

Mikro-welle	plus Kombination			
	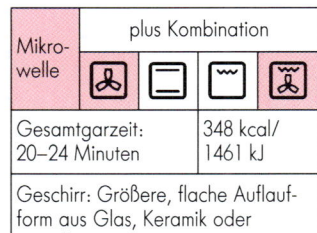			
Gesamtgarzeit: 20–24 Minuten	348 kcal/ 1461 kJ			
Geschirr: Größere, flache Auflaufform aus Glas, Keramik oder Porzellan				

300 g Kohlrabi
500 g Kartoffeln
250 g Äpfel
Butter für die Form
2 größere Zwiebeln
⅜ l saure Sahne
2 Eier
Salz, weißer Pfeffer aus der Mühle
frisch geriebene Muskatnuß
100 g geriebener Gouda

Kohlrabi und Kartoffeln schälen, waschen und in sehr feine Scheiben schneiden. Die Äpfel schälen, das Kern-gehäuse mit einem Apfel-ausstecher entfernen, eben-falls in Scheiben schneiden. Gemüse und Äpfel dachzie-gelartig in die gefettete Auflaufform schichten. Die Zwiebeln schälen und in feine Ringe schneiden. Gleichmäßig über die an-deren Zutaten verteilen. Saure Sahne mit Eiern und Gewürzen verquirlen. Dazu am einfachsten das elektri-sche Handrührgerät mit Schlägern einsetzen. In die Form gießen. Obenauf den Käse gleichmäßig vertei-len.

➤ Mit Mikrowelle hohe Stufe plus Heißluft 190–210 °C bzw. Umluftgrill 170–190 °C in 20–24 Minu-ten zubereiten.

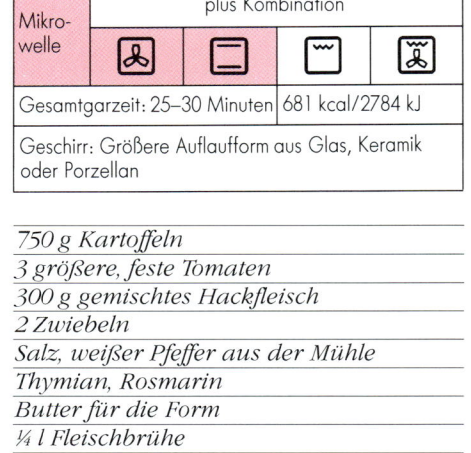

Gratin dauphinois

Foto

Besonders schnell
mit Grill

Mikro-welle	plus Kombination			
	⌇	⌷	⌁	⌸
Gesamtgarzeit: 20–25 Minuten	530 kcal/ 2220 kJ			
Geschirr: Größere, rechteckige oder runde Auflaufform aus Glas, Glaskeramik oder Porzellan				

1 kg mehligkochende
Kartoffeln
1 große Knoblauchzehe
Butter für die Form
Salz, weißer Pfeffer
aus der Mühle
etwas geriebene Muskatnuß
120 g geriebener
Emmentaler
50 g Butter
100 ml Milch
100 ml süße Sahne

Die Kartoffeln schälen, waschen und in dünne Scheiben schneiden. Erneut waschen, anschließend mit Küchenpapier gut trockentupfen. Die Form mit der halbierten Knoblauchzehe ausreiben und mit Butter einfetten. Die Hälfte der Kartoffelscheiben in die Form schichten, würzen und mit etwas Käse be-streuen. Die restlichen Kartoffeln einschichten, erneut würzen und mit dem übrigen Käse bestreuen. Butterflöckchen aufsetzen. Milch und Sahne vermischen und über die Kartoffeln in die Form gießen.

➡ Mit Mikrowelle hohe Stufe plus Grill bzw. Umluftgrill 200–220 °C in 20–25 Minuten zubereiten.

Fenchelgratin

Besonders schnell
mit Grill

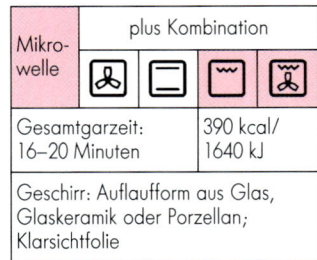

Mikro-welle	plus Kombination			
Gesamtgarzeit: 16–20 Minuten			390 kcal/ 1640 kJ	
Geschirr: Auflaufform aus Glas, Glaskeramik oder Porzellan; Klarsichtfolie				

750 g Fenchel
¼ l Wasser
Salz, weißer Pfeffer
aus der Mühle
150 g Schafkäse
2 Eier
150 g Mehl
2 EL Butter
2 EL Semmelbrösel

Den Fenchel putzen, die
Stengel abschneiden, die
Knollen waschen, halbie-
ren und in dünne Scheiben
schneiden. Mit dem Wasser,
Salz und Pfeffer in die
Form geben. Mit Klarsichtfolie abdecken. Mit Mikrowelle solo hohe Stufe
6–8 Minuten vorgaren. Ab-
gießen.
Schafkäse fein zerbröckeln.
Mit Eiern und Mehl verrühren, über den Fenchel in
die Form geben. Butter-
flöckchen aufsetzen und
mit Semmelbröseln be-
streuen.
➤ Mit Mikrowelle hohe
Stufe plus Grill bzw. Umluftgrill 210–230 °C in
10–12 Minuten zubereiten.

Lasagne al forno

Besonders schnell
mit Grill

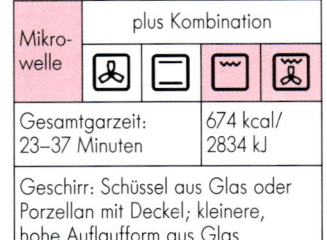

Mikro-welle	plus Kombination			
Gesamtgarzeit: 23–37 Minuten			674 kcal/ 2834 kJ	
Geschirr: Schüssel aus Glas oder Porzellan mit Deckel; kleinere, hohe Auflaufform aus Glas oder Porzellan				

Für 2 Personen
6 vorgekochte Lasagneblätter

Füllung
60 g gekochter Schinken
1 Frühlingszwiebel
180 g Champignons
2 EL Butter
125 g tiefgefrorener Blattspinat
1 kleine Dose geschälte
Tomaten
1 Knoblauchzehe
Salz, weißer Pfeffer
aus der Mühle
Thymian, Origano
100 g Magerquark
4 EL geriebener Parmesan

Butter für die Form
100 g Mozzarella
30 g Parmesan
30 g Butter

Für die Füllung Schinken
und geschälte Zwiebel würfeln. Die gewaschenen, geputzten Champignons in
Scheiben schneiden. Diese
Zutaten mit der Butter in
die Schüssel geben. Mit Mikrowelle solo hohe Stufe
zugedeckt 4–5 Minuten ga-
ren. Zwischendurch einmal
umrühren. Spinat dazuge-
ben und 5–6 Minuten wei-
tergaren. Tomaten, geschäl-
ten und zerdrückten Knob-
lauch, Gewürze, Quark und
Käse dazugeben, gut ver-
rühren.
Die Auflaufform einfetten.
Mit 2 Lasagneblättern auslegen, die Hälfte der Füllung daraufgeben, mit Nu-
delblättern abdecken. Die

restliche Füllung darauf-
streichen und mit den übrigen Nudelblättern überdek-
ken. Mozzarella würfeln
und mit Parmesan mischen.
Gleichmäßig in der Form
verteilen und Butterflöckchen aufsetzen.
➤ Mit Mikrowelle hohe
Stufe plus Grill bzw. Umluftgrill 210–230 °C in
14–16 Minuten zubereiten.

Mailänder Nudelauflauf

Besonders einfach

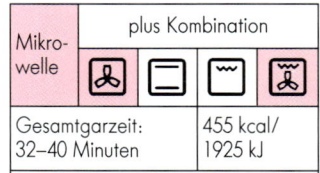

Mikro-welle	plus Kombination			
Gesamtgarzeit: 32–40 Minuten			455 kcal/ 1925 kJ	
Geschirr: Größere, ovale Auflauf-form aus Glas oder Glaskeramik; Klarsichtfolie				

2 kleine Zwiebeln
2 Knoblauchzehen
3 EL Butter
300 g Brokkoli (frisch
oder tiefgefroren)
6 EL süße Sahne
250 g gekochte Nudeln
Salz, weißer Pfeffer
aus der Mühle
frisch geriebene Muskatnuß
200 g Fleischwurst
200 g Tomaten
100 ml Buttermilch
2 Eier
70 g geriebener Emmentaler
50 g geriebener Parmesan

Zwiebeln und Knoblauch
schälen, sehr fein hacken
und mit der Butter in die
Form geben. Offen mit Mi-
krowelle solo hohe Stufe
2–3 Minuten andünsten.
Frischen Brokkoli waschen
und abtropfen lassen (tiefgefrorenen Brokkoli in der
Packung 4–6 Minuten an-
tauen). Brokkoli in kleinere
Stücke zerteilen, in die
Form geben, Sahne dar-
überträufeln und mit Klarsichtfolie abdecken. Mit Mikrowelle solo hohe Stufe
5–7 Minuten andünsten.

Die Nudeln in die Form geben, kräftig würzen. Die
Fleischwurst würfeln und
untermischen. Die Tomaten
waschen und in Scheiben
schneiden, die Nudel-Brok-
koli-Mischung damit abdek-
ken. Buttermilch und Eier
verquirlen und über die Tomaten gießen. Emmentaler
und Parmesan mischen und
über die Tomaten vertei-
len.
➤ Mit Mikrowelle mittlere
Stufe plus Heißluft
190–210 °C bzw. Umluftgrill
170–190 °C in 25–30 Minu-
ten zubereiten.
5 Minuten im abgeschalte-
ten Gerät nachziehen las-
sen.

Makkaroni-Spinatauflauf

Besonders einfach

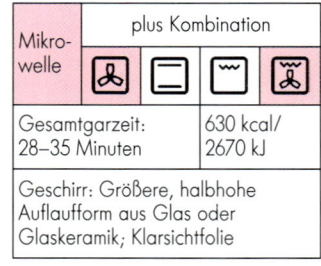

Mikro-welle	plus Kombination			
Gesamtgarzeit: 28–35 Minuten			630 kcal/ 2670 kJ	
Geschirr: Größere, halbhohe Auflaufform aus Glas oder Glaskeramik; Klarsichtfolie				

2 Knoblauchzehen
2 Zwiebeln
2 EL Butter
500 g frischer Spinat
3 EL süße Sahne
500 g Tomaten
250 g vorgekochte
Makkaroni
Salz, weißer Pfeffer
aus der Mühle
frisch geriebene Muskatnuß
3 Eier
125 ml süße Sahne
Paprikapulver
80 g geriebener Gouda
2 EL Semmelbrösel
30 g Butter

Knoblauchzehen und Zwie-
beln schälen, sehr fein hakken und mit der Butter in
die Auflaufform geben. Mit
Mikrowelle solo hohe Stufe
offen 2–3 Minuten andün-
sten.

Den Spinat verlesen, waschen und gut abtropfen lassen. In die Form geben und Sahne darüberträufeln. Mit Klarsichtfolie abdecken. Mit Mikrowelle solo hohe Stufe 6–7 Minuten garen.

Inzwischen die Tomaten heiß überbrühen, häuten und würfeln. Die Makkaroni klein schneiden und mit den Tomaten zum Spinat geben. Kräftig würzen und alle Zutaten in der Form gut verrühren.

Eier, Sahne und Paprikapulver verquirlen. Dazu am einfachsten das elektrische Handrührgerät mit Schlägern einsetzen. Gleichmäßig über die Gemüse-Nudelmasse gießen. Gouda mit Semmelbröseln mischen und darüberstreuen. Butterflöckchen aufsetzen.

➡ Mit Mikrowelle mittlere Stufe plus Heißluft 190–210 °C bzw. Umluftgrill 160–180 °C in 20–25 Minuten zubereiten.

VARIATION

Anstelle der Makkaroni gelingt der Auflauf auch mit Bandnudeln sehr gut. Fügen Sie dann noch 125 g gewürfelten gekochten Schinken hinzu.

DAS BESONDERE REZEPT

Herzhafter Nudelauflauf
Knusprige Bräunung ist wichtig

Mikro-welle	plus Kombination			
	🔥	⊡	〰	🔥
Gesamtgarzeit: 20–25 Minuten		570 kcal/2373 kJ		
Geschirr: Halbhohe Auflaufform aus Glas, Keramik oder Porzellan				

250 g gekochter Schinken
3 Eigelb
100 ml süße Sahne
50 g geriebener Emmentaler
Salz, weißer Pfeffer aus der Mühle
frisch geriebene Muskatnuß
1 EL gehackte Petersilie
250 g vorgekochte Nudeln
3 Eiweiß, 2 EL kaltes Wasser
Butter für die Form
100 g Crème fraîche
50 g geriebener Emmentaler
30 g Butter

Den Schinken klein schneiden. Mit Eigelb, Sahne, Käse, Gewürzen und Petersilie mischen. Die Nudeln hinzufügen und alles kräftig verrühren. Eiweiß und Wasser in eine hohe Rührschüssel geben und mit dem elektrischen Handrührgerät mit Schlägern schnittfest schlagen. Zur Nudelmasse geben und gleichmäßig unterheben. Die Auflaufform einfetten, die Nudelmischung einfüllen und glattstreichen. Crème fraîche mit Käse verrühren und gleichmäßig über die Nudeln verteilen. Butterflöckchen aufsetzen.

➡ Mit Mikrowelle hohe Stufe plus Heißluft 200–220 °C bzw. Umluftgrill 160–180 °C in 20–25 Minuten zubereiten.

Gratinierter Brokkoli

Besonders einfach

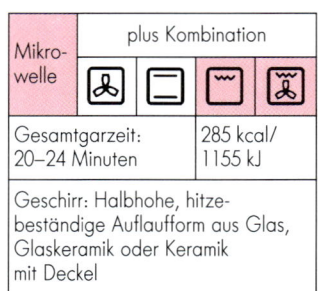

Mikro-welle	plus Kombination			
Gesamtgarzeit: 20–24 Minuten	285 kcal/ 1155 kJ			

Geschirr: Halbhohe, hitze-beständige Auflaufform aus Glas, Glaskeramik oder Keramik mit Deckel

---

600–700 g Brokkoli (frisch oder tiefgefroren)
5–6 EL Fleischbrühe
3 Eigelb
¼ l saure Sahne
125 g Frischkäse
Salz, weißer Pfeffer aus der Mühle
frisch geriebene Muskatnuß
3 Eiweiß
2 EL kaltes Wasser

Frischen Brokkoli kalt ab-spülen, große Stauden hal-bieren oder vierteln (tiefge-frorenen Brokkoli aus der Packung nehmen). Das Ge-müse in die Form legen, Fleischbrühe hinzufügen und mit Mikrowelle solo hohe Stufe in 10–12 Minu-ten zugedeckt andünsten. Eigelb mit Sahne, Frischkä-se und Gewürzen gut ver-rühren. Eiweiß mit Wasser in eine hohe Rührschüssel geben und mit dem elektri-schen Handrührgerät mit Schlägern schnittfest schla-gen. Die Käsemasse dazu-geben und vorsichtig unter-ziehen. Den Brokkoli ab-gießen und mit der Sauce bedecken.
➦ Mit Mikrowelle hohe Stufe plus Grill bzw. Umluft-grill 210–230 °C in 10–12 Minuten zubereiten.

Chicorée-Schinken-Auflauf

Gelingt schnell

Mikro-welle	plus Kombination			
Gesamtgarzeit: 18–21 Minuten	430 kcal/ 1800 kJ			

Geschirr: Größere, halbhohe Auflaufform aus Glas, Glaskeramik oder Keramik mit Deckel

---

4 große Chicoréestauden
6–8 EL Wasser
4 Scheiben gekochter Schinken
100 ml süße Sahne
100 ml trockener Weißwein
2 TL Speisestärke
50 g geriebener Emmentaler
50 g geriebener Parmesan
1 Eigelb
Salz, weißer Pfeffer aus der Mühle
frisch geriebene Muskatnuß

Chicorée von den äußeren Blättern befreien und die bitteren Innenkeile mit ei-nem spitzen Messer heraus-schneiden. Gründlich wa-schen. Mit dem Wasser in die Form geben und mit Mikrowelle solo hohe Stufe in 6–7 Minuten zugedeckt andünsten. Gut abtropfen lassen. Mit je einer Scheibe Schinken umwickelt neben-einander in die Form legen. Alle anderen Zutaten gut verrühren und über den Chicorée verteilen.
➦ Mit Mikrowelle hohe Stufe plus Grill bzw. Umluft-grill 210–230 °C in 12–14 Minuten zubereiten.

Einfaches Spinatgratin

Besonders schnell mit Grill

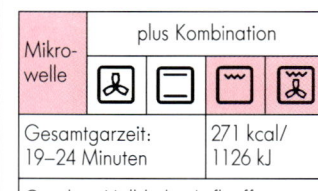

Mikro-welle	plus Kombination			
Gesamtgarzeit: 19–24 Minuten	271 kcal/ 1126 kJ			

Geschirr: Halbhohe Auflaufform aus Glas, Keramik oder Porzellan; Klarsichtfolie

---

800 g Spinat (frisch oder tiefgefroren)
2 kleine Zwiebeln
1 Knoblauchzehe
1 EL Butter
Salz, weißer Pfeffer aus der Mühle
frisch geriebene Muskatnuß
50 ml süße Sahne
4 EL geriebener Parmesan
4 EL geriebener Gouda
4 EL Semmelbrösel
80 g Butter

Frischen Spinat verlesen, gründlich waschen und auf ein Sieb geben (tiefgefrore-nen Spinat aus der Packung nehmen). Zwiebeln und Knoblauch schälen und fein hacken. Mit der Butter in die Auflaufform geben und mit Mikrowelle solo hohe Stufe offen 1–2 Minu-ten andünsten. Den Spinat daraufgeben, kräftig wür-zen und die Sahne hinzufü-gen. Mit Klarsichtfolie ab-decken und mit Mikrowelle solo hohe Stufe 6–8 Minu-ten andünsten. Einmal um-rühren (tiefgefrorenen Spi-nat mit Hilfe einer Gabel etwas auseinanderziehen). Parmesan, Gouda und Sem-melbrösel mischen. Gleich-mäßig über den Spinat streuen. Butterflöckchen aufsetzen.
➦ Mit Mikrowelle hohe Stufe plus Grill bzw. Umluft-grill 210–230 °C in 12–14 Minuten zubereiten.

Champignons au Gratin

Pfiffig

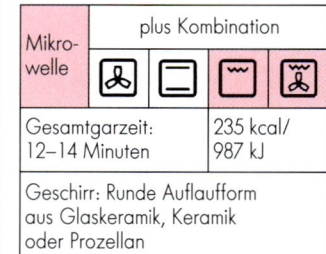

Mikro-welle	plus Kombination			
Gesamtgarzeit: 12–14 Minuten	235 kcal/ 987 kJ			

Geschirr: Runde Auflaufform aus Glaskeramik, Keramik oder Prozellan

---

800 g frische Champignons
Butter für die Form
weißer Pfeffer aus der Mühle
200 ml süße Sahne
½ TL Salz
2 Eier
1 TL Speisestärke
2 EL geriebener Emmentaler
2 EL geriebener Parmesan

Die Champignons wa-schen, putzen und gut ab-tropfen lassen. In die gefet-tete Form geben und kräf-tig pfeffern. Sahne, Salz, Ei-er, Speisestärke mit beiden Käsesorten verquirlen. Da-zu am einfachsten das elek-trische Handrührgerät mit Schlägern einsetzen. Über die Champignons in die Form gießen.
➦ Mit Mikrowelle hohe Stufe plus Grill bzw. Umluft-grill 210–230 °C 12–14 Mi-nuten zubereiten.

Moussaka Foto

Spezialität aus
Griechenland

Mikro-welle	plus Kombination			
	🌀	▢	〜	🔥

Gesamtgarzeit:	674 kcal/
25–35 Minuten	2834 kJ

Geschirr: Größere Auflaufform
aus Glas, Keramik, Glaskeramik
oder Porzellan

500 g Auberginen
Salz, Butter für die Form
100 g geriebener
Emmentaler
3 größere Tomaten

Fleischfüllung

300 g gemischtes Hackfleisch
von Lamm und Rind
2 Zwiebeln
2 Knoblauchzehen
2 cl Weinbrand
1 TL Salz, weißer Pfeffer
1 Prise Muskat
½ EL Origano
2–3 EL Semmelbrösel
125 ml Crème fraîche

Guß

3 Eier
150 ml Crème fraîche
1 Messerspitze Backpulver
2 TL Speisestärke
Salz, weißer Pfeffer
aus der Mühle

Die Auberginen waschen, mit Küchenpapier trockentupfen und in ca. ½ cm dicke Scheiben schneiden. Mit Salz bestreuen und 20 Minuten Wasser ziehen lassen. Abgießen, kurz kalt abspülen und mit Küchenpapier trockentupfen. Die Auflaufform einfetten, mit den Auberginenscheiben auslegen und mit 50 g geriebenem Käse bestreuen. Die Tomaten mit heißem Wasser überbrühen, abziehen und in Scheiben schneiden.

Für die Fleischfüllung das Hackfleisch mit geschälten, gewürfelten Zwiebeln und Knoblauch mischen. Weinbrand, Gewürze, Semmelbrösel und Crème fraîche dazugeben. Gut vermischen und gleichmäßig über die Auberginen verteilen. Mit dem restlichen Käse bestreuen und die vorbereiteten Tomatenscheiben auflegen.

Für den Guß alle Zutaten gut verrühren. Dazu am einfachsten das elektrische Handrührgerät mit Schlägern einsetzen. Über die Tomaten in die Form gießen.

➡ Mit Mikrowelle mittlere Stufe plus Heißluft 190–210 °C bzw. Umluftgrill 210–230 °C in 25–35 Minuten zubereiten.

Buchweizen-Walnuß-Schnitten

Vollwertig

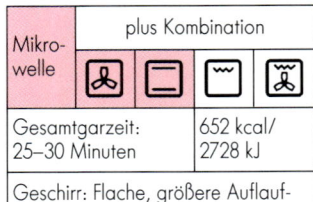

Mikro-welle	plus Kombination			
Gesamtgarzeit: 25–30 Minuten	652 kcal/ 2728 kJ			

Geschirr: Flache, größere Auflauf-form aus Glas, Glaskeramik oder hitzebeständigem Porzellan

100 g Zwiebeln
4 EL kaltgepreßtes Öl
100 g Buchweizen
500 g frische Champignons
Vollmeersalz
weißer Pfeffer
aus der Mühle
125 ml Brühe
80 g gehackte Walnüsse
3 Eier
200 ml süße Sahne
1 Bund Schnittlauch

Die Zwiebeln schälen, vier-teln und mit dem Öl in die Auflaufform geben. Offen mit Mikrowelle solo in 5–6 Minuten glasig dünsten. Zwischendurch ein- bis zweimal umrühren.
Den gewaschenen Buch-weizen und die geputzten, geviertelten Champignons dazugeben, salzen und pfeffern. Mit Brühe auffül-len und mit gehackten Wal-nüssen bestreuen. Die Eier mit Sahne und gehacktem Schnittlauch verquirlen und darübergießen.
➤ Mit Mikrowelle mittlere Stufe plus Heißluft 180–200°C bzw. Ober- und Unterhitze 200–220°C in 25–30 Minuten backen. Ab-gekühlt in längliche Schnit-ten teilen.
Beilage: Blattspinat.

Saftiger Brotauflauf

Besonders schnell
mit Grill

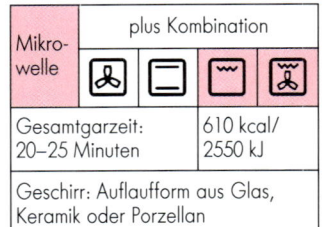

Mikro-welle	plus Kombination			
Gesamtgarzeit: 20–25 Minuten	610 kcal/ 2550 kJ			

Geschirr: Auflaufform aus Glas, Keramik oder Porzellan

4 Zwiebeln
2 EL Butter
150 ml trockener Weißwein
weißer Pfeffer aus der Mühle
Salz, Cayennepfeffer
¼ l Milch
2 Eier
300 g altbackenes Stangenweißbrot
200 g Chesterkäse
50 g Butter
1 Bund Schnittlauch

Die Zwiebeln schälen, fein würfeln und mit der Butter in die Form geben. Mit Mi-krowelle solo hohe Stufe 2–3 Minuten offen andün-sten lassen. Dabei einmal umrühren.
Wein, Gewürze, Milch und Eier verquirlen. Dazu am einfachsten das elektrische Handrührgerät mit Schlä-gern einsetzen. Das Brot in Scheiben schneiden und den Käse reiben. Brotschei-ben schichtweise in die Form geben, dabei jede Schicht mit Eiermilch und etwas Käse bestreuen. Auf die oberste Schicht zusätz-lich Butterflöckchen aufset-zen.
➤ Mit Mikrowelle hohe Stufe plus Grill bzw. Umluft-grill 210–230 °C in 20–25 Minuten zubereiten. Mit gehacktem Schnittlauch bestreut servieren.

Gratinierte Grießschnitten

Pfiffig

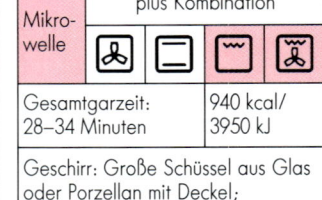

Mikro-welle	plus Kombination			
Gesamtgarzeit: 28–34 Minuten	940 kcal/ 3950 kJ			

Geschirr: Große Schüssel aus Glas oder Porzellan mit Deckel; Größere, halbhohe Auflaufform aus Glas, Keramik oder Porzellan

¾ l Milch
Salz, weißer Pfeffer aus der Mühle
250 g Hartweizengrieß
3 Eier
¼ l saure Sahne
frisch geriebene Muskatnuß
2 Knoblauchzehen
1 Bund Petersilie
300 g geriebener Emmentaler
Butter für die Form
30 g Butter

Die Milch in die Schüssel geben und mit Mikrowelle solo hohe Stufe 8–10 Minu-ten zugedeckt aufkochen lassen. Salz, Pfeffer und Grieß einrühren. Weitere 8–10 Minuten offen ko-chen lassen, dabei mehr-mals gut umrühren.
Die Masse etwas abkühlen lassen und in eine hohe Rührschüssel umfüllen. Ei-er, Sahne, Muskat, geschäl-ten und durchgepreßten Knoblauch, feingehackte Petersilie und 200 g gerie-benen Käse dazugeben. Mit dem elektrischen Hand-rührgerät mit Schlägern oder in der Küchenmaschi-ne zu einer geschmeidigen Masse verarbeiten.
Die Auflaufform einfetten. Die Grießmasse einfüllen, glattstreichen und mit dem restlichen Käse bestreuen. Butterflöckchen aufset-zen.
➤ Mit Mikrowelle mittlere Stufe plus Grill bzw. Umluft-grill 210–230 °C in 12–14 Minuten zubereiten.

Edamer Käseauflauf

Gelingt schnell

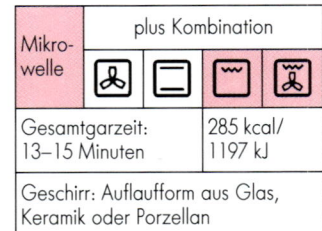

Mikro-welle	plus Kombination			
Gesamtgarzeit: 13–15 Minuten	285 kcal/ 1197 kJ			

Geschirr: Auflaufform aus Glas, Keramik oder Porzellan

8 Scheiben Vollkorntoast
200 g Edamer
200 g gekochter Schinken
300 g frische Champignons
Butter für die Form
4 Eier
¼ l Milch
¼ l süße Sahne
Salz, weißer Pfeffer aus der Mühle
frisch geriebene Muskatnuß
40 g Butter

Toastbrot, Käse und Schin-ken in Würfel schneiden. Die Champignons wa-schen, putzen, abtropfen lassen und in feine Schei-ben schneiden. Die Auf-laufform einfetten, alle Zu-taten hineingeben und gut vermischen.
Eier, Milch, Sahne und Ge-würze gut verquirlen. Dazu am einfachsten das elektri-sche Handrührgerät mit Schlägern einsetzen. Über die Zutaten in der Form gießen und Butterflöck-chen aufsetzen.
➤ Mit Mikrowelle hohe Stufe plus Grill bzw. Umluft-grill 210–230 °C in 13–15 Minuten zubereiten.

Puddinge, süße Aufläufe und Desserts

Drei Varianten, im Kombinationsgerät
schnell und einfach zubereitet:
die fast vergessenen Puddinge,
die beliebten süßen Aufläufe
und die mehr oder weniger
gehaltvollen Desserts.

Der krönende Abschluß einer jeden Mahlzeit ist eine schöne Nachspeise. Sie ist hervorragend geeignet, eventuell noch nicht zugeführte Nährstoffe zu ergänzen. Nach einem leichten Hauptgericht wählt man am besten einen gehaltvollen, warmen Kochpudding oder einen süßen Auflauf. War die Hauptspeise üppig, ist gedünstetes Obst sicher am besten. Achten Sie immer auf Kontraste mit dem Bewußtsein, »das Auge ißt mit«.

Aufläufe wie Quarkauflauf mit Früchten oder Germknödel sind auch ein attraktives Hauptgericht zum Mittag- oder Abendessen.

Für die Zubereitung von Puddingen, süßen Aufläufen und Desserts empfiehlt sich die Mikrowelle solo gleichermaßen wie die Kombination. Häufig können Sie die Gerichte gleich im Serviergeschirr zubereiten.

Kochpuddinge gelingen ohne Anbrennen, Obstkompott zeigt eine appetitliche Farbe und Aufläufe erhalten stets eine schöne Kruste.

Praktische Hinweise

Umrühren

Bei allen Gerichten, die mit Bindemittel wie Puddingpulver, Speisestärke oder Mehl zubereitet werden, ist ein Umrühren unbedingt erforderlich, damit sich das Bindemittel gleichmäßig verteilt. Ausnahme: süße Aufläufe.

Geschirr/Formen

Das Geschirr, in dem Sie das Gericht zubereitet haben, können Sie auch als *Serviergeschirr* verwenden, zum Beispiel bei heißen Früchten zu Eis, bei Äpfeln in Weinsauce oder gratiniertem Obst.

Halbhohe, größere Formen mit *glatten Wänden* sind besser geeignet als hohe, enge Gefäße. Aufläufe immer offen zubereiten.

1 Die rohe Puddingmasse in die Form füllen,
2 mit Klarsichtfolie abdecken

Einfetten der Form

Für alle süßen Aufläufe ist es wichtig, daß das Gefäß gut eingefettet wird. Ein zusätzliches Ausstreuen mit Semmelbröseln oder gemahlenen Mandeln vermeidet zudem ein zu starkes Ansetzen.

Füllen der Form

Füllen Sie Napfformen für Kochpuddinge nur zur Hälfte ein. Sie gehen stark auf, bevor Sie sich absetzen.

Haben Sie einen süßen Auflauf in eine Form eingefüllt, so streichen Sie die Oberseite stets glatt, damit eine gleichmäßige Bräunung entsteht.

Abdecken mit Klarsichtfolie

Verwenden Sie beim Betrieb mit Mikrowelle solo für Schüsseln, zu denen sie keinen passenden Deckel zur Hand haben, ein ausreichend großes Stück Klarsichtfolie.

Bräunung

In der Kombination werden alle süßen Aufläufe oder gratinierten Desserts sehr schön gebräunt. Wünschen Sie eine stärkere Bräunung, so bestreuen Sie die Oberseite mit gehobelten Nüssen oder setzen Butterflöckchen auf. Ist der Auflauf bereits gegart, bestreuen Sie ihn mit Zucker und lassen diesen für 3–4 Minuten unter dem Grill karamelisieren.

Sahne-Variationen

Aromatisierte Schlagsahne, aufgespritzt oder separat gereicht, ist eine köstliche Beigabe zu vielen Desserts. 200 ml süße Sahne werden mit 1–2 EL Zucker oder 1 Päckchen Vanillinzucker sehr steif geschlagen. Diese Mischung läßt sich dann beliebig variieren:

Zimtsahne
1–2 TL Zimtpulver unterziehen.

Kokossahne
2–3 EL Kokosraspel unterheben.

Mandel- oder Nußsahne
2–3 EL gemahlene Mandeln oder Haselnüsse unterheben.

Schokosahne
2–3 EL Schokoladenraspeln unterheben.

Cointreau- oder Rumsahne
1–2 TL Cointreau oder weißen Rum unterziehen.

Eierlikörsahne
2–3 TL Eierlikör – guten – unterziehen.

Himbeersahne
1–2 EL frische oder aufgetaute, mit einer Gabel zerdrückte Himbeeren unterziehen.

DAS BESONDERE REZEPT

Original englischer Weihnachtspudding
Spezialität aus Großbritannien

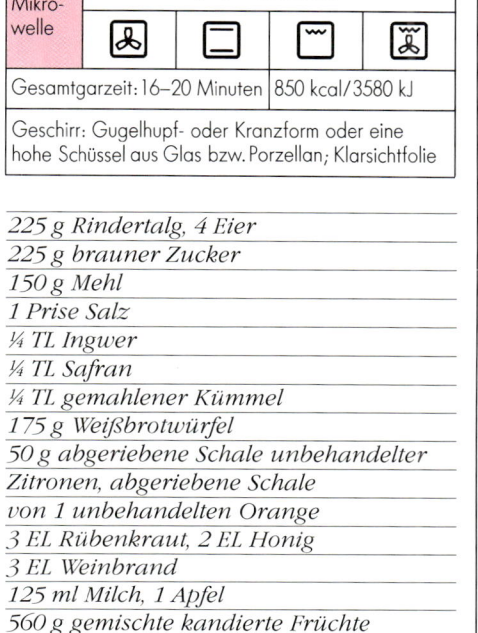

Mikro-welle	plus Kombination			
	⊟	⊟	⊠	⊠
Gesamtgarzeit: 16–20 Minuten		850 kcal/3580 kJ		

Geschirr: Gugelhupf- oder Kranzform oder eine hohe Schüssel aus Glas bzw. Porzellan; Klarsichtfolie

225 g Rindertalg, 4 Eier
225 g brauner Zucker
150 g Mehl
1 Prise Salz
¼ TL Ingwer
¼ TL Safran
¼ TL gemahlener Kümmel
175 g Weißbrotwürfel
50 g abgeriebene Schale unbehandelter
Zitronen, abgeriebene Schale
von 1 unbehandelten Orange
3 EL Rübenkraut, 2 EL Honig
3 EL Weinbrand
125 ml Milch, 1 Apfel
560 g gemischte kandierte Früchte
50 g glasierte Kirschen
Butter und 1–2 EL Semmelbrösel
für die Form

Rindertalg und Eier in eine hohe Rührschüssel geben und mit dem elektrischen Handrührgerät mit Knetern oder in der Küchenmaschine gut verkneten. Zucker hinzufügen und unterrühren. Das Mehl mit Salz und den Gewürzen mischen und darüberstreuen. Weißbrotwürfel, Zitronen- und Orangenschale, Rübenkraut, Honig und Weinbrand hinzufügen. Alle Zutaten gut verarbeiten, dabei nach und nach die Milch hinzugießen. Den Apfel schälen, vierteln, vom Kerngehäuse befreien und fein raspeln. Mit den kandierten Früchten und den Kirschen zum Teig geben und schnell unterrühren. Die Form ausfetten und mit Semmelbröseln ausstreuen. Den Teig einfüllen und mit Klarsichtfolie abdecken.

➤ Mit Mikrowelle solo hohe Stufe in 6–8 Minuten garen und auf der niedrigen Stufe 10–12 Minuten ausquellen lassen.
Auf eine Platte stürzen, mit Folie abdecken und ca. 20 Minuten »ziehen« lassen. Vor dem Servieren nochmals kurz erhitzen.

Grießflammeri mit Erdbeersauce

Besonders einfach

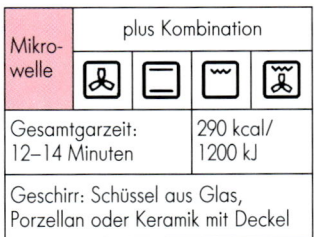

Mikro-welle	plus Kombination			
Gesamtgarzeit: 12–14 Minuten	290 kcal/ 1200 kJ			
Geschirr: Schüssel aus Glas, Porzellan oder Keramik mit Deckel				

½ l Milch
2 EL Zucker
1 Prise Salz
abgeriebene Schale von
½ unbehandelten Zitrone
1 TL Zitronensaft
30 g Butter
60 g feiner Grieß
1 Eiweiß
1 Eigelb
Butter für die Form

Sauce

250 g Erdbeeren (frisch oder tiefgefroren)
2 EL Zucker
1 Päckchen Vanillinzucker
2 cl Weinbrand

Milch mit Zucker, Salz, Zitronenschale und -saft und Butter in die Schüssel geben. Mit Mikrowelle solo hohe Stufe zugedeckt in 6–7 Minuten aufkochen. Grieß hizufügen, gut verrühren und weitere 6–7 Minuten garen. Dabei mehrmals umrühren.
Das Eiweiß mit dem elektrischen Handrührgerät mit Schlägern steif schlagen und mit dem Eigelb unter die abgekühlte Masse ziehen. Eine Flammeriform mit etwas Butter ausstreichen, die Grießmasse einfüllen und im Kühlschrank fest werden lassen.
Für die Erdbeersauce frische Erdbeeren entstielen, waschen und halbieren (tiefgefrorene Früchte aus der Packung nehmen, auf einen Eßteller geben und offen mit Mikrowelle solo niedrige Stufe in 4–6 Minuten auftauen, dabei einmal vorsichtig wenden). Die Erdbeeren in eine Schüssel geben, Zucker, Vanillinzucker und Weinbrand hinzufügen und mit dem Pürierstab des elektrischen Handrührgerätes oder im Mixer pürieren. Den Grießflammeri auf eine Platte stürzen, die Sauce darübergießen oder separat dazu servieren.

Savarin mit Kompott

Pfiffig

Mikro-welle	plus Kombination			
Gesamtgarzeit: 29–37 Minuten	420 kcal/ 1764 kJ			
Geschirr: Kranzform, Ø 26 cm, aus Glas, Keramik oder Kunststoff, je eine kleine und eine größere Schüssel aus Porzellan				

Teig

3 EL lauwarme Milch
75 g Butter oder Margarine
2 Eier
1 Eigelb
2 EL Zucker
1 Prise Salz
200 g Mehl
15 g Hefe (oder ½ Päckchen Trockenhefe)
Butter
und 1–2 EL Semmelbrösel für die Form

Zum Beträufeln

100 ml trockener Weißwein
3–4 EL Rum
1–2 EL Zucker

Kompott

500 g Obst (Rhabarber, Pflaumen, Aprikosen, Äpfel oder Birnen)
8 EL Wasser oder Wein
4–5 EL Zucker
1–2 EL Zitronensaft
1½ Päckchen Vanillinzucker
Zimt

Für den Teig alle Zutaten in eine hohe Rührschüssel geben und die feingebröckelte Hefe darüber verteilen. Mit dem elektrischen Handrührgerät mit Knetern oder in der Küchenmaschine so lange verkneten, bis der Teig sich vom Schüsselrand löst. 15–20 Minuten an einem warmen Ort gehen lassen. Die Kranzform einfetten und mit Semmelbröseln ausstreuen. Den Teig nochmals durchkneten, in die Form füllen und erneut ca. 15–20 Minuten bis zur doppelten Höhe aufgehen lassen.
➤ Mit Mikrowelle niedrige Stufe plus Heißluft 150–170 °C bzw. Ober- und Unterhitze 180–200 °C in 20–25 Minuten backen. Den Savarin auf ein Kuchengitter stürzen und ca. 10 Minuten auskühlen lassen. Anschließend auf eine Servierplatte heben.
Wein, Rum und Zucker in eine kleine Schüssel geben und mit Mikrowelle solo hohe Stufe 1–2 Minuten aufkochen lassen. Den Savarin mit einem Holzstäbchen mehrmals einstechen, mit dem Wein-Rum-Gemisch tränken und gut durchziehen lassen.
Für das Kompott die Früchte waschen, schälen, halbieren, eventuell entkernen und in kleinere Stückchen schneiden. Mit den restlichen Zutaten in eine Schüssel geben und mit Mikrowelle solo hohe Stufe zugedeckt 8–10 Minuten garen. Das Kompott abgekühlt in die Mitte des Savarin füllen.
Dazu paßt am besten eine Mandelsahne (Seite 115).

Schoko-Rum-Pudding   Foto

Pfiffig

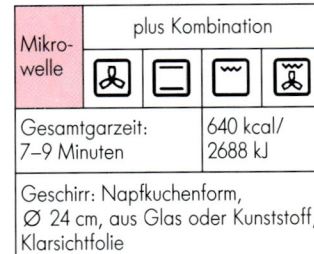

Mikro-welle	plus Kombination			
Gesamtgarzeit: 7–9 Minuten	640 kcal/ 2688 kJ			
Geschirr: Napfkuchenform, Ø 24 cm, aus Glas oder Kunststoff; Klarsichtfolie				

100 g Butter
100 g Zucker
5 Eigelb
125 g gemahlene Mandeln
2 EL Rum
50 g Semmelbrösel
1 EL Kakao
100 g geraspelte Schokolade
5 Eiweiß
2 EL kaltes Wasser
Butter für die Form

Butter, Zucker und Eigelb in eine hohe Schüssel geben. Mit dem elektrischen Handrührgerät mit Schlägern oder in der Küchenmaschine sehr schaumig schlagen. Mandeln, Rum, Semmelbrösel, Kakao und Schokoladenraspel dazugeben. Weiterrühren. Eiweiß mit Wasser sehr steif schlagen und unter die Masse heben. Die Form einfetten, den Teig einfüllen und glattstreichen. Mit Klarsichtfolie abdecken. Mit Mikrowelle solo hohe Stufe in 7–9 Minuten garen. 1–2 Minuten stehen lassen und stürzen. Noch warm servieren.
Dazu paßt am besten eine Kokossahne (Seite 115).

DAS BESONDERE REZEPT

Mandel-Nuß-Pudding
Bei Kindern besonders beliebt

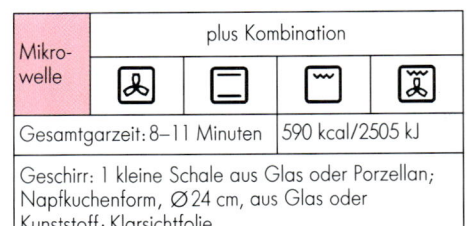

Mikro-welle	plus Kombination			
	🔆	▭	〰	🔲
Gesamtgarzeit: 8–11 Minuten		590 kcal/2505 kJ		

Geschirr: 1 kleine Schale aus Glas oder Porzellan; Napfkuchenform, Ø 24 cm, aus Glas oder Kunststoff; Klarsichtfolie

---

80 g Mandelblättchen, 20 g Butter
3 Eiweiß, 3 EL kaltes Wasser
130 g Zucker, 1 Päckchen Vanillinzucker
3 Eigelb, 50 g Speisestärke
50 g Mehl, 1 TL Backpulver
80 g gemahlene Haselnüsse
100 g gemahlene Mandeln
2 EL süße Sahne

Mandelblättchen und Butter in eine kleine Schale geben. Mit Mikrowelle solo hohe Stufe offen in 1–2 Minuten anrösten, dabei einmal umrühren. Beiseite stellen.

Eiweiß und Wasser mit dem elektrischen Handrührgerät mit Schlägern oder in der Küchenmaschine steif schlagen. Zucker und Vanillinzucker einrieseln lassen und weiterschlagen. Eigelb vorsichtig unterziehen. Speisestärke mit Mehl, Backpulver, Haselnüssen und Mandeln mischen und unter die Masse heben. Die Form mit der Butter-Mandel-Masse ausstreichen, den Teig einfüllen und mit Klarsichtfolie abdecken. Mit Mikrowelle solo hohe Stufe in 7–9 Minuten garen. 1–2 Minuten stehen lassen und auf eine Platte stürzen. Warm servieren.

Frische Früchte der Saison und eine Schokosahne (Seite 115) passen am besten dazu.

Schokoladenmousse
Spezialität
aus Frankreich

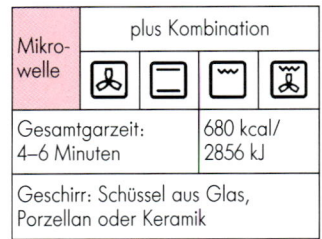

Mikro-welle	plus Kombination			
	🔆	▭	〰	🔲
Gesamtgarzeit: 4–6 Minuten		680 kcal/2856 kJ		

Geschirr: Schüssel aus Glas, Porzellan oder Keramik

---

200 g Zartbitterschokolade
100 g Vollmilchschokolade
100 ml Milch
2 Eigelb
4 Eiweiß
30 g Zucker
200 ml süße Sahne

Die Schokolade in kleine Stücke zerteilen und mit der Milch in die Schüssel geben. Mit Mikrowelle solo mittlere Stufe offen in 4–6 Minuten schmelzen und erhitzen. Dabei mehrmals gut durchrühren. Abkühlen lassen.
Die Eigelbe unter die Schokoladenmasse rühren. Eiweiß und Zucker steif schlagen, dazu am einfachsten das elektrische Handrührgerät mit Schlägern einsetzen. Die Sahne ebenfalls steif schlagen. Beides abwechselnd unter die Schokoladenmasse rühren. In Serviergläser füllen und gut abgedeckt durchkühlen lassen.
Nach Belieben mit flüssiger oder geschlagener Sahne servieren.

Ofenschlupfer

Bei Kindern besonders beliebt

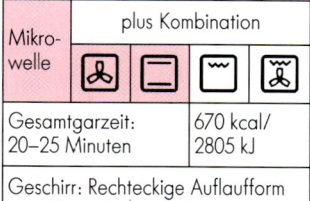

Mikro-welle	plus Kombination			
Gesamtgarzeit: 20–25 Minuten	670 kcal/ 2805 kJ			
Geschirr: Rechteckige Auflaufform aus Glas oder Keramik				

300 g altbackenes Stangen-weißbrot
500 g Äpfel, z. B. Delicious oder Jonathan
abgeriebene Schale und Saft von 1 unbehandelten Zitrone
50 g Rosinen
4 Eier
¼ l Milch
¼ l süße Sahne
2 Päckchen Vanillinzucker
100 g Zucker
1 TL Zimt
Butter für die Form

Das Stangenweißbrot in Scheiben schneiden. Die Äpfel schälen, vierteln, vom Kerngehäuse befreien und in dickere Schnitze schneiden. In eine Schüssel geben und mit Zitronen-schale und -saft vermi-schen. Die Rosinen heiß ab-spülen, abtropfen lassen und zwischen zwei Lagen Küchenpapier gut trocken-tupfen.
Eier, Milch, Sahne, Vanillin-zucker, Zucker und Zimt in eine hohe Rührschüssel ge-ben und mit dem elektri-schen Handrührgerät mit Schlägern gut verquirlen. Die Form einfetten. Brot-scheiben und Apfelschnitze dachziegelartig in die Form schichten, mit Rosinen be-streuen und mit der Eier-Sahnemilch gleichmäßig übergießen.
➤ Mit Mikrowelle mittlere Stufe plus Heißluft 180–200 °C bzw. Ober- und Unterhitze 200–220 °C in 20–25 Minuten goldbraun backen.

Nußauflauf

Sie sparen 50% Zeit

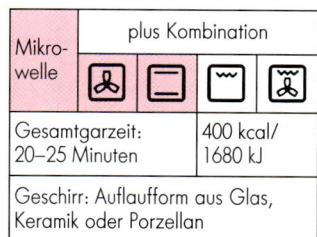

Mikro-welle	plus Kombination			
Gesamtgarzeit: 20–25 Minuten	400 kcal/ 1680 kJ			
Geschirr: Auflaufform aus Glas, Keramik oder Porzellan				

4 Eiweiß
2 EL Zitronensaft
100 g Zucker
4 Eigelb
50 g geriebene Schokolade
3 EL weißer Rum
100 g gemahlene Haselnüsse
100 g Semmelbrösel
Butter und
1–2 EL Semmelbrösel
für die Form

Eiweiß und Zitronensaft in eine hohe Rührschüssel ge-ben und mit dem elektri-schen Handrührgerät mit Schlägern halbsteif schla-gen. Den Zucker nach und nach einrieseln lassen und weiterschlagen, bis die Masse sehr steif ist. Alle an-deren Zutaten verrühren, den Eischnee unterheben und die Masse in die gefet-tete und mit Semmelbrö-seln ausgestreute Form fül-len.
➤ Mit Mikrowelle niedrige Stufe plus Heißluft 190–210 °C bzw. Ober- und Unterhitze 210–230 °C in 20–25 Minuten goldbraun backen.
Zum Nußauflauf paßt am besten eine Weinschaum-sauce (Seite 123).

Sauerkirschauflauf

Knusprige Bräunung ist wichtig

Mikro-welle	plus Kombination			
Gesamtgarzeit: 25–30 Minuten	430 kcal/ 1805 kJ			
Geschirr: Auflaufform aus Glas, Keramik oder Porzellan				

3 altbackene Semmeln
300 ml Milch
3 Eigelb
175 g Zucker
100 g gemahlene Haselnüsse
1½ TL Kakao
50 g Semmelbrösel
70 g Butter
3 Eiweiß
2 EL Zitronensaft
450 g Sauerkirschen aus dem Glas
Butter für die Form
Puderzucker zum Bestreuen

Die Semmeln in der Milch einweichen, gut ausdrük-ken und in eine Rührschüs-sel geben. Eigelb, Zucker, Haselnüsse, Kakao, Sem-melbrösel und die weiche Butter hinzufügen. Mit dem elektrischen Handrührgerät mit Schlägern zu einem weichen Teig verarbeiten. Eiweiß mit Zitronensaft sehr steif schlagen. Die Kir-schen gut abtropfen lassen. Mit dem Eiweiß schnell un-ter den Teig mischen und in die gefettete Auflaufform füllen.
➤ Mit Mikrowelle mittlere Stufe plus Heißluft 190–210 °C bzw. Ober- und Unterhitze 200–220 °C in 25–30 Minuten backen. Lauwarm mit Puderzucker bestreut servieren.

Makronen-Pfirsiche au gratin

Hübsch für Gäste

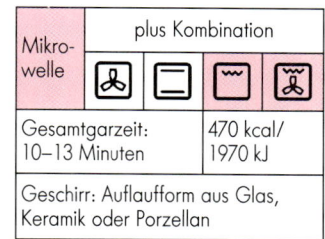

Mikro-welle	plus Kombination			
Gesamtgarzeit: 10–13 Minuten	470 kcal/ 1970 kJ			
Geschirr: Auflaufform aus Glas, Keramik oder Porzellan				

30 g Zucker, 2 EL Wasser
100 ml trockener Rotwein
100 g Makronen
75 g gemahlene Mandeln
30 g Puderzucker
½ Päckchen Vanillinzucker
1 Eigelb
5 EL trockener Sherry
1 Eiweiß
8 Pfirsichhälften aus der Dose
2 EL gehackte Pistazien

Zucker und Wasser in die Auflaufform geben, mi-schen und mit Mikrowelle solo hohe Stufe offen in 2–3 Minuten karamelisie-ren lassen. Dabei zweimal kurz umrühren und gegen Ende der Zeit beobachten, daß der Zucker nicht zu dunkel wird. Etwas abküh-len lassen, dann langsam mit Rotwein auffüllen.
Die Makronen in einen Pla-stikbeutel geben und mit einer Teigrolle zu sehr fei-nen Bröseln zerdrücken oder in der Küchenmaschi-ne fein zermahlen. In eine Rührschüssel geben, ge-mahlene Mandeln, Puder- und Vanillinzucker, Eigelb und Sherry hinzufügen und gut verrühren. Das Eiweiß steif schlagen und unterzie-hen. Die Pfirsichhälften mit der Öffnung nach oben in die Form setzen und auf je-de Hälfte etwas von der Füllung geben.
➤ Mit Mikrowelle niedrige Stufe plus Grill bzw. Umluft-grill 220–240 °C in 8–10 Mi-nuten zubereiten.
Mit gehackten Pistazien be-streut servieren.

Saftiger Ananasauflauf

Knusprig und köstlich

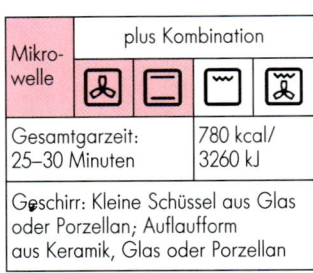

Mikro-welle	plus Kombination			
Gesamtgarzeit: 25–30 Minuten		780 kcal/ 3260 kJ		

Geschirr: Kleine Schüssel aus Glas oder Porzellan; Auflaufform aus Keramik, Glas oder Porzellan

---

50 g Butter
50 g Zucker
30 g Haferflocken
25 g gemahlene Mandeln
1 große Dose Ananas
in Scheiben (ca. 450 g)
oder 1 frische Ananas
3 Eiweiß
1 EL Zitronensaft
3 Eigelb
75 g Butter
125 g Zucker
250 g Magerquark
100 g Haferflocken
75 g gemahlene Mandeln
½ Päckchen Backpulver
2 EL Vanillepuddingpulver
Butter für die Form

Butter, Zucker, Haferflocken und gemahlene Mandeln in eine kleine Schüssel geben. Mit Mikrowelle solo hohe Stufe offen 3–5 Minuten unter mehrmaligem Umrühren anrösten (Vorsicht: Gegen Ende der Garzeit wird die Masse sehr schnell braun, daher unbedingt nachsehen). Beiseite stellen.
Die Ananasscheiben aus der Dose abtropfen lassen und halbieren. Frische Ananas der Länge nach halbieren, den festen Strunk herausschneiden, schälen und in Scheiben schneiden. Eiweiß mit Zitronensaft in eine hohe Rührschüssel geben und mit dem elektrischen Handrührgerät mit Schläger oder in der Küchenmaschine sehr steif schlagen. Die Eigelbe mit den restlichen Zutaten gut verrühren, den Eischnee unterheben und den Teig in die gefettete Form füllen. Ananasscheiben schräg daraufsetzen und leicht eindrücken. Mit der angerösteten Haferflocken-Mandel-Mischung überziehen.
➤ Mit Mikrowelle niedrige Stufe plus Heißluft 150–170 °C bzw. Ober- und Unterhitze 190–210 °C in 20–25 Minuten backen. Zum Ananasauflauf paßt am besten eine Weinschaumsauce (Seite 123).

VARIATION

Anstelle des Magerquarks können Sie auch Joghurt verwenden. Die Menge bleibt gleich.

Clafoutis – Kirschauflauf französische Art

Gelingt schnell

Mikro-welle	plus Kombination			
Gesamtgarzeit: 20–25 Minuten		340 kcal/ 1428 kJ		

Geschir: Kleinere runde Auflaufform aus Glas oder Porzellan

---

500 g Kirschen
Butter für die Form
60 g Mehl
4 Eier
60 g Zucker
40 ml Milch
1 Päckchen Vanillinzucker

Die Kirschen waschen, entsteinen und gut abtropfen lassen. In die gefettete Form geben. Alle anderen Zutaten mit dem elektrischen Handrührgerät mit Knetern zu einem flüssigen Teig verrühren. Über die Kirschen in die Form gießen.
➤ Mit Mikrowelle mittlere Stufe plus Heißluft 180–200 °C bzw. Ober- und Unterhitze 200–220 °C in 20–25 Minuten backen.

Quarkauflauf mit Äpfeln

Bei Kindern besonders beliebt

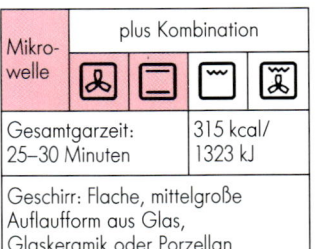

Mikro-welle	plus Kombination			
Gesamtgarzeit: 25–30 Minuten		315 kcal/ 1323 kJ		

Geschirr: Flache, mittelgroße Auflaufform aus Glas, Glaskeramik oder Porzellan

---

2 große Äpfel
2 EL Zitronensaft
1 Prise Zimt
80 g Rosinen
2 EL Rum
500 g Magerquark
50 g Butter
50 g Zucker
2 Eier
1 Päckchen Vanille-puddingpulver
abgeriebene Schale von
½ unbehandelten Zitrone
2 EL Grieß
1 Prise Salz
Butter für die Form

Die Äpfel schälen, vierteln, vom Kerngehäuse befreien und grob raspeln. Mit Zitronensaft, Zimt, gewaschenen und gut abgetropften Rosinen und Rum mischen. Mindestens 5–10 Minuten durchziehen lassen. Zwischendurch mehrmals umrühren.
Die restlichen Zutaten mit dem elektrischen Handrührgerät mit Schlägern gut verrühren. Die Auflaufform sorgfältig ausfetten. Die Apfelmischung gleichmäßig in der Form verteilen und mit der Quarkmasse überziehen. Glattstreichen.
➤ Mit Mikrowelle niedrige Stufe plus Heißluft 170–190 °C bzw. Ober- und Unterhitze 200–220 °C in 25–30 Minuten zubereiten.

Haferflockenauflauf mit Äpfeln

Foto

Gelingt schnell

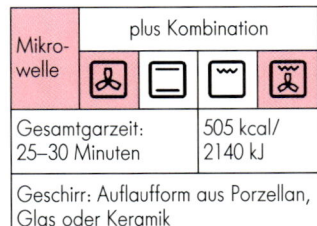

Mikro-welle	plus Kombination			
Gesamtgarzeit: 25–30 Minuten		505 kcal/ 2140 kJ		

Geschirr: Auflaufform aus Porzellan, Glas oder Keramik

---

3 Eiweiß
3 EL kaltes Wasser
100 g Zucker
1 Päckchen Vanillinzucker
3 Eigelb, 60 g Butter
100 ml Milch
125 g Haferflocken
30 g Speisestärke, Salz
1 gestrichener TL Backpulver
Butter für die Form
400 g Äpfel, z. B. Delicious
2 EL Zitronensaft

Eiweiß und Wasser in eine hohe Schüssel geben. Mit dem elektrischen Handrührgerät mit Schlägern oder in der Küchenmaschine steif schlagen. Zucker und Vanillinzucker einrieseln lassen und weiterschlagen. Kühl stellen. Eigelb mit Butter in einer zweiten Schüssel sehr schaumig rühren. Milch, Haferflocken, Speisestärke, Salz und Backpulver dazugeben. Gut unterrühren. Die Form einfetten.
Die Äpfel schälen. Einen ganzen Apfel mit dem Apfelausstecher entkernen und in Scheiben schneiden, sofort mit Zitronensaft beträufeln. Die restlichen Äpfel vierteln, vom Kerngehäuse befreien und grob raspeln. Eiweiß und die geraspelten Äpfel unter den Teig heben, in die vorbereitete Form füllen, glattstreichen. Mit den Apfelscheiben belegen.
➤ Mit Mikrowelle mittlere Stufe plus Heißluft 160–180 °C bzw. Umluftgrill 150–170 °C in 25–30 Minuten zubereiten.

Pfirsich-Quark-Auflauf

Foto

Bei Kindern besonders beliebt

Mikro-welle	plus Kombination			
	⊟	▭	∿	⊠
Gesamtgarzeit: 22–25 Minuten	550 kcal/ 2310 kJ			
Geschirr: Auflaufform aus Glas, Porzellan, Keramik oder Glas-keramik				

300 g Pfirsichhälften (frisch oder aus der Dose)

Butter für die Form

50 g weiche Butter

40 g Zucker

2 Eier

1 Päckchen Vanillepudding-pulver

abgeriebene Schale von 1 unbehandelten Zitrone

2 EL Zitronensaft

1½ EL Grieß, 1 Prise Salz

500 g Magerquark

Frische Pfirsiche waschen, halbieren, den Kern heraus-lösen und mit der Schnitt-fläche nach unten in die ge-fettete Form geben. Mit Mi-krowelle solo höchste Stufe 2–3 Minuten zugedeckt dünsten (Dosenfrüchte gut abtropfen lassen und in die gefettete Form geben). Weiche Butter und Zucker in eine hohe Rührschüssel geben. Mit dem elektri-schen Handrührgerät mit Schlägern oder in der Kü-chenmaschine schaumig rühren. Eier, Puddingpul-ver, Zitronenschale und -saft, Grieß und Salz hinzu-fügen, gut verrühren. Zu-letzt den Quark dazugeben und weiterrühren, bis die Masse geschmeidig ist. Über die Pfirsiche in die Form geben und glattstrei-chen.

➡ Mit Mikrowelle mittlere Stufe plus Heißluft 190–210 °C bzw. Umluftgrill 200–220 °C in 20–22 Minu-ten zubereiten.

VARIATION

Anstelle der Pfirsiche kön-nen Sie auch Himbeeren, Aprikosen oder Erdbeeren verwenden.

Schnelles Birnengratin

Knusprig und köstlich

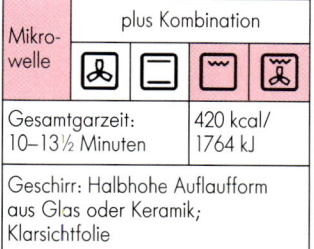

Mikro-welle	plus Kombination			
	⟨grill⟩	⟨oven⟩	⟨micro⟩	⟨fan⟩
Gesamtgarzeit: 10–13½ Minuten	420 kcal/ 1764 kJ			
Geschirr: Halbhohe Auflaufform aus Glas oder Keramik; Klarsichtfolie				

500 g Birnen
2 EL Zitronensaft
5 Zwiebäcke
80 g gemahlene Haselnüsse
50 g Kokosflocken
50 g brauner Zucker
50 g Butter

Die Birnen schälen, halbieren, vom Kerngehäuse befreien und grob raspeln. In die Auflaufform geben und mit Zitronensaft beträufeln. Die Zwiebäcke im Mixer sehr fein zerkleinern. Mit Haselnüssen, Kokosflocken und Zucker mischen. Gleichmäßig auf den Birnen verteilen. Die Butter in eine Tasse geben und mit Mikrowelle solo auf der hohen Stufe 1–1½ Minuten schmelzen. Über die Zwiebackmischung träufeln.
➡ Mit Mikrowelle hohe Stufe plus Grill bzw. Umluftgrill 210–230 °C in 9–12 Minuten zubereiten.

Weinschaumsauce paßt am besten zum Birnengratin. 2 gehäufte Teelöffel Zucker, 1 gestrichenen Eßlöffel Speisestärke und 2 Eigelb mit dem elektrischen Handrührgerät mit Schlägern oder im Mixer sehr schaumig schlagen. ¼ l Weißwein nach und nach zufügen und weiterrühren. Die Masse in eine Schüssel geben und offen mit Mikrowelle solo hohe Stufe 3–4 Minuten aufkochen lassen. Zwischendurch zweimal kräftig umrühren. Lauwarm oder abgekühlt zum Birnengratin servieren.

Fruchtiges Bananengratin

Bei Kindern besonders beliebt

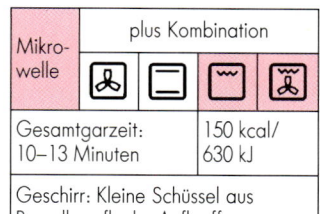

Mikro-welle	plus Kombination			
	⟨grill⟩	⟨oven⟩	⟨micro⟩	⟨fan⟩
Gesamtgarzeit: 10–13 Minuten	150 kcal/ 630 kJ			
Geschirr: Kleine Schüssel aus Porzellan; flache Auflaufform aus Glas, Glaskeramik oder Porzellan oder 4 tassengroße Gratinförmchen				

80 g Rosinen
Saft von 1 großen Orange
Butter für die Form
3 Bananen
Saft von 1 Zitrone
2 kleine Eier
80 ml süße Sahne
1½ EL Honig
1 Prise Salz

Die Rosinen waschen, abtropfen lassen, in die Schüssel geben und mit Orangensaft beträufeln. Mit Mikrowelle solo hohe Stufe 2–3 Minuten zugedeckt aufkochen. Zwischendurch einmal umrühren. Anschließend ca. 10 Minuten ziehen lassen. Die Auflaufform bzw. die Gratinförmchen einfetten und die Rosinen mit dem Saft hineingeben. Die Bananen schälen, in sehr schräge Scheiben schneiden, sofort mit Zitronensaft beträufeln und fächerartig in die Form geben. Eier, Sahne, Honig und Salz verquirlen. Dazu am einfachsten das elektrische Handrührgerät mit Schlägern einsetzen. Über die Bananenscheiben in die Form gießen.
➡ Mit Mikrowelle niedrige Stufe plus Grill bzw. Umluftgrill 250 °C in 8–10 Minuten zubereiten.
Warm servieren.

Apfelgratin à la normande

Pfiffig

Mikro-welle	plus Kombination			
	⟨grill⟩	⟨oven⟩	⟨micro⟩	⟨fan⟩
Gesamtgarzeit: 8–11 Minuten	230 kcal/ 960 kJ			
Geschirr: 4 kleine Gratinförmchen aus Porzellan oder Keramik				

4 mittelgroße Äpfel
2 EL Zitronensaft
2 EL Zucker
1 TL Zimt
4 EL trockener Weißwein
Butter für die Förmchen
2 EL Calvados
30 g Butter
1–2 EL Zucker

Die Äpfel schälen, vierteln, vom Kerngehäuse befreien und in Spalten schneiden. In eine Schüssel geben, mit Zitronensaft beträufeln, Zucker und Zimt darüberstreuen und Weißwein hinzufügen. Sehr gut vermischen.
Die Gratinförmchen ausfetten. Dekorativ mit den Apfelspalten auslegen. Calvados darüberträufeln und Butterflöckchen aufsetzen.
➡ Mit Mikrowelle hohe Stufe plus Grill bzw. Umluftgrill 220–240 °C in 6–8 Minuten zubereiten. Den Zucker darüberstreuen und die Äpfel weitere 2–3 Minuten bei gleicher Einstellung im Gerät belassen, dabei gut beobachten, da der Zucker sehr schnell karamelisiert.

Keks-Stachelbeerspeise

Knusprig und köstlich

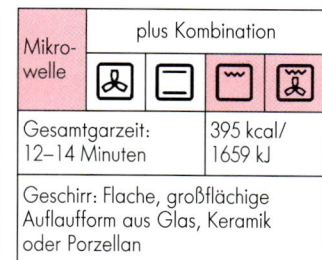

Mikro-welle	plus Kombination			
	⟨grill⟩	⟨oven⟩	⟨micro⟩	⟨fan⟩
Gesamtgarzeit: 12–14 Minuten	395 kcal/ 1659 kJ			
Geschirr: Flache, großflächige Auflaufform aus Glas, Keramik oder Porzellan				

150 g Butterkekse
¼ l heiße Milch
100 g Zucker
1 TL Zimt
1 TL Kakao
3 Eigelb
50 g Butter
150 g gemahlene Mandeln
2 cl Cointreau
3 Eiweiß
1 EL Zitronensaft
500 g Stachelbeeren
aus dem Glas
Butter für die Form

Die Butterkekse zerbröseln, in der Milch einweichen und ca. 10 Minuten durchziehen lassen. Mit Zucker, Zimt, Kakao, Eigelb, Butter, Mandeln und Cointreau zu einer geschmeidigen Masse verrühren. Dazu am besten das elektrische Handrührgerät mit Schlägern einsetzen. Eiweiß mit Zitronensaft steif schlagen und mit den gut abgetropften Stachelbeeren vorsichtig unter die Speise ziehen. Die Form einfetten, die Masse einfüllen und glattstreichen.
➡ Mit Mikrowelle hohe Stufe plus Grill bzw. Umluftgrill 210–230 °C in 12–14 Minuten zubereiten.
Dazu paßt am besten eine Vanillesauce (Seite 124).

Köstliche Himbeerspeise

Bei Kindern besonders beliebt

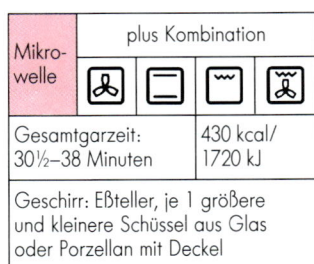

Mikro-welle	plus Kombination			
Gesamtgarzeit: 30½–38 Minuten	430 kcal/ 1720 kJ			

Geschirr: Eßteller, je 1 größere und kleinere Schüssel aus Glas oder Porzellan mit Deckel

Für 4–6 Personen

300 g Himbeeren (frisch
oder tiefgefroren)
175 g Milchreis
½ l Milch
½ l süße Sahne
2 EL Zucker
1 Prise Salz
8 Blatt weiße Gelatine
8 Blatt rote Gelatine
2 Päckchen Vanillinzucker
4 cl Cointreau
Schlagsahne

Frische Himbeeren waschen und gut abtropfen lassen (tiefgefrorene Früchte aus der Packung nehmen, auf einen Teller geben und 4–5 Minuten mit Mikrowelle solo niedrige Stufe auftauen, dabei einmal vorsichtig wenden).
Den Reis mit Milch, Sahne, Zucker und Salz in eine größere Schüssel geben. Mit Mikrowelle solo hohe Stufe zugedeckt 9–11 Minuten aufkochen und auf der niedrigen Stufe 20–25 Minuten ausquellen lassen. Zwischendurch ein- bis zweimal umrühren.
Von den Himbeeren 1 Eßlöffel beiseite legen, den Rest in der Küchenmaschine oder mit dem Pürierstab des elektrischen Handrührgerätes fein pürieren.
Die weißen und roten Gelatineblätter in einer Schüssel mit etwas Wasser 8–10 Minuten einweichen. Das Wasser abgießen und die Gelatine mit Mikrowelle solo auf der niedrigen Stufe

in 1½–2 Minuten vollständig auflösen. Mit den pürierten Himbeeren, Vanillinzucker und Cointreaux zum heißen Reis geben, gut verrühren und weitere 10–15 Minuten stehen lassen, bis die Masse geliert. In eine kalt ausgespülte Flammeriform füllen und mehrmals auf der Arbeitsfläche aufstoßen, damit eventuelle Luftblasen entweichen. 2–3 Stunden auskühlen lassen.
Auf eine Platte stürzen. Mit Schlagsahne und den restlichen Himbeeren garniert servieren.

Aprikosenspeise

Gelingt schnell

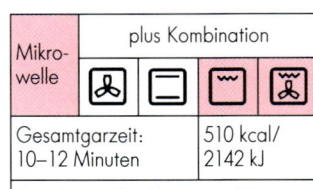

Mikro-welle	plus Kombination			
Gesamtgarzeit: 12–14 Minuten	430 kcal/ 1805 kJ			

Geschirr: Größere, flache Auflaufform aus Glas, Keramik oder Porzellan

125 g Butterkekse
¼ l warme süße Sahne
100 g Zucker
1 TL Zimt
1 TL Kakao
3 Eigelb
50 g Butter
150 g gemahlene Mandeln
2 cl Cointreau
3 Eiweiß
450 g Aprikosen
aus der Dose
Butter für die Form

Die Butterkekse zerbrökkeln, in der Sahne einweichen und ca. 10 Minuten durchziehen lassen. Mit Zucker, Zimt, Kakao, Eigelb, Butter, Mandeln und Cointreau zu einem geschmeidigen Teig verrühren. Dazu am einfachsten das elektrische Handrührgerät mit Schlägern einsetzen. Eiweiß steif schlagen. Die gut abgetropften Aprikosen klein schneiden und

vorsichtig unter den Eischnee heben. Beides kurz mit dem Teig verrühren und sofort in die gefettete Auflaufform füllen, glattstreichen.
➡ Mit Mikrowelle hohe Stufe plus Grill bzw. Umluftgrill 220–240 °C in 12–14 Minuten zubereiten.

Germknödel mit Vanillesauce

Gut zum Einfrieren

Mikro-welle	plus Kombination			
Gesamtgarzeit: 10–12 Minuten	510 kcal/ 2142 kJ			

Geschirr: Auflaufform aus Glas, Keramik oder Porzellan; 1 kleinere und 1 größere Schüssel aus Glas oder Porzellan

Hefeteig

275 g Mehl
50 g Zucker
1 Prise Salz
75 g Butter oder Margarine
1 Ei
150 ml Milch
abgeriebene Schale von
½ unbehandelten Zitrone
30 g Frischhefe (oder
Trockenhefe für 375 g Mehl)

50 g festes Pflaumenmus
Butter für die Auflaufform
125 ml Milch
1 EL Zucker
20 g Butter
1 EL Zucker zum Bestreuen

Vanillesauce

¼ l Milch
ausgeschabtes Mark von
½ Vanilleschote
¼ l süße Sahne
40 g Zucker
2 EL Speisestärke
1 Eigelb

Das Mehl mit Zucker, Salz und dem in Flöckchen zerteilten Fett in eine hohe Rührschüssel oder in die Schüssel der Küchenmaschine geben. Das Ei zusammen mit der lauwar-

men Milch und der abgeriebenen Zitronenschale zufügen. Frische Hefe darüberbröckeln (Trockenhefe nach Packungsanweisung verwenden). Alles mit den Knetern des elektrischen Handrührgerätes oder in der Küchenmaschine verarbeiten. Den Teig mit einem Tuch bedecken und an einem warmen Ort ca. 20–30 Minuten gehen lassen.
Den Teig zu einer Rolle formen und in 8 gleichmäßig große Stücke schneiden. Jedes Teigstück mit der Hand etwas flachdrücken, 1 TL Pflaumenmus daraufgeben, mit Teig umhüllen und zu einer glatten Kugel formen. Nebeneinander in die gefettete Auflaufform setzen und erneut 15–20 Minuten gehen lassen.
In einer kleineren Schüssel Milch, Zucker und Butter mischen. 2 Minuten mit Mikrowelle solo niedrige Stufe anwärmen. Umrühren und über die aufgegangenen Hefeknödel in die Form gießen. Den Zucker gleichmäßig darüberstreuen.
➡ Mit Mikrowelle hohe Stufe plus Grill bzw. Umluftgrill 200–220 °C in 10–12 Minuten zubereiten.
Milch, Vanillemark, Sahne, Zucker und Speisestärke in einer Glas- oder Prozellanschüssel gut mischen. Mit Mikrowelle solo hohe Stufe 5½–6½ Minuten offen aufkochen, dabei mehrmals gut umrühren. Etwas abkühlen lassen und das Eigelb unterziehen. Zu den Germknödeln servieren.

Sommerlicher Früchte-Pie
Foto

Besonders einfach

Mikro-welle	plus Kombination			
	🍳	▭	〰	🔥
Gesamtgarzeit: 30–35 Minuten		310 kcal/ 1315 kJ		
Geschirr: Runde Pieform aus Glas, Porzellan oder Keramik				

200 g Mehl
1 Prise Salz
100 g gekühlte Butter
3–4 EL eiskaltes Wasser
1 Eigelb zum Bestreichen
Puderzucker zum Bestreuen

Füllung

200 g Brombeeren
200 g Himbeeren
200 g rote Johannisbeeren
200 g schwarze Johannisbeeren
200 g Pflaumen
Saft von 1 Zitrone
250 g Zucker
3 EL Honig
4 cl Kirschlikör
50 g gemahlene Mandeln
2 Päckchen Vanillinzucker

Mehl, Salz, die in Flöckchen geteilte Butter und das Wasser in eine hohe Rührschüssel geben. Mit den Knetern des elektrischen Handrührgerätes oder in der Küchenmaschine zu einem glatten Teig verarbeiten. In Folie einwickeln und im Kühlschrank mindestens 20 Minuten ruhen lassen.
Die Beeren waschen und gut abtropfen lassen. Die Pflaumen halbieren und entkernen. Die Früchte in die Form geben und mit Zitronensaft beträufeln. Zucker, Honig, Kirschlikör, gemahlene Mandeln und Vanillinzucker hinzufügen und alles gut verrühren. Den Teig auf bemehlter Arbeitsfläche in der Größe der Form ausrollen. Den Formrand mit kaltem Wasser bestreichen, den Teig vorsichtig auflegen und am Rand festdrücken. Ringsum mit einem scharfen Messer abschneiden. In der Mitte einen Kamin ausstechen. Die Oberfläche mit Eigelb bestreichen. Aus den Teigresten runde Plätzchen ausstechen, auflegen und ebenfalls mit Eigelb bestreichen.

➤ Mit Mikrowelle mittlere Stufe plus Heißluft 190–210 °C bzw. Ober- und Unterhitze 200–220 °C in 30–35 Minuten backen. Auskühlen lassen und, mit Puderzucker bestreut, servieren.

Nordische rote Grütze

Besonders beliebt

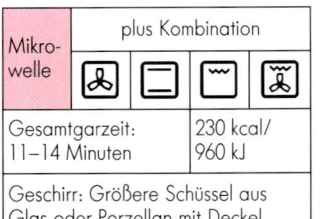

Mikrowelle	plus Kombination			
	⊞	⊡	⊡	⊞
Gesamtgarzeit: 11–14 Minuten		230 kcal/ 960 kJ		
Geschirr: Größere Schüssel aus Glas oder Porzellan mit Deckel				

Für 4–6 Personen

250 g Himbeeren
250 g Erdbeeren
250 g Brombeeren
250 g Sauerkirschen
200 g Zucker
2 EL Speisestärke
6–8 EL Wasser
abgeriebene Schale von
½ unbehandelten Zitrone
1 Messerspitze Gewürz-
nelkenpulver

Beeren und Kirschen waschen, die Kirschen entsteinen. Die Früchte gut abtropfen lassen und mit dem Zucker in die Schüssel geben. Mit Mikrowelle solo hohe Stufe zugedeckt 7–9 Minuten garen. Speisestärke mit Wasser anrühren und zu den Früchten geben. Zitronenschale und Gewürznelkenpulver hinzufügen und alles gut verrühren. Weitere 4–5 Minuten mit Mikrowelle solo hohe Stufe garen, dabei einmal gut umrühren.
Die Hälfte der Früchte im Mixer oder mit dem Pürierstab des elektrischen Handrührgerätes pürieren. Ganze Früchte untermischen.
Die Grütze in Portionsschälchen füllen und erkalten lassen.
Nach Belieben mit flüssiger oder geschlagener Sahne servieren.

Gratinierte Äpfel mit Roggenkruste

Knusprig und vollwertig

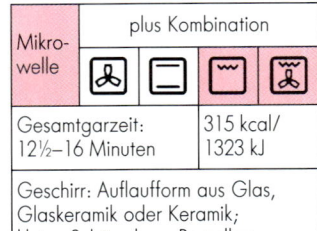

Mikrowelle	plus Kombination			
	⊞	⊡	⊡	⊞
Gesamtgarzeit: 12½–16 Minuten		315 kcal/ 1323 kJ		
Geschirr: Auflaufform aus Glas, Glaskeramik oder Keramik; kleine Schüssel aus Porzellan				

4 reife Äpfel, ca. 800 g
4 EL Zitronensaft
Butter für die Form

40 g Butter
1 EL Honig
50 g Roggenvollkornschrot
150 g Crème fraîche
100 ml süße Sahne
50 g gehobelte Haselnüsse

Die Äpfel schälen, vierteln und vom Kerngehäuse befreien. In dicke Spalten schneiden und mit Zitronensaft beträufeln. Die Auflaufform einfetten und mit den Apfelspalten belegen. Butter und Honig in einer kleinen Schüssel offen mit Mikrowelle solo höchste Stufe 1½–2 Minuten erhitzen. Den Roggenvollkornschrot dazugeben, umrühren und weitere 2–3 Minuten offen anrösten. Dabei einmal umrühren. Crème fraîche, Sahne und Haselnüsse unterrühren und auf die Äpfel verteilen.
➠ Mit Mikrowelle hohe Stufe plus Grill bzw. Umluftgrill 170–190 °C in 9–11 Minuten zubereiten.
Zu diesem fruchtigen Dessert paßt am besten geschlagene, süße Sahne.

Gefüllte Rotweinäpfel

Pfiffig

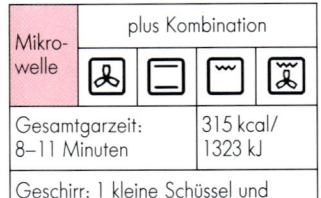

Mikrowelle	plus Kombination			
	⊞	⊡	⊡	⊞
Gesamtgarzeit: 8–11 Minuten		315 kcal/ 1323 kJ		
Geschirr: 1 kleine Schüssel und 1 größere, halbhohe Auflaufform aus Glas, Porzellan oder Keramik; Klarsichtfolie				

80 g Rosinen
¼ l trockener Rotwein
4 mittelgroße Äpfel
2 EL Zitronensaft
50 g gemahlene Mandeln
1 EL Honig
2–3 EL Cognac

Die Rosinen waschen und gut mit Küchenpapier trockentupfen. Mit 4–5 Eßlöffeln Rotwein in eine kleine Schüssel geben und mit Mikrowelle solo hohe Stufe zugedeckt in 2–3 Minuten aufkochen. Ca. 15 Minuten stehen lassen, dann haben die Rosinen viel von dem Wein aufgesogen und sind prall gefüllt. Abgießen und die Flüssigkeit auffangen. Die Äpfel schälen, das Kernhaus ausstechen, eng nebeneinander in die Form setzen. Mit Zitronensaft beträufeln. Mit der aufgefangenen Kochflüssigkeit und dem restlichen Rotwein übergießen. Mit Klarsichtfolie abdecken. Mit Mikrowelle solo hohe Stufe 3–4 Minuten garen.
Inzwischen Rosinen, Mandeln, Honig und Cognac mischen. Die Äpfel in der Form einmal wenden, füllen und erneut 3–4 Minuten garen. Nach Ablauf der Garzeit weitere 1–2 Minuten im Gerät nachziehen lassen.
Zu den gefüllten Rotweinäpfeln paßt am besten eine Kokossahne (Seite 115).

Erdbeer- Quark-Creme

Gelingt schnell

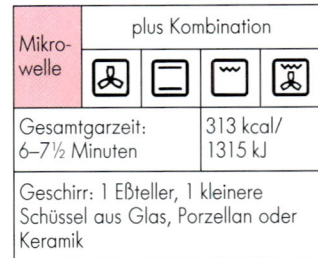

Mikrowelle	plus Kombination			
	⊞	⊡	⊡	⊞
Gesamtgarzeit: 6–7½ Minuten		313 kcal/ 1315 kJ		
Geschirr: 1 Eßteller, 1 kleinere Schüssel aus Glas, Porzellan oder Keramik				

250 g Erdbeeren
(frisch oder tiefgefroren)
175 g Magerquark
1 EL Zitronensaft
60 g Zucker
3 EL Johannisbeersaft
6 Blatt weiße Gelatine
50 g geschlagene Sahne

Frische Erdbeeren waschen und abtropfen lassen (tiefgefrorene Früchte aus der Packung nehmen, auf einen Eßteller geben und offen mit Mikrowelle solo niedrige Stufe 5–6 Minuten auftauen, dabei einmal vorsichtig wenden). 4 Früchte als Garnitur beiseite legen. Die restlichen Früchte mit dem Pürierstab des elektrischen Handrührgerätes oder in der Küchenmaschine pürieren.
Quark, Zitronensaft, Zucker und Johannisbeersaft verrühren. Die kalt eingeweichte, gut ausgedrückte Gelatine in eine kleine Schüssel geben. Offen mit Mikrowelle solo niedrige Stufe ca. 1–1½ Minuten erhitzen und dabei vollständig auflösen. Unter die Quarkmasse rühren. Anschließend das Erdbeerpüree gleichmäßig unterziehen.
Die Quarkspeise in Gläser umfüllen und im Kühlschrank erstarren lassen. Mit Erdbeeren und Schlagsahne garniert servieren.

Pikante und süße Bäckerei

Gebäcke gelingen in der Kombination
mit gewohnt gutem Ergebnis:
knusprig, gebräunt
und gleichzeitig aromatisch –
das alles in der Hälfte der Zeit.

Mit Mikrowelle solo werden Gebäcke zwar gar, erhalten jedoch keine Bräunung, und das bekannt gute Aroma fehlt. Daher gelingen pikante und süße Gebäcke in gewohnt guter Zubereitung nur in der Kombination mit Heißluft oder Ober- und Unterhitze. Dabei wird die Mikrowelle in einer niedrigen Stufe gleichzeitig hinzugeschaltet, so daß Sie das Gebäck nach etwa der Hälfte der Zeit bereits entnehmen können. Achten Sie darauf, daß Sie die Mikrowelle stets von Anfang an dazuschalten.

Ganz besonders gut gelingen alle »feuchten« Gebäcke mit süßem oder pikantem Belag, zum Beispiel Quark- oder Käsekuchen, Früchtekuchen mit Baiserhaube oder Quiche. Auch Strudel- und Blätterteig sind hervorragend geeignet. Daneben gelingen auch Spezialrezepte wie Pies oder Kasseler im Brotteig.

Praktische Hinweise

Backform

Verwenden Sie geeignete Backformen aus Glas, Keramik oder Kunststoff oder Springformen aus schwarz lackiertem oder siliconisiertem Metall. Dabei sind runde Formen besser verwendbar als Kastenformen, da es hier häufig zu einer Konzentration der Mikrowelle »in den Ecken« kommt.

Verschiedene Backformen

Die den Backmischungen beiliegenden Formen sind nicht geeignet, da sie zu leicht entzündbar sind.

Vorbereiten der Form

Fetten Sie die Backformen immer besonders sorgfältig ein, da beim Backen in der Kombination der Kuchen besonders schnell aufgeht. Aus geschmacklichen Gründen ist Butter bevorzugt empfohlen, aber auch Margarine ist geeignet. Semmelbrösel, gemahlene Haselnüsse oder Mandeln vermeiden zudem ein Ansetzen des Kuchens. Eine große Hilfe ist auch *Backpapier*.

Einschieben der Form

Stellen Sie die Backformen immer auf den zu Ihrem Gerät gehörenden Rost, gleich, ob es runder Rost ist, der auf den Drehteller aufgesetzt wird, oder ein Rost, der in den Backofen eingeschoben wird.

Backzeit/Backtemperatur

Wählen Sie die Backzeiten nicht zu lange und beachten Sie die empfohlenen Temperaturen, sonst wird das Gebäck zu trocken. Ein Vorheizen ist im allgemeinen nicht erforderlich.

Garprobe

Bei Rührteigen machen Sie ca. 5 Minuten vor Ende der Backzeit eine Garprobe mit einem Holzstäbchen. Ist das Holz beim Herausziehen trocken und klebt kein Teig mehr daran, so ist die restliche Backzeit ausreichend. Ansonsten lassen Sie das Gebäck noch 5–10 Minuten weiterbacken.

kcal/kJ

In diesem Kapitel entfallen die Angaben für Kalorien und Joule, da hier eine einheitliche Portionsgröße nicht angegeben werden kann.

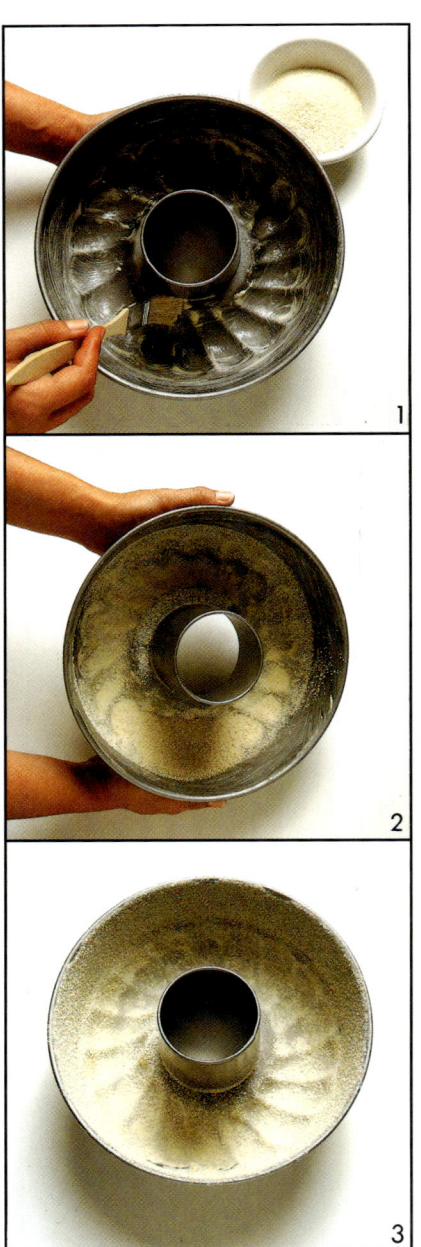

1 Die Backform ausfetten und
2 mit Semmelbröseln ausstreuen
3 So sieht eine gut vorbereitete Backform aus

Raffinierte Croissants
Pfiffig

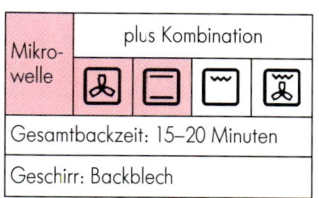

Mikro-welle	plus Kombination			
	⊛	▭	⌇	⊛

Gesamtbackzeit: 15–20 Minuten

Geschirr: Backblech

---

250 g Mehl
1 Päckchen Backpulver
1 Prise Salz, 250 g Quark
150 g gekühlte Butter
1 Eigelb zum Bestreichen

Mehl, Backpulver und Salz in einer hohen Rührschüssel mischen. Den Quark und die in Stückchen zerteilte Butter darauf verteilen und alles mit den Knethaken des elektrischen Handrührgerätes oder in der Küchenmaschine schnell zu einem glatten Teig verarbeiten. Den Teig auf bemehlter Arbeitsfläche zu einem Rechteck ausrollen, zur Hälfte einschlagen, leicht andrücken und für ca. 20 Minuten in den Kühlschrank geben. Erneut ausrollen, zusammenfalten und durchkühlen lassen. Zuletzt den Teig zu einem ca. 20 × 40 cm großen Rechteck ausrollen und in 10 cm breite Streifen schneiden. Diese einmal diagonal durchschneiden, so daß längliche Dreiecke entstehen. Von der breiteren Seite her aufrollen, mit Eigelb bestreichen und auf das kalt abgespülte Backblech legen.
➺ Mit Mikrowelle niedrige Stufe plus Heißluft 200–220 °C bzw. Ober- und Unterhitze 210–230 °C in 15–20 Minuten backen.

VARIATION

Sonntagsbrötchen: Formen Sie aus dem mehrfach ausgerollten Teig kleine Brötchen und schneiden die Oberseite kreuzweise ein. Backen wie oben.

DAS BESONDERE REZEPT

Bunte Salamipizza
Gut zu Wein und Bier

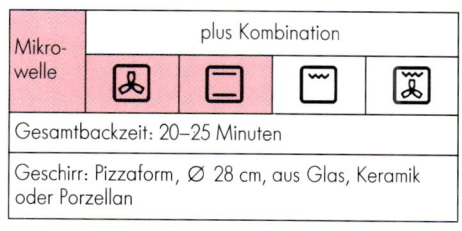

Mikro-welle	plus Kombination			
	⊛	▭	⌇	⊛

Gesamtbackzeit: 20–25 Minuten

Geschirr: Pizzaform, Ø 28 cm, aus Glas, Keramik oder Porzellan

Für 1–2 Personen

Hefeteig
250 g Mehl, 15 g frische Hefe
oder ½ Päckchen Trockenhefe
6 EL lauwarmes Wasser, 1 Prise Zucker
50 ml Öl, Salz, Butter für die Form

Belag
2 EL Tomatenmark, 150 g Tomaten
150 g feingeschnittene Salami
1 kleine, rote Paprikaschote
50 g Erbsen aus der Dose
50 g Maiskörner aus der Dose
10 schwarze Oliven
Salz, weißer Pfeffer aus der Mühle
Knoblauchpulver, Origano,
Thymian, Basilikum
100 g geriebener Emmentaler

Das Mehl in eine hohe Rührschüssel geben. In die Mitte eine Mulde drücken. Die Hefe mit Wasser und Zucker hineingeben. Mit etwas Mehl vermischen, abdecken und an einem warmen Ort ca. 15–20 Minuten gehen lassen. Öl und Salz hinzufügen und mit dem elektrischen Handrührgerät mit Knetern oder in der Küchenmaschine zu einem geschmeidigen Teig verarbeiten. Nochmals ca. 20 Minuten zugedeckt gehen lassen. Den Teig auf bemehlter Arbeitsfläche ausrollen und in die gefettete Form geben. Mit Tomatenmark bestreichen. Die Tomaten waschen und in Scheiben schneiden. Mit den Salamischeiben auf dem Teig verteilen. Die Paprikaschote waschen, halbieren und von Kernen und Rippen befreien. In feine Streifen schneiden und mit den Erbsen, Maiskörnern und Oliven auf die Tomaten legen. Kräftig würzen und zuletzt mit geriebenem Käse bestreuen.
➺ Mit Mikrowelle niedrige Stufe plus Heißluft 190–210 °C bzw. Ober- und Unterhitze 210–230 °C in 20–25 Minuten backen.

Kasseler im Teigmantel
Hübsch für Gäste

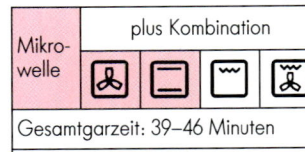

Mikro-welle	plus Kombination			
	⊛	▢	∿	⊛

Gesamtgarzeit: 39–46 Minuten

Geschirr: Auflaufform aus Glas, Porzellan oder Keramik; Backblech, Backpapier

750 g rohes, geräuchertes
Kasseler ohne Knochen
weißer Pfeffer aus der Mühle

Teig
50 g Speisestärke
150 g Roggenmehl
1 Eigelb
100 g Butter oder Margarine
Salz
frisch geriebene Muskatnuß
2 EL saure Sahne
oder Joghurt
Eigelb und Milch zum
Bestreichen

Das Fleisch kalt abspülen, mit Küchenpapier trocken-tupfen und die fetten Partien kreuzweise einschneiden. Gut pfeffern und in die Auflaufform legen. Mit Mikrowelle solo hohe Stufe in 14–16 Minuten garen, dabei einmal wenden. Inzwischen den Teigmantel vorbereiten. Hierzu Speisestärke und Roggenmehl in eine hohe Rührschüssel geben. Eigelb, weiche Butter oder Margarine, Salz, Muskat und Sahne oder Joghurt daraufgeben. Mit dem elektrischen Handrührgerät mit Knetern oder in der Küchenmaschine zu einem geschmeidigen Teig verarbeiten. In Folie einwickeln und im Kühlschrank ca. 15 Minuten ruhen lassen. Den Teig auf bemehlter Arbeitsfläche zu einem größeren Rechteck ausrollen. Das Kasseler darin einwickeln, den Teig gut andrücken und mit der Nahtstelle nach unten auf das mit Backpapier ausgelegte Backblech legen. Zwei kleine Öffnun-gen an der Oberfläche aus-stechen. Eigelb und Milch verquirlen und den Teig da-mit gleichmäßig bestrei-chen.

➠ Mit Mikrowelle niedrige Stufe plus Heißluft 160–180 °C bzw. Ober- und Unterhitze 190–210 °C in 25–30 Minuten zubereiten.

VARIATION

Schinken im Teigmantel: Anstelle des Kasselers kön-nen Sie auch ein flaches, gleich schweres Stück ge-kochten Schinken bei glei-cher Einstellung zubereiten.

Badischer Zwiebelkuchen
Gut zu Wein und Bier

Mikro-welle	plus Kombination			
	⊛	▢	∿	⊛

Gesamtgarzeit: 35–41 Minuten

Geschirr: Pizzaform, Ø 28 cm, aus Glas oder Keramik; kleine Schüssel aus Glas oder Porzellan mit Deckel

Teig
200 g Mehl
100 g Butter oder Margarine
½ TL Salz, 1 Ei
3 El Wasser
Butter und Semmelbrösel
für die Form

Belag
250 g Zwiebeln
100 g durchwachsener,
magerer Speck
150 g Crème fraîche
3 Eier
Salz, weißer Pfeffer
aus der Mühle
frisch geriebene Muskatnuß
70 g geriebener Emmentaler

Mehl, Butter oder Margari-ne, Salz, Ei und Wasser in eine hohe Rührschüssel ge-ben. Mit den Knetern des elektrischen Handrührgerä-tes oder in der Küchenma-schine zu einem glatten Teig verarbeiten. In Folie einwickeln und im Kühl-schrank ca. 20–30 Minuten ruhen lassen.
Inzwischen die Zwiebeln schälen und in dünne Rin-ge schneiden. Den Speck fein würfeln. Beides in die kleine Schüssel geben und mit Mikrowelle solo hohe Stufe zugedeckt 5–6 Minu-ten vorgaren. Beiseite stel-len, abkühlen lassen.
Die Pizzaform einfetten und mit Semmelbröseln ausstreuen. Den Teig auf ei-ner bemehlten Arbeitsflä-che ausrollen, in die Form geben und einen Rand von ca. 2 cm hochziehen. Den Boden mehrmals mit einer Gabel einstechen. Die Speck-Zwiebel-Masse gleichmäßig darauf vertei-len. Crème fraîche mit den Eiern verquirlen und kräftig würzen. Über die Zwiebeln in die Form gießen und ge-riebenen Käse darüber-streuen.

➠ Mit Mikrowelle niedrige Stufe plus Heißluft 160–180 °C bzw. Ober- und Unterhitze 190–210 °C in 30–35 Minuten backen. Noch warm servieren.

Tomatenpizza mit Artischocken
Foto
Knusprige Bräunung ist wichtig

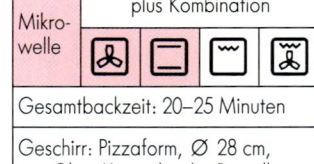

Mikro-welle	plus Kombination			
	⊛	▢	∿	⊛

Gesamtbackzeit: 20–25 Minuten

Geschirr: Pizzaform, Ø 28 cm, aus Glas, Keramik oder Porzellan

Für 1–2 Personen

Hefeteig
250 g Mehl
15 g frische Hefe oder
½ Päckchen Trockenhefe
6 EL lauwarmes Wasser
1 Prise Zucker
50 ml Öl, Salz
Butter für die Form

Belag
250 g Tomaten
3 Scheiben gekochter
Schinken
200 g Artischocken
aus dem Glas
250 g Mozzarella
Salz, weißer Pfeffer
aus der Mühle
Thymian
Origano

Das Mehl in eine hohe Rührschüssel geben. In die Mitte eine Mulde eindrük-ken. Die Hefe mit Wasser und Zucker hineingeben. Mit etwas Mehl vermischen, abdecken und an einem warmen Ort ca. 15–20 Mi-nuten gehen lassen. Öl und Salz hinzufügen und mit dem elektrischen Hand-rührgerät mit Knetern oder in der Küchenmaschine zu einem geschmeidigen Teig verarbeiten. Nochmals ca. 20 Minuten zugedeckt ge-hen lassen.
Den Teig auf bemehlter Ar-beitsfläche ausrollen und in die gefettete Form ge-ben. Die Tomaten heiß überbrühen, häuten und würfeln. Auf dem Teig ver-teilen. Den Schinken etwas klein schneiden und mit den abgetropften geviertel-ten Artischocken ebenfalls auf dem Teig bzw. den To-maten verteilen. Den Moz-zarella in Scheiben schnei-den und gleichmäßig auf die anderen Zutaten legen. Kräftig würzen.

➠ Mit Mikrowelle niedrige Stufe plus Heißluft 190–210 °C bzw. Ober- und Unterhitze 210–230 °C in 20–25 Minuten backen.

HINWEIS

Möchten Sie eine tiefgefro-rene Fertigpizza verwen-den, so können Sie diese gefroren auf das mit Back-papier ausgelegte Blech ge-ben, nach Belieben zusätz-lich mit etwas Käse bestreu-en und mit der oben ange-gebenen Einstellung abbak-ken.

Quiche lorraine
Gut zu Wein und Bier

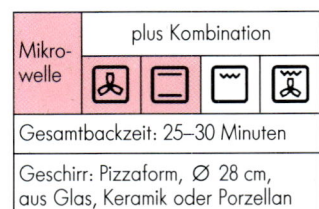

Mikro-welle	plus Kombination			

Gesamtbackzeit: 25–30 Minuten

Geschirr: Pizzaform, Ø 28 cm, aus Glas, Keramik oder Porzellan

Teig
200 g Mehl, ½ TL Salz
100 g Butter oder Margarine
1 Ei, 5 EL Wasser
Butter und 1–2 EL Semmel-
brösel für die Form

Belag
200 g gekochter Schinken
4 Eier, ¼ l süße Sahne
Salz, weißer Pfeffer
aus der Mühle
125 g geriebener
Edamer

Mehl, Salz, Fett, Ei und Was-ser in eine hohe Rührschüs-sel geben. Mit dem elektri-schen Handrührgerät oder in der Küchenmaschine zu einem geschmeidigen Teig verarbeiten. In Folie einwik-keln und im Kühlschrank ca. 20 Minuten ruhen lassen. Die Form einfetten und mit Semmelbröseln ausstreuen. Den Teig auf einer bemehl-ten Arbeitsfläche ausrollen, in die Form geben und ei-nen Rand von ca. 2 cm hochziehen. Den Boden mehrmals mit einer Gabel einstechen.
Den Schinken würfeln und gleichmäßig in der Form verteilen. Eier, Sahne, Salz und Pfeffer verquirlen, über den Schinken in die Form gießen. Geriebenen Käse darüberstreuen.
❱ Mit Mikrowelle niedrige Stufe plus Heißluft 160–180 °C bzw. Ober- und Unterhitze 190–210 °C in 25–30 Minuten backen. Nach dem Backen einige Minuten in der Form aus-kühlen lassen. Auf eine Tor-tenplatte heben und noch warm aufschneiden.

Gorgonzola-Quiche
Sie sparen 50% Zeit

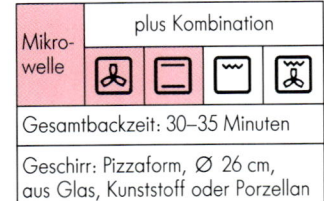

Mikro-welle	plus Kombination			

Gesamtbackzeit: 30–35 Minuten

Geschirr: Pizzaform, Ø 26 cm, aus Glas, Kunststoff oder Porzellan

Teig
200 g Mehl, ½ TL Salz
1 Ei, 3 EL Wasser
100 g Butter oder Margarine
Butter für die Form

Belag
350 g frische Champignons
2 EL gehackte Petersilie
weißer Pfeffer aus der Mühle
200 g Gorgonzola
2 Eigelb, 2 cl Cognac
150 ml süße Sahne
50 g gemahlene Haselnüsse

Mehl, Salz, Ei und Wasser in eine hohe Rührschüssel ge-ben. Das Fett in Flöckchen darübergeben und mit den Knetern des elektrischen Handrührgerätes oder mit der Küchenmaschine zu ei-nem glatten Teig verarbei-ten. In Folie einwickeln und im Kühlschrank ca. 20 Minuten ruhen lassen. Den Teig auf einer bemehl-ten Fläche ausrollen, in die Form geben, einen Rand von 1–2 cm hochziehen. Den Boden mehrmals mit einer Gabel einstechen. Die Champignons wa-schen, putzen und blättrig schneiden. Gleichmäßig auf dem Teigboden vertei-len. Mit gehackter Petersilie bestreuen und mit Pfeffer würzen. Gorgonzola, Ei-gelb, Cognac, Sahne und gemahlene Haselnüsse ver-rühren, über die Champi-gnons in die Form geben.
❱ Mit Mikrowelle niedrige Stufe plus Heißluft 170–190 °C bzw. Ober- und Unterhitze 200–220 °C in 30–35 Minuten backen. Weitere 5 Minuten im aus-geschalteten Gerät stehen lassen. Lauwarm servieren.

Camembert-Quiche
Pfiffig

Mikro-welle	plus Kombination			

Gesamtbackzeit: 30–35 Minuten

Geschirr: Pizzaform, Ø 28 cm, aus Glas oder Keramik

Teig
250 g Mehl
125 g Butter oder Margarine
½ TL Salz
1 Ei
3–4 EL Wasser
Butter und 1–2 EL Semmel-
brösel für die Form

Belag
350 g Erbsen (frisch oder
tiefgefroren und aufgetaut)
250 g Camembert
50 g gehackte Walnüsse

Guß
2 Eigelb
150 ml süße Sahne
2 cl Cognac
Salz, weißer Pfeffer
aus der Mühle
1 Messerspitze Cayenne-
pfeffer

Mehl mit Fett, Salz, Ei und Wasser in eine hohe Rühr-schüssel geben. Mit dem elektrischen Handrührgerät mit Knetern oder in der Kü-chenmaschine zu einem glatten Teig verarbeiten. In Folie einwickeln und im Kühlschrank ca. 20–30 Mi-nuten ruhen lassen. Die Pizzaform einfetten und mit Semmelbröseln ausstreuen. Den Teig auf ei-ner bemehlten Arbeitsflä-che ausrollen, in die Form geben und einen Rand von ca. 2 cm hochziehen. Den Boden mehrmals mit einer Gabel einstechen. Die Erbsen in die Form streuen. Den Camembert in ½ cm dicke Scheiben schneiden und über die Erbsen in die Form geben. Mit gehackten Walnüssen bestreuen.

Für den Guß Eigelb, Sahne, Cognac und Gewürze ver-quirlen. Über die Käseaufla-ge in die Form gießen.
❱ Mit Mikrowelle niedrige Stufe plus Heißluft 160–180 °C bzw. Ober- und Unterhitze 190–210 °C in 30–35 Minuten goldbraun backen.

Sesamrolle mit Spinatfüllung
Vollwertig

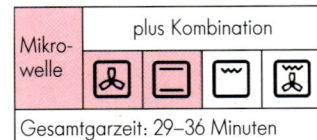

Mikro-welle	plus Kombination			

Gesamtgarzeit: 29–36 Minuten

Geschirr: Schüssel aus Glas oder Porzellan mit Deckel; Backblech, Backpapier

Hefeteig
200 g Weizenvollkornmehl
75 g Buchweizenmehl
75 g Gerstenmehl
20 g frische Hefe oder
½ Päckchen Trockenhefe
1 EL Honig
1–2 EL lauwarmes Wasser
¼ TL gemahlener Kümmel
1 Prise frisch geriebene
Muskatnuß
1 Messerspitze Koriander
125 ml saure Sahne
2 EL kaltgepreßtes Olivenöl
1 Eigelb und etwas Sahne
zum Bestreichen
2 EL Sesamsamen
zum Bestreuen

Füllung
1 Knoblauchzehe
1 Zwiebel
2 EL Butter
400 g frischer Spinat
2 EL süße Sahne
2 Eier
50 g Sesamsamen
weißer Pfeffer aus der Mühle

Die drei Mehlsorten in ei-ner hohen Rührschüssel mi-schen. In die Mitte eine Mulde drücken. Die Hefe mit Honig und lauwarmem Wasser hineingeben. Mit et-was Mehl vermischen, ab-

decken und an einem warmen Ort ca. 15–20 Minuten gehen lassen. Gewürze, Sahne und Öl hinzufügen und mit dem elektrischen Handrührgerät mit Knetern oder in der Küchenmaschine zu einem geschmeidigen Teig verarbeiten. Nochmals ca. 20–30 Minuten zugedeckt gehen lassen.
In der Zwischenzeit die Füllung vorbereiten. Hierzu Knoblauchzehe und Zwiebel schälen. Mit der Butter in die Schüssel geben und offen mit Mikrowelle solo hohe Stufe 2 Minuten glasig dünsten. Spinat verlesen, waschen und gründlich abtropfen lassen. In die Schüssel geben, mit Sahne beträufeln und geschlossen bei gleicher Einstellung 7–9 Minuten garen, dabei einmal gut umrühren. Abkühlen lassen. Eier, Sesamsamen und Pfeffer hinzufügen und alle Zutaten gut vermischen.
Den Hefeteig auf einem bemehlten Küchentuch zu einem größeren Rechteck von ca. 30–40 cm ausrollen, mit der Spinatfüllung bestreichen und mit Hilfe des Tuches zusammenrollen. An den Ecken festdrücken oder leicht einschlagen. Das Backblech kalt abspülen und mit einem ausreichend großen Stück Backpapier auslegen. Die Sesamrolle darauflegen. Eigelb mit Sahne verquirlen und den Teig gleichmäßig damit bestreichen. Mit Sesamsamen bestreuen.
➽ Mit Mikrowelle mittlere Stufe plus Heißluft 160–180 °C bzw. Ober- und Unterhitze 190–210 °C in 20–25 Minuten backen.

DAS BESONDERE REZEPT

Saftiger Gemüsekuchen
Hübsch für Gäste

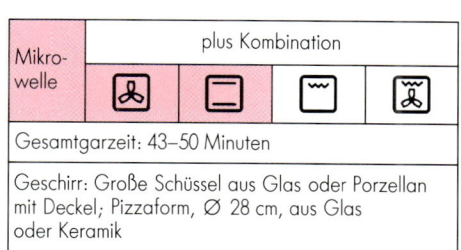

Mikro-welle	plus Kombination			
	🔥	☐	〰	🔥

Gesamtgarzeit: 43–50 Minuten

Geschirr: Große Schüssel aus Glas oder Porzellan mit Deckel; Pizzaform, Ø 28 cm, aus Glas oder Keramik

Teig
200 g Mehl, 100 g Butter oder Margarine
½ TL Salz, 1 Ei, 3 EL Wasser
Butter und 1 EL Semmelbrösel
für die Form

Gemüseauflage
150 g Bohnen (frisch oder tiefgefroren)
150 g Brokkoli (frisch oder tiefgefroren)
100 g Kohlrabi (frisch oder tiefgefroren)
250 g tiefgefrorenes Buttergemüse
Salz, weißer Pfeffer aus der Mühle
50 g Butter, 80 g frische Champignons

Guß
3 Eier, 150 ml süße Sahne
weißer Pfeffer aus der Mühle
Cayennepfeffer
125 g geriebener Emmentaler

Mehl, Fett, Salz, Ei und Wasser in eine hohe Rührschüssel geben. Mit den Knetern des elektrischen Handrührgerätes oder mit der Küchenmaschine zu einem glatten Teig verarbeiten. In Folie einwikkeln und im Kühlschrank ca. 25–30 Minuten ruhen lassen.
Frisches Gemüse waschen, putzen und gut abtropfen lassen (tiefgefrorenes Gemüse aus der Packung nehmen, auch das Buttergemüse). Alle Gemüsesorten in die Schüssel geben, etwas Wasser darüberträufeln, würzen und Butterflöckchen aufsetzen. Mit Mikrowelle solo hohe Stufe zugedeckt 8–10 Minuten vorgaren. Inzwischen die Champignons waschen und putzen.
Die Pizzaform einfetten und mit Semmelbröseln ausstreuen. Den Teig auf einer bemehlten Arbeitsfläche ausrollen, in die Form geben und einen Rand von ca. 1 cm hochziehen. Den Boden mehrmals mit einer Gabel einstechen. Die Gemüse dekorativ auf dem Teig verteilen.
Aus Eiern, Sahne, Gewürzen und geriebenem Käse einen Guß anrühren. Über das Gemüse in die Form gießen.
➽ Mit Mikrowelle niedrige Stufe plus Heißluft 160–180 °C bzw. Ober- und Unterhitze 180–200 °C in 35–40 Minuten backen.
Noch warm servieren.

Körniges Hefebrot mit Buttermilch

Vollwertig

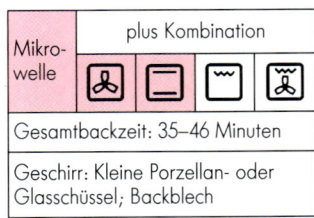

Mikro-welle	plus Kombination			

Gesamtbackzeit: 35–46 Minuten

Geschirr: Kleine Porzellan- oder Glasschüssel; Backblech

500 g Weizenmehl, Type 405
250 g frisch gemahlener Hafer
125 g frisch gemahlener Weizen
½ l lauwarme Buttermilch
50 g Frischhefe (oder
2 Päckchen Trockenhefe)
75 g Haferflocken
50 g Sonnenblumenkerne
25 g Butter
1–2 EL Honig
125 g Quark
1 EL Vollmeersalz
1 TL Kümmel
1 EL Koriander
Butter oder Margarine für das Backblech
1–2 EL Haferflocken zum Bestreuen

Die Mehlsorten in einer größeren Schüssel mischen. In die Mitte eine Mulde drücken, 5 EL Buttermilch hineingeben, die zerbröckelte Hefe zufügen und alles mit etwas Mehl vom Rand zum Vorteig verrühren (Trockenhefe nach Packungsanweisung verwenden). Mit einem Küchentuch bedecken und ca. 15–20 Minuten an einem warmen Platz gehen lassen, bis der Teig Blasen wirft.
Inzwischen Haferflocken und Sonnenblumenkerne mit Butter und Honig in einer kleinen Porzellan- oder Glasschüssel mischen. 5–6 Minuten mit Mikrowelle solo auf der mittleren Stufe goldgelb anrösten. Abkühlen lassen.
Die restliche Buttermilch, Quark, Gewürze und das Gemisch aus Haferflocken und Sonnenblumenkernen zum Vorteig geben. Mit dem elektrischen Handrührgerät mit Knethaken oder in der Küchenmaschine gut verkneten. Zu einem Brotlaib formen und auf das gefettete Backblech legen. Mit einem Tuch bedeckt an einem warmen Ort ca. 1–1½ Stunden gehen lassen. Mit warmem Wasser bestreichen und mit Haferflocken bestreuen.
➤ Mit Mikrowelle niedrige Stufe plus Heißluft 180–200 °C bzw. Ober- und Unterhitze 200–220 °C in 30–40 Minuten backen.

Piroggen mit pikanter Füllung

Gelingt leicht

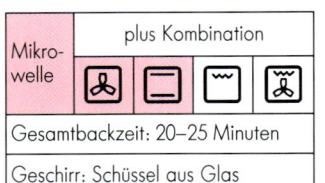

Mikro-welle	plus Kombination			

Gesamtbackzeit: 20–25 Minuten

Geschirr: Schüssel aus Glas oder Porzellan; Backblech

Teig
250 g Mehl
½ TL Salz
200 g Butter oder Margarine
1 Ei
3 EL Milch
1 Eigelb und etwas Milch zum Bestreichen

Füllung
1 Knoblauchzehe
1 Zwiebel
2 EL Butter
300 g gemischtes Hackfleisch
3 EL Tomatenmark
100 ml Weißwein
Salz, weißer Pfeffer aus der Mühle
1 TL Currypulver
3 EL Semmelbrösel
2 EL geriebener Emmentaler
1 EL gehackter Schnittlauch
1 Ei

Mehl mit Salz, der in Stückchen zerteilten Butter oder Margarine, dem Ei und der Milch in eine hohe Rührschüssel geben. Mit dem elektrischen Handrührgerät mit Knetern oder in der Küchenmaschine zu einem geschmeidigen Teig verarbeiten. In Folie einwickeln und im Kühlschrank mindestens 30 Minuten auskühlen lassen.
Für die Füllung Knoblauchzehe und Zwiebel schälen, fein hacken und mit der Butter in eine kleine Schüssel geben. Offen 2–3 Minuten mit Mikrowelle solo hohe Stufe glasig dünsten. Hackfleisch, Tomatenmark, Wein und Gewürze dazugeben und weiter 5–7 Minuten offen garen, dabei mehrmals gut umrühren. Semmelbrösel, Käse, Schnittlauch und Ei unter die abgekühlte Hackfleischmasse mischen.
Den Teig ca. 6 mm dick ausrollen und 8–10 Kreise von ca. 12 cm Durchmesser ausstechen. Auf jede Teigscheibe einen gehäuften Eßlöffel Füllung geben. Die Kanten mit dem mit Milch verquirlten Eigelb bestreichen, zu Halbmonden zusammenfalten und die Kanten mit einer Gabel fest andrücken. Mit dem restlichen Eigelb an der Oberseite bestreichen und auf das Backblech legen.
➤ Mit Mikrowelle niedrige Stufe plus Heißluft 190–210 °C bzw. Ober- und Unterhitze 200–220 °C in 20–25 Minuten backen.

Käsewähe

Spezialität aus der Schweiz

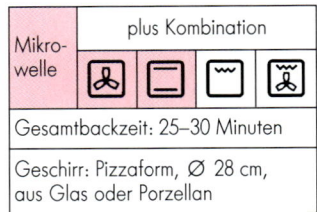

Mikro-welle	plus Kombination			

Gesamtbackzeit: 25–30 Minuten

Geschirr: Pizzaform, Ø 28 cm, aus Glas oder Porzellan

Teig
250 g Mehl
80 g Butter oder Margarine
1 Prise Salz
1 Eigelb
75 ml kaltes Wasser
Butter für die Form

Belag
250 g geriebener Emmentaler
3 Eier
200 ml süße Sahne
1 EL Speisestärke
Salz, weißer Pfeffer aus der Mühle

Mehl, Butter oder Margarine, Salz, Eigelb und Wasser in eine hohe Rührschüssel geben. Mit dem elektrischen Handrührgerät mit Knetern oder in der Küchenmaschine zu einem glatten Teig verarbeiten. In Folie einwickeln und im Kühlschrank ca. 20–30 Minuten ruhen lassen.
Die Pizzaform einfetten. Den Teig auf einer bemehlten Arbeitsfläche ausrollen, in die Form geben und einen Rand von ca. 2 cm hochziehen. Den Boden mehrmals mit einer Gabel einstechen und mit dem Käse bestreuen. Eier, Sahne, Speisestärke und Gewürze gut verquirlen. Über den Käse gleichmäßig in die Form gießen.
➤ Mit Mikrowelle niedrige Stufe plus Heißluft 160–180 °C bzw. Ober- und Unterhitze 190–210 °C in 25–30 Minuten backen. Noch warm servieren.

Spinatwähe

Foto

Pfiffig

Mikro-welle	plus Kombination			
	🅑	⬜	〰	🅢

Gesamtgarzeit: 38–45 Minuten

Geschirr: Schüssel aus Glas oder Porzellan; Springform aus Metall, Ø 26 cm

1 Packung tiefgefrorener Blätterteig (300 g)

600 g Blattspinat (frisch oder tiefgefroren)
8 EL Wasser, 2 EL Butter
2 EL Semmelbrösel

Guß

¼ l süße Sahne, 4 Eier
Salz, weißer Pfeffer
Muskat

Den Blätterteig nach Packungsanweisung auftauen. Frischen Spinat verlesen, waschen, auf ein Sieb geben, tiefgefrorenen Spinat aus der Packung nehmen. Den Spinat in eine Schüssel geben, Wasser und Butter hinzufügen und zugedeckt mit Mikrowelle solo höchste Stufe 8–10 Minuten vorgaren. Zwischendurch ein- bis zweimal umrühren. Den Blätterteig zu einem größeren Rechteck ausrollen. Die Backform damit auslegen und einen Rand von ca. 4 cm hochziehen, ca. 10 Minuten stehen lassen. Den Teigboden mit einer Gabel mehrmals einstechen und mit Semmelbröseln bestreuen. Den Spinat abtropfen lassen und gleichmäßig auf dem Teig verteilen.

Aus Sahne, Eiern und Gewürzen einen Guß anrühren und über den Spinat in die Form gießen.

➤ Mit Mikrowelle niedrige Stufe plus Heißluft 150–170 °C bzw. Ober- und Unterhitze 170–190 °C in 30–35 Minuten backen.

Hackfleisch-strudel   Foto

Gut zu Wein und Bier

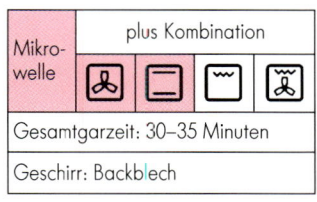

Mikro-welle	plus Kombination			
	⬡	▢	∿	⬡

Gesamtgarzeit: 30–35 Minuten

Geschirr: Backblech

---

1 Paket tiefgefrorener
Blätterteig (300 g)
3 EL Öl
1 Eiweiß
1 Eigelb

Füllung

450 g gemischtes Hackfleisch
2 Zwiebeln
1 Knoblauchzehe
1 grüne Paprikaschote
½ rote Paprikaschote
50 g Maiskörner
aus der Dose
2 EL gehackte Petersilie
Salz, weißer Pfeffer
aus der Mühle
Paprikapulver

Den Blätterteig nach Pak-kungsanweisung auftauen. In der Zwischenzeit für die Füllung das Hackfleisch in eine Rührschüssel geben. Zwiebeln und Knoblauch-zehe schälen und fein hak-ken. Paprikaschoten wa-schen, halbieren und von den Kernen und Rippen be-freien, fein würfeln. Die Maiskörner kalt abspülen und abtropfen lassen. Die Gemüsezutaten mit gehack-ter Petersilie und Gewür-zen zum Hackfleisch ge-ben. Mit dem elektrischen Handrührgerät mit Knetern zu einem geschmeidigen Fleischteig verarbeiten. Den Blätterteig zu einem größeren Rechteck von ca. 30 × 40 cm ausrollen, ein Stück zur Garnitur beiseite legen. Die Teigplatte mit et-was Öl bestreichen, zur Hälfte mit der Füllung bele-gen und den restlichen Teig darüberklappen. Die Rän-der ringsum mit Eiweiß be-streichen und fest andrük-ken. Das Eigelb mit dem restlichen Öl verrühren und die Teigoberseite damit be-streichen. Aus dem Teigrest Streifen schneiden und de-korativ auflegen, erneut mit dem Ei-Öl-Gemisch bestrei-chen. Auf das mit kaltem Wasser abgespülte Back-blech legen und zum Auf-richten der gedrückten Blätterteigkanten minde-stens 10 Minuten ruhen las-sen.
➤ Mit Mikrowelle niedrige Stufe plus Heißluft 170–190 °C bzw. Ober- und Unterhitze 200–220 °C in 30–35 Minuten zubereiten.

»Kiymali börek« – Hackfleischstrudel türkische Art

Spezialität aus der Türkei

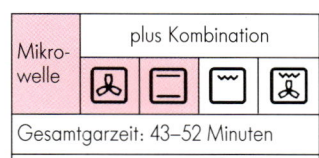

Mikro-welle	plus Kombination			
	⬡	▢	∿	⬡

Gesamtgarzeit: 43–52 Minuten

Geschirr: Großflächige Schüssel aus Glas oder Porzellan; größere, halbhohe Auflaufform aus Glas, Keramik oder Porzellan

Füllung

3 große Zwiebeln
4 EL Öl
450 g Rinderhackfleisch
2 rote Paprikaschoten
Salz, weißer Pfeffer
aus der Mühle
Paprikapulver

Teig

375 g Mehl
1 Prise Salz
4 Eier
3 EL lauwarmes Wasser
40 g flüssige Butter
zum Bestreichen
Butter für die Form
3 EL Milch

Die Zwiebeln schälen und fein würfeln. Mit dem Öl in die Schüssel geben und of-fen 2–3 Minuten mit Mikro-welle solo hohe Stufe an-dünsten. Das Hackfleisch hinzufügen, mit einer Ga-bel etwas lockern und 6–8 Minuten weitergaren. Inzwischen die Paprika-schoten waschen, halbieren und von den Kernen und Rippen befreien, klein schneiden. Zum Hack-fleisch geben und weitere 5–6 Minuten offen garen, zwischendurch mehrmals mit einer Gabel auflockern. Kräftig würzen und zum Abkühlen beiseite stellen. Für den Strudelteig das Mehl auf die mit Backpa-pier ausgelegte Arbeitsflä-che sieben und eine Vertie-fung eindrücken. Salz dar-überstreuen. Die Eier mit lauwarmem Wasser gut ver-quirlen und in die Mehlgru-be geben. Etwas Mehl vom Rand unterrühren, dann das restliche Mehl von der Mitte aus einarbeiten und den Teig kräftig durchkne-ten. Den Teig in ein feuch-tes Küchentuch einschla-gen und einige Minuten ru-hen lassen.
Ein Drittel des Teiges auf der bemehlten Arbeitsflä-che ausrollen und die ge-fettete Auflaufform so da-mit auslegen, daß ringsum ein ca. 5 cm breiter Rand überlappt. Den restlichen Teig in 12 kleine Stückchen aufteilen, jedes messerrük-kendick ausrollen und mit flüssiger Butter bestrei-chen. Etwas Hackfleischfül-lung daraufsetzen und ne-beneinander in die Form heben. Die Teigränder dar-über zusammenklappen und mit Milch bestreichen.
➤ Mit Mikrowelle niedrige Stufe plus Heißluft 180–200 °C bzw. Ober- und Unterhitze 200–220 °C in 30–35 Minuten zubereiten. Das »Kiymali börek« wird heiß serviert und erst am Tisch in Portionen aufge-schnitten.

Bananen-Walnußbrot

Pfiffig

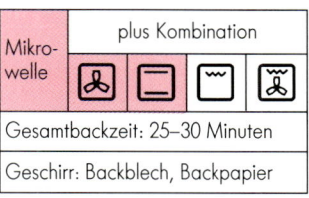

Mikro-welle	plus Kombination			
	⬡	▢	∿	⬡

Gesamtbackzeit: 25–30 Minuten

Geschirr: Backblech, Backpapier

---

180 g Butter oder Margarine
150 g brauner Zucker
3 Eier
4 reife Bananen
350 g Weizenvollkornmehl
3 TL Backpulver
3 EL Sesamsamen
¼ TL Meersalz
100 g gehackte Walnüsse
50 ml süße Sahne
2 EL Sesamsamen
zum Bestreuen

Das weiche Fett in eine ho-he Rührschüssel geben und mit dem elektrischen Hand-rührgerät mit Schlägern oder in der Küchenmaschi-ne schaumig rühren. Nach und nach Zucker und Eier hinzufügen und weiterrüh-ren, bis die Masse sehr schön cremig ist. Die Bana-nen schälen, mit einer Ga-bel zerdrücken oder im Mi-xer fein pürieren. Unter die Eimischung rühren. Das Mehl sieben und mit Back-pulver, Sesamsamen, Salz und Walnüssen unter den Teig rühren. Die Sahne da-zugeben und weiterrühren. Den Teig mit nassen Hän-den zu einem runden Laib formen, auf das mit Back-papier ausgelegte Back-blech geben und mit Se-samsamen bestreuen.
➤ Mit Mikrowelle niedrige Stufe plus Heißluft 150–170 °C bzw. Ober- und Unterhitze 180–200 °C in 25–30 Minuten backen.

Mandel-Kirschkuchen

Gelingt schnell

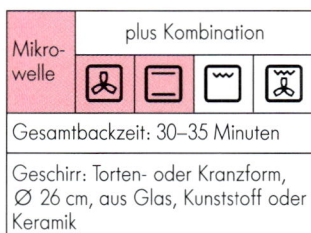

Mikro-welle	plus Kombination			

Gesamtbackzeit: 30–35 Minuten

Geschirr: Torten- oder Kranzform, Ø 26 cm, aus Glas, Kunststoff oder Keramik

100 g weiche Butter
oder Margarine
100 g Zucker
1 Päckchen Vanillinzucker
1 Prise Salz
5 Eigelb
100 g gemahlene Mandeln
6 EL süße Sahne
4 Tropfen
Bittermandelaroma
200 g Mehl
½ Päckchen Backpulver
5 Eiweiß
100 g Zucker
350 g entsteinte Kirschen
aus dem Glas
Butter und 1–2 EL
Semmelbrösel
oder gemahlene Mandeln
für die Form
Puderzucker zum Bestreuen

Weiche Butter oder Margarine, Zucker, Vanillinzucker, Salz und Eigelb in eine hohe Rührschüssel geben. Mit dem elektrischen Handrührgerät mit Schlägern oder in der Küchenmaschine sehr schaumig schlagen. Mandeln, Sahne und Bittermandelaroma dazugeben und weiterrühren. Das Mehl sieben und mit dem Backpulver mischen. Kurz, aber gleichmäßig unter den Teig rühren.
Die Eiweiß zunächst nur halbsteif schlagen. Den Zucker nach und nach einrieseln lassen und weiterschlagen, bis die Masse schnittfest ist. Die Kirschen abtropfen lassen.
Die Backform gleichmäßig einfetten und mit Semmelbröseln oder gemahlenen Mandeln gleichmäßig aus-

streuen. 3 Eßlöffel des Eischnees unter den Teig rühren, den Rest vorsichtig unterheben. Den Teig sofort in die vorbereitete Form füllen und glattstreichen. Die Kirschen gleichmäßig darauf verteilen.
➽ Mit Mikrowelle niedrige Stufe plus Heißluft 150–170 °C bzw. Ober- und Unterhitze 180–200 °C in 30–35 Minuten backen. Den Kuchen aus dem Gerät nehmen, ca. 5 Minuten in der Form auskühlen lassen und auf ein Kuchengitter stürzen. Vor dem Servieren mit reichlich Puderzucker bestreuen.

Versunkene Aprikosentorte

Knusprig und köstlich

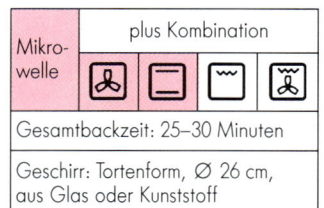

Mikro-welle	plus Kombination			

Gesamtbackzeit: 25–30 Minuten

Geschirr: Tortenform, Ø 26 cm, aus Glas oder Kunststoff

100 g Butter oder Margarine
100 g Zucker
1 Päckchen Vanillinzucker
3 Eier
1 Prise Salz
abgeriebene Schale von
½ unbehandelten Zitrone
200 g Mehl
1 Päckchen Backpulver
50 ml süße Sahne
50 g gehackte Mandeln
750 g Aprikosen
Butter für die Form

2 EL Aprikosenkonfitüre
zum Bestreichen
Puderzucker zum Bestreuen

Weiche Butter oder Margarine, Zucker, Vanillinzucker, Eier, Salz und abgeriebene Zitronenschale in eine hohe Rührschüssel geben. Mit dem elektrischen Handrührgerät mit Schlägern oder in der Küchenmaschine sehr schaumig rühren.

Das Mehl sieben, mit dem Backpulver mischen und unterrühren. Sahne und die Hälfte der gehackten Mandeln zufügen und weiterrühren.
Die Aprikosen waschen, halbieren, entsteinen und einschneiden. Die Tortenform einfetten, den Teig einfüllen und die Aprikosenhälften hineinstecken.
➽ Mit Mikrowelle niedrige Stufe plus Heißluft 160–180 °C bzw. Ober- und Unterhitze 180–200 °C in 25–30 Minuten backen. Im abgeschalteten Gerät noch 5 Minuten auskühlen lassen. Dann auf ein Kuchengitter stürzen.
Die Aprikosenkonfitüre in eine Tasse geben und mit Mikrowelle solo hohe Stufe 1 Minute erwärmen. Auf die Torte streichen und mit den restlichen Mandeln bestreuen. Nach dem Abkühlen leicht mit Puderzucker bestäuben.

Erdbeer-Quarkstrudel

Knusprige Bräunung ist wichtig

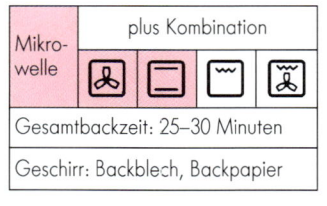

Mikro-welle	plus Kombination			

Gesamtbackzeit: 25–30 Minuten

Geschirr: Backblech, Backpapier

1 Paket tiefgefrorener
Blätterteig (300 g)
1 Eiweiß
etwas Dosenmilch

Füllung
250 g Erdbeeren, frisch
oder tiefgefroren
2 Eigelb
50 g Zucker
40 g Butter
200 g Magerquark
1 Päckchen Vanillinzucker
2 EL Zitronensaft
50 g gemahlene Mandeln
40 g feiner Grieß
2 Eiweiß, 2 EL Zucker

Den Blätterteig nach Packungsanweisung auftauen lassen.
Frische Erdbeeren waschen, abtropfen lassen und halbieren (tiefgefrorene Früchte aus der Packung auf einen Eßteller geben und 5–6 Minuten offen mit Mikrowelle solo niedrige Stufe auftauen, dabei einmal vorsichtig wenden).
Eigelb, Zucker und Butter nacheinander schaumig rühren. Magerquark, Vanillinzucker, Zitronensaft, Mandeln und Grieß dazugeben und weiterrühren, bis die Masse sehr schön cremig ist. Eiweiß in der Küchenmaschine oder mit dem elektrischen Handrührgerät mit Schlägern halbsteif schlagen, den Zucker einrieseln lassen und weiterschlagen, bis die Masse schnittfest ist. Mit den gut abgetropften Erdbeeren zur Quarkmasse geben und gut unterheben. Den Blätterteig zu einem größeren Rechteck von ca. 30 × 40 cm ausrollen. Zur Hälfte mit der Quark-Erdbeerfüllung bestreichen und die Ränder ringsum mit Eiweiß bepinseln. Die andere Teighälfte über die Füllung klappen und die Ränder fest andrücken. Den Strudel dünn mit Dosenmilch bestreichen und an der Oberseite mit einem scharfen Messer mehrmals leicht einritzen.
Das Backblech kalt abspülen und mit einem passenden Stück Backpapier auslegen. Den Strudel auflegen und zum Aufrichten der gedrückten Kanten mindestens 10 Minuten ruhen lassen.
➽ Mit Mikrowelle niedrige Stufe plus Heißluft 190–210 °C bzw. Ober- und Unterhitze 210–230 °C (ausnahmsweise 10 Minuten vorgeheizt) in 25–30 Minuten backen.

Rotwein-Schokoladenkuchen
Gut zum Einfrieren

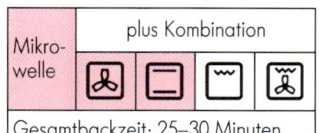

Mikro-welle	plus Kombination			
	🌀	▭	〰	🍴

Gesamtbackzeit: 25–30 Minuten

Geschirr: Kranzform, Ø 26 cm, aus Glas, Kunststoff oder Keramik

4 Eiweiß, 100 g Zucker
4 Eigelb, 100 g Zucker
1 Päckchen Vanillinzucker
200 g Butter oder Margarine
150 g Mehl
½ Päckchen Backpulver
1 TL Zimt
100 g geraspelte Bitter-
schokolade
125 ml trockener Rotwein
Butter und 1–2 EL
gemahlene Mandeln
für die Form

Das Eiweiß in der Küchen-maschine oder mit dem elektrischen Handrührgerät mit Schlägern halbsteif schlagen. Den Zucker ein-rieseln lassen und weiter-schlagen, bis die Masse ganz fest ist. Kühl stellen. Eigelb, Zucker, Vanillinzuk-ker und Butter oder Marga-rine nach und nach sehr schaumig rühren. Das Mehl sieben, mit dem Backpul-ver gut vermischen und hinzufügen. Zimt, geraspel-te Schokolade und Rotwein dazugeben und alles gut verrühren.
Die Backform einfetten und mit gemahlenen Man-deln gleichmäßig ausstreu-en. Etwa ein Drittel des Ei-schnees unter den Teig zie-hen, den Rest mit einem Schneebesen vorsichtig un-terheben. Die Teigmasse sofort in die vorbereitete Form füllen.
➡ Mit Mikrowelle niedrige Stufe plus Heißluft 150–170 °C bzw. Ober- und Unterhitze 180–200 °C in 25–30 Minuten backen. 5 Minuten im abgeschalte-ten Gerät auskühlen lassen.

DAS BESONDERE REZEPT

Ananas-Marzipan-Torte
Hübsch für Gäste

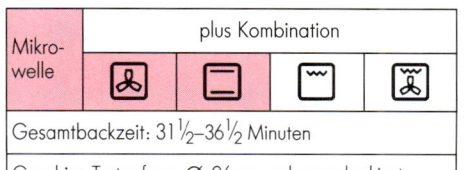

Mikro-welle	plus Kombination			
	🌀	▭	〰	🍴

Gesamtbackzeit: 31½–36½ Minuten

Geschirr: Tortenform Ø 26 cm, schwarz lackiert oder silikonbeschichtet

200 g Marzipanrohmasse, 5 Eier
175 g Butter oder Margarine
175 g Zucker, 1 Päckchen Vanilinzucker
1 Päckchen Backpulver, 300 g Mehl
300 g Ananas aus der Dose
Butter für die Form
1–2 EL Semmelbrösel
150 g Schokoladenglasur (Vollmilch)
50 g Schokoladenglasur (Zartbitter)
30 g Pistazien

Die Marzipanmasse klein schneiden. Mit Eiern, Fett, Zucker und Vanillinzucker in der Küchenmaschine oder mit dem elektrischen Handrührgerät mit Schlä-gern schaumig rühren. Das mit Backpul-ver gemischte Mehl unterheben. Die gut abgetropften und sehr klein geschnitte-nen Ananasstückchen unter den Teig mi-schen. Die Backform einfetten und mit Semmelbröseln ausstreuen. Den Teig einfüllen und glattstreichen.
➡ Mit Mikrowelle niedrige Stufe plus Heißluft 150–170 °C bzw. Ober- und Un-terhitze 180–200 °C in 30–35 Minuten backen.
Aus der Form auf ein Kuchengitter stür-zen und auskühlen lassen. Zunächst die Vollmilchglasur in ein kleineres Gefäß umfüllen und mit Mikrowelle solo in ca. 1 Minute schmelzen, umrühren und den Kuchen damit bestreichen. Trocknen las-sen. Die Zartbitterglasur in einem zweiten Gefäß ca. ½ Minute mit Mikrowelle solo anschmelzen, sofort in einen Spritzbeutel umfüllen und die Torte damit verzieren. Mit gehackten Pi-stazien bestreuen.

DAS BESONDERE REZEPT

Altdeutsche Zwetschgentorte
Knusprig und köstlich

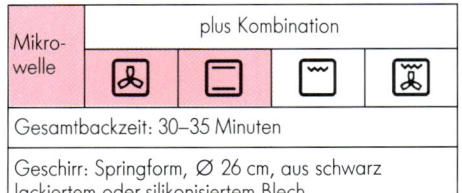

Mikro-welle	plus Kombination			
	⊞	⊟	⊡	⊞

Gesamtbackzeit: 30–35 Minuten

Geschirr: Springform, Ø 26 cm, aus schwarz lackiertem oder silikonisiertem Blech

Teig
200 g Mehl, 1 Prise Salz, 80 g Zucker
1 Prise Zimt, 1 Ei
125 g Butter oder Margarine
Butter und 1–2 EL
gemahlene Haselnüsse für die Form

Belag
1 kg Zwetschgen, 2 Eiweiß, 1 Prise Salz
80 g Zucker, 1 EL Zitronensaft
150 g gemahlene Haselnüsse
2 EL Zwetschgenwasser

Mehl, Salz, Zucker, Zimt und Ei in eine hohe Rührschüssel geben. Die in Flöckchen zerteilte Butter oder Margarine darübergeben und mit den Knetern des elektrischen Handrührgerätes oder mit der Küchenmaschine zu einem glatten Teig verarbeiten. In Folie einwickeln und im Kühlschrank ca. 20 Minuten ruhen lassen. Inzwischen die Backform einfetten und mit gemahlenen Haselnüssen ausstreuen.

Die Zwetschgen waschen, mit Küchenpapier trockentupfen, halbieren und entkernen. Die Fruchthälften auf der Innenseite längs einschneiden, aber nicht durchschneiden.

Eiweiß und Salz in eine Rührschüssel geben und mit dem elektrischen Handrührgerät sehr steif schlagen. Nach und nach den Zucker dazugeben und weiterrühren. Zum Schluß den Zitronensaft untermischen. Gemahlene Haselnüsse und Zwetschgenwasser unterheben.

Den Teig auf einer bemehlten Arbeitsfläche ausrollen, in die Form geben und einen Rand von ca. 2–3 cm hochziehen. Mit einer Gabel mehrmals einstechen. Die Haselnußmischung darauf verstreichen und die Zwetschgen dicht nebeneinander dachziegelartig auflegen. Leicht andrücken.

➡ Mit Mikrowelle niedrige Stufe plus Heißluft 160–180 °C bzw. Ober- und Unterhitze 170–190 °C in 30–35 Minuten backen.

Kirsch-Brotkuchen
Gelingt schnell

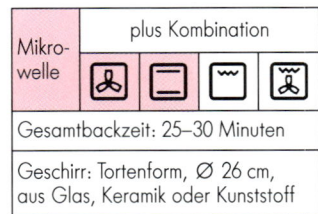

Mikro-welle	plus Kombination			
	⊞	⊟	⊡	⊞

Gesamtbackzeit: 25–30 Minuten

Geschirr: Tortenform, Ø 26 cm, aus Glas, Keramik oder Kunststoff

750 g Schattenmorellen aus dem Glas
200 g altbackenes Mischbrot
125 ml Rotwein
4 cl Kirschlikör
120 g Butter oder Margarine
200 g Zucker
6 Eigelb, 6 Eiweiß
125 g gemahlene Mandeln
abgeriebene Schale von
½ unbehandelten Zitrone
1 Prise Salz
1 Messerspitze Zimt
Butter für die Form
Puderzucker zum Bestreuen

Die Kirschen auf ein Sieb geben und gut abtropfen lassen. Das Brot in kleine Stückchen schneiden, in eine Schüssel geben, etwas Kirschsaft, Rotwein und Kirschlikör darübergießen, gut durchziehen lassen. Butter oder Margarine und Zucker in eine Rührschüssel geben. Mit dem elektrischen Handrührgerät mit Schlägern oder in der Küchenmaschine schaumig rühren. Nach und nach die Eigelbe kräftig unterrühren. Eiweiß schnittfest schlagen und zu den gut durchgeweichten Brotstückchen geben. Kirschen, gemahlene Mandeln, Zitronenschale, Salz und Zimt hinzufügen und alles nochmals gut verrühren.
Den Teig in die gefettete Form füllen und glattstreichen.
➡ Mit Mikrowelle niedrige Stufe plus Heißluft 150–170 °C bzw. Ober- und Unterhitze 180–200 °C in 25–30 Minuten backen. Nach dem Auskühlen mit Puderzucker bestreuen.

Stachelbeerkuchen mit Baiserhaube

Gelingt schnell

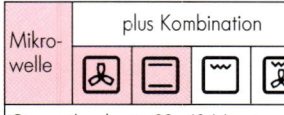

Mikro-welle	plus Kombination			
	⬛	▭	〰	▤

Gesamtbackzeit: 29–40 Minuten

Geschirr: Schüssel aus Glas oder Porzellan, Tortenform, Ø 26 cm, aus schwarz lackiertem oder silikonisiertem Blech

Teig
250 g Mehl
150 g Butter oder Margarine
2 EL Zucker, 1 Ei

Belag
500 g Stachelbeeren (Glas)
½ l Milch

1 Päckchen Vanillepudding-pulver
3 EL Zucker
2 Eigelb

Baiserhaube
3 Eiweiß
2 EL Zitronensaft
150 g Puderzucker

Mehl, Butter oder Margarine, Zucker und Ei in eine hohe Rührschüssel geben. Mit dem elektrischen Handrührgerät mit Knetern oder in der Küchenmaschine zu einem geschmeidigen Teig verarbeiten. In Folie einwickeln und ca. 20 Minuten im Kühlschrank ruhen lassen. Die Stachelbeeren abtropfen lassen.

Puddingpulver und Zucker in eine Schüssel geben. Unter ständigem Rühren die Milch hinzugießen und mit Mikrowelle solo hohe Stufe in 4–5 Minuten offen aufkochen lassen, dabei zweimal gut umrühren. Etwas abkühlen lassen, dann die beiden Eigelbe gleichmäßig unterziehen.
Den Teig auf bemehlter Arbeitsfläche ausrollen, in die Form geben und den Boden mehrmals mit einer Gabel einstechen.
➥ Mit Mikrowelle niedrige Stufe plus Heißluft 150–170 °C bzw. Ober- und Unterhitze 190–210 °C in 15–20 Minuten backen.

Die Puddingmasse auf den Kuchenboden streichen, die Stachelbeeren auflegen. Eiweiß und Zitronensaft in eine hohe Rührschüssel geben und mit dem elektrischen Handrührgerät mit Schlägern halbsteif schlagen. Den Puderzucker dazugeben und weiterschlagen, bis die Masse steif ist. Die Baisermasse über die Stachelbeeren streichen. Den Kuchen bei gleicher Einstellung, jedoch ohne Zuschaltung der Mikrowelle, weitere 10–15 Minuten im Gerät belassen, bis die Baiserhaube goldbraun ist.

Pflaumen-Pie mit Eierguß

Pfiffig

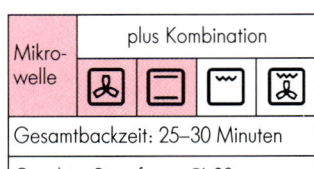

Mikro-welle	plus Kombination			

Gesamtbackzeit: 25–30 Minuten

Geschirr: Pizzaform, Ø 28 cm, aus Glas, Keramik oder Porzellan

---

200 g Mehl
1 TL Backpulver
100 g Zucker
125 g Butter oder Margarine
1 Ei
Butter für die Form
800 g Pflaumen
50 g gehobelte Mandeln

Guß
2 Eier
30 g Zucker
1 Päckchen Vanillinzucker
1 Päckchen Vanillepudding-pulver
2 EL trockener Sherry
150 ml süße Sahne

Mehl, Backpulver, Zucker, Butter oder Margarine und Ei in eine hohe Rührschüssel geben. Mit dem elektrischen Handrührgerät mit Schlägern oder in der Küchenmaschine zu einem glatten Teig verarbeiten. In Folie einwickeln und ca. 15 Minuten im Kühlschrank ruhen lassen.
Die Pizzaform gleichmäßig einfetten. Die Pflaumen waschen, halbieren und entsteinen. Den Teig auf bemehlter Arbeitsfläche ausrollen, in die Form geben und einen Rand von ca. 2 cm hochdrücken. Den Boden mehrmals mit einer Gabel einstechen und mit Mandeln bestreuen. Darauf die Pflaumen fächerartig anordnen.
Für den Guß Eier, Zucker, Vanillinzucker, Puddingpulver und Sherry sehr schaumig rühren. Die Sahne steif schlagen und schnell unterheben. Den Guß über die Pflaumen gießen.

➤ Mit Mikrowelle niedrige Stufe plus Heißluft 160–180 °C bzw. Ober- und Unterhitze 190–210 °C in 25–30 Minuten backen. 5 Minuten im abgeschalteten Gerät auskühlen lassen.

Saftiger Bananenkuchen

Gelingt schnell

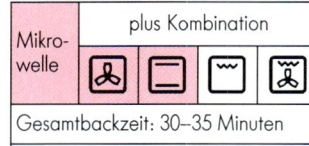

Mikro-welle	plus Kombination			

Gesamtbackzeit: 30–35 Minuten

Geschirr: Torten- oder Rodonform, Ø 26 cm, aus Glas, Keramik oder Kunststoff

---

4 Eier, 200 g Zucker
200 g Butter oder Margarine
1 Päckchen Vanillinzucker
1 Päckchen Backpulver
350 g Mehl
abgeriebene Schale von
1 unbehandelten Zitrone
2 EL Rum
10 gehackte Walnüsse
½ TL Ingwerpulver
1 Prise Salz
5 reife Bananen
Saft von 1 Zitrone
Butter und 1–2 EL Semmel-bröset für die Form

Eier, Zucker, Fett und Vanillinzucker nacheinander in der Küchenmaschine oder mit dem elektrischen Handrührgerät mit Schlägern schaumig rühren. Das mit Backpulver gesiebte Mehl hinzufügen. Zitronenschale, Rum, Walnüsse, Ingwer und Salz unterrühren. Die Bananen schälen, in kleine Stücke schneiden und mit Zitronensaft beträufeln. Vorsichtig unter die Teigmasse heben.
Die Backform einfetten und mit Semmelbröseln ausstreuen, den Teig einfüllen.
➤ Mit Mikrowelle niedrige Stufe plus Heißluft 170 °C bzw. Ober- und Unterhitze 190 °C in 30–35 Minuten backen.

Möhren-Walnuß-schnitten

Pfiffig

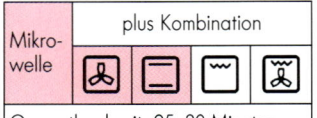

Mikro-welle	plus Kombination			

Gesamtbackzeit: 25–30 Minuten

Geschirr: Große, runde Pizzaform, Ø 30 cm, oder größere, rechteckige Auflaufform aus Glas oder Porzellan

---

200 g Möhren
3 Eier
50 g Honig
100 g Zucker
1 Päckchen Vanillinzucker
150 g kaltgepreßtes Öl
½ EL Zimt
1 Prise Salz
60 g gehackte Walnüsse
60 g Kokosflocken
5 EL Milch
300 g frisch gemahlenes Weizenvollkornmehl
2 TL Backpulver
Butter und 1–2 EL Semmel-bröset für die Form
50 g Sesamsamen zum Bestreuen

Die Möhren schälen, waschen und mit Küchenpapier trockentupfen. Sehr fein reiben oder in der Küchenmaschine fein raspeln. Mit Eiern, Honig, Zucker, Vanillinzucker, Öl, Zimt und Salz zu einem geschmeidigen Teig verarbeiten. Gehackte Walnüsse, Kokosflocken und Milch hinzufügen. Das Weizenvollkornmehl mit Backpulver mischen, zufügen und alle Zutaten sehr gut verrühren. Die Pizza- oder Auflaufform einfetten und mit Semmelbröseln ausstreuen. Den Teig einfüllen, glattstreichen und mit Sesamsamen bestreuen.
➤ Mit Mikrowelle niedrige Stufe plus Heißluft 150–170 °C bzw. Ober- und Unterhitze 180–200 °C in 25–30 Minuten backen.

Schweizer Möhrentorte

Foto

Hübsch für Gäste

Mikro-welle	plus Kombination			

Gesamtbackzeit: 30–35 Minuten

Geschirr: Tortenform, Ø 26 cm, aus Glas oder Kunststoff

---

250 g Möhren
6 Eier
200 g Zucker
je 1 Prise Salz, Zimt und Nelkenpulver
2 cl Kirschwasser
200 g gemahlene Haselnüsse
100 g Semmelbrösel
1 gestrichener TL Backpulver
50 g Mehl
Butter und 1–2 EL Semmel-bröset für die Form

Guß
200 g Puderzucker
etwas Kirschwasser
Saft von ½ Zitrone

Die Möhren waschen, schälen und sehr fein reiben oder in der Küchenmaschine grob pürieren. Eier, Zucker, Salz, Gewürze, Kirschwasser, Haselnüsse und Semmelbrösel hinzufügen und alles gut verrühren. Das mit Backpulver gesiebte Mehl dazugeben und kurz unterrühren. Die Backform ausfetten und mit Semmelbröseln gleichmäßig ausstreuen. Den Teig einfüllen und glattstreichen.
➤ Mit Mikrowelle niedrige Stufe plus Heißluft 150–170 °C bzw. Ober- und Unterhitze 180–200 °C in 30–35 Minuten backen. Puderzucker, Kirschwasser und Zitronensaft zu einem Guß verrühren. Die noch warme Torte damit überziehen. Nach Belieben mit Marzipanmöhren (im Handel erhältlich) garnieren.

DAS BESONDERE REZEPT

Aprikosenkuchen mit Streuseln
Gelingt schnell

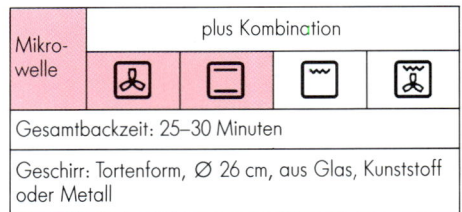

Gesamtbackzeit: 25–30 Minuten

Geschirr: Tortenform, Ø 26 cm, aus Glas, Kunststoff oder Metall

250 g Mehl, 1 Prise Salz
80 g Zucker, 3 Eigelb
1 Päckchen Vanillinzucker
150 g Butter oder Margarine
Butter und 1–2 EL Semmelbrösel
für die Form, 50 g gemahlene Mandeln
800 g Aprikosen aus der Dose

Streusel
130 g Mehl, 80 g Zucker
1 Päckchen Vanillinzucker, ½ TL Zimt
100 g Butter oder Margarine

Mehl, Salz, Zucker, Eigelb und Vanillinzucker in eine hohe Rührschüssel geben. Die in Flöckchen zerteilte

Butter oder Margarine darübergeben und mit den Knetern des elektrischen Handrührgerätes oder mit der Küchenmaschine zu einem glatten Teig verarbeiten. In Folie einwickeln und im Kühlschrank ca. 30 Minuten ruhen lassen.
Inzwischen die Backform einfetten und mit Semmelbröseln ausstreuen. Den Teig auf einer bemehlten Arbeitsfläche ausrollen, in die Form geben und einen Rand von ca. 1–2 cm hochziehen. Den Boden mehrmals mit einer Gabel einstechen und mit Mandeln bestreuen. Die Aprikosen abtropfen lassen und auf dem Teig verteilen.
Mehl, Zucker, Vanillinzucker, Zimt und Fett mit dem elektrischen Handrührgerät mit Knetern oder in der Küchenmaschine sehr schnell zu einer gleichmäßigen, bröseligen Masse verarbeiten und über die Aprikosen streuen.
➤ Mit Mikrowelle niedrige Stufe plus Heißluft 160–180 °C bzw. Ober- und Unterhitze 180–200 °C in 25–30 Minuten goldbraun backen.

Amaretto-Mokka-Kranz
Pfiffig

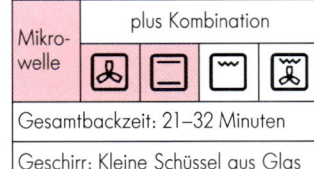

Gesamtbackzeit: 21–32 Minuten

Geschirr: Kleine Schüssel aus Glas oder Porzellan mit Deckel; Kranzform, Ø 26 cm, aus Glas, Kunststoff oder Keramik

50 g Rosinen
4 cl Rum, 5 EL Wasser
180 g Butter
180 g Zucker
3 Eier
180 g Mehl
2 gestrichene EL Kakao
Butter für die Form

¼ l starker Mokka
2 cl Amaretto
1 EL Zucker

Rosinen, Rum und Wasser in eine kleine Schüssel geben. Mit Mikrowelle solo 1–2 Minuten zugedeckt aufkochen, umrühren und beiseite stellen. Ca. 10 Minuten durchziehen lassen. Für den Teig Butter mit Zucker schaumig rühren. Nach und nach Eier, gesiebtes Mehl und Kakao unterrühren. Die Rosinen abtropfen lassen und unter den Teig mischen. Die Backform ausfetten, den Teig einfüllen und glattstreichen.
➤ Mit Mikrowelle niedrige Stufe plus Heißluft 160–180 °C bzw. Ober- und Unterhitze 180–200 °C in 20–30 Minuten backen. Den Kuchen aus der Form stürzen und etwas auskühlen lassen.
Den Mokka mit Amaretto und Zucker verrühren. Mit einem Zahnstocher Löcher in den Teig einstechen. Die gesamte Mokkamischung gleichmäßig einträufeln. Den Kuchen in Alufolie einpacken und mindestens 3–4 Stunden gut durchziehen lassen.

Früchte-Gugelhupf

Gelingt schnell   Foto

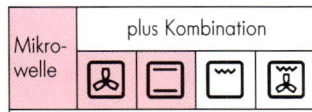

Mikro-welle	plus Kombination			

Gesamtbackzeit: 25–30 Minuten

Geschirr: Gugelhupf- oder Kranz-form aus Glas, Keramik oder Kunststoff

---

200 g weiche Butter
oder Margarine
150 g Zucker
1 Päckchen Vanillinzucker
3 Eier
6 EL Milch
100 g Speisestärke
2 gestrichene TL Backpulver
200 g Mehl
75 g gehackte Mandeln
200 g gemischte kandierte
Früchte
Butter für die Form
1–2 EL Semmelbrösel

Weiches Fett, Zucker, Vanil-linzucker und Eier nachein-ander in der Küchenma-schine oder mit dem elek-trischen Handrührgerät mit Schlägern schaumig rühren. Die Milch hinzufügen und kurz unterrühren. Speise-stärke und das mit Backpul-ver gemischte Mehl unter-heben. Zuletzt die Mandeln mit den zerkleinerten kan-dierten Früchten unter den Teig mischen. Die Back-form einfetten und mit Semmelbröseln ausstreuen. Den Teig einfüllen.
➤ Mit Mikrowelle niedrige Stufe plus Heißluft 150–170 °C bzw. Ober- und Unterhitze 180–200 °C in 25–30 Minuten backen.

Kartoffeltorte Züricher Art

Besonders einfach

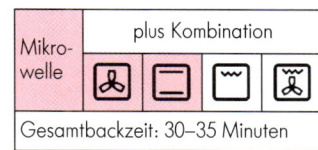

Mikro-welle	plus Kombination			

Gesamtbackzeit: 30–35 Minuten

Geschirr: Tortenform, Ø 26 cm, aus Glas oder Kunststoff

---

4 Eigelb
300 g Zucker
300 g vorgekochte Kartoffeln
100 g gemahlene Haselnüsse
150 g Grieß
1 Päckchen Vanillinzucker
1 Messerspitze Backpulver
4 Eiweiß
1 Prise Salz
Butter und 1–2 EL Semmel-
brösel für die Form

Eigelb und Zucker in eine hohe Rührschüssel geben und mit dem elektrischen Handrührer mit Schlägern oder in der Küchenmaschi-ne sehr schaumig rühren. Die Kartoffeln fein reiben, hinzufügen und weiterrüh-ren. Gemahlene Haselnüs-se, Grieß, Vanillinzucker und Backpulver nach und nach unterrühren. Eiweiß mit Salz steif schlagen und unter die Kartoffelmasse heben.
Die Tortenform einfetten und gleichmäßig mit Sem-melbröseln ausstreuen. Die Kartoffelmasse einfüllen und glattstreichen.
➤ Mit Mikrowelle niedrige Stufe plus Heißluft 150–170 °C bzw. Ober- und Unterhitze 180–200 °C in 30–35 Minuten backen.

Apfelkuchen mit Sahneguß

Sie sparen 50% Zeit

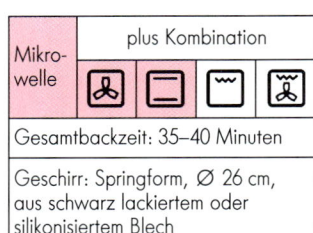

Mikro-welle	plus Kombination			

Gesamtbackzeit: 35–40 Minuten

Geschirr: Springform, Ø 26 cm, aus schwarz lackiertem oder silikonisiertem Blech

200 g Mehl
125 g Butter oder Margarine
100 g Zucker
1 Ei
1 TL Backpulver
1 Prise Salz
Butter für die Form
400 g Äpfel, z. B. Jonathan oder Delicious
Saft von ½ Zitrone
1 TL Zimt
2–3 EL gemahlene Mandeln

Guß
125 ml süße Sahne
1 EL Speisestärke
30 g Zucker
2 Eigelb
1 Päckchen Vanillinzucker
abgeriebene Schale von ½ unbehandelten Zitrone

Mehl, Butter und Margarine, Zucker, Ei, Backpulver und Salz in eine hohe Rührschüssel geben. Mit dem elektrischen Handrührgerät mit Knetern oder in der Küchenmaschine zu einem glatten Teig verarbeiten. In Folie einwickeln und im Kühlschrank ca. 15 Minuten ruhen lassen.
Die Springform am Boden dünn einfetten. Die Äpfel schälen, vierteln, vom Kerngehäuse befreien und grob raspeln. Mit Zitronensaft beträufeln und mit Zimt bestreuen.
Für den Guß Sahne mit Speisestärke und Zucker steif schlagen. Eigelb mit Vanillinzucker und abgeriebener Zitronenschale verrühren. Vorsichtig unter die geschlagene Sahne heben und kühl stellen.

Die Springform mit zwei Dritteln des ausgerollten Teiges am Boden auslegen. Den restlichen Teig ebenfalls ausrollen, Streifen von 2–3 cm abtrennen und als Rand in die Form drücken. Den Teigboden mit einer Gabel mehrmals einstechen und mit gemahlenen Mandeln bestreuen. Die Äpfel gleichmäßig in die Form schichten und mit dem Guß überziehen.
➤ Mit Mikrowelle niedrige Stufe plus Heißluft 150–170 °C bzw. Ober- und Unterhitze 180–200 °C in 35–40 Minuten backen.

Apfelkuchen mit gerösteten Sonnenblumen-kernen

Gelingt schnell

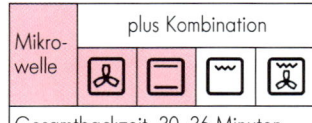

Mikro-welle	plus Kombination			

Gesamtbackzeit: 30–36 Minuten

Geschirr: Springform, Ø 26 cm, aus schwarz lackiertem Blech oder Silikon, Glas oder Kunststoff; kleine Schüssel aus Glas oder Porzellan

Teig
3 Eier, 1 Prise Salz
125 g Zucker
125 g Butter oder Margarine
½ Päckchen Backpulver
250 g frisch gemahlener Weizen
Butter für die Form
1–2 EL Semmelbrösel

Belag
750 g Äpfel
2 EL Zitronensaft
100 g Sonnenblumenkerne
20 g Butter, 50 g Honig

Eier, Salz, Zucker und Fett nacheinander in der Küchenmaschine oder mit dem elektrischen Handrührgerät schaumig rühren. Das mit Backpulver gemischte Mehl hinzufügen

und gut unterrühren. Den Teig in die gefettete, mit Semmelbröseln ausgestreute Backform füllen und glattstreichen.
Die Äpfel schälen, vierteln und vom Kerngehäuse befreien. Die Oberfläche in gleichmäßigen Abständen mehrmals tief ein-, aber nicht durchschneiden und sofort mit Zitronensaft bestreichen, damit sie nicht braun werden. Die Äpfel mit den Rundungen nach oben dicht nebeneinander auf den Teig legen. Sonnenblumenkerne mit Butter und Honig in einer kleinen Schüssel mischen. 5–6 Minuten mit Mikrowelle solo auf der höchsten Stufe anrösten. Umrühren und gleichmäßig auf den Äpfeln verteilen.
➤ Mit Mikrowelle niedrige Stufe plus Heißluft 150–170 °C bzw. Ober- und Unterhitze 180–200 °C in 25–30 Minuten backen.

Saftiger Früchtekranz   Foto

Gelingt leicht

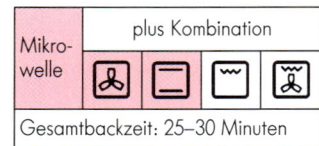

Mikro-welle	plus Kombination			

Gesamtbackzeit: 25–30 Minuten

Geschirr: Kranzform, Ø 26 cm, aus Metall oder Keramik

Teig
300 g Mehl, 1 Prise Salz
1 TL Backpulver
1 Eigelb
250 g Magerquark
250 g Butter
Butter für die Form
Puderzucker zum Bestreuen

Füllung
250 g gemischte kandierte Früchte, 150 g Rosinen
60 g Krokant
3 EL Zitronensaft
2 Eiweiß, 2 EL Rum
1 Eigelb
2 EL süße Sahne

Mehl, Salz, Backpulver, Eigelb, Quark und die in Flöckchen zerteilte Butter in eine hohe Rührschüssel geben. Mit den Knetern des elektrischen Handrührgerätes oder mit der Küchenmaschine zu einem glatten Teig verarbeiten. In Folie eingewickelt ca. 1 Stunde im Kühlschrank ruhen lassen. Die Backform einfetten.
Für die Füllung die kandierten Früchte, die gewaschenen und gut abgetropften Rosinen, Krokant, Zitronensaft, flüssiges Eiweiß und Rum gut vermischen. Den Teig auf einer leicht bemehlten Arbeitsfläche zu einem Rechteck von ca. 25 × 35 cm ausrollen. Eigelb mit Sahne verquirlen und die Teigoberfläche damit bestreichen. Die Fruchtfüllung darauf so verteilen, daß rundum ein Rand von ca. 2 cm frei bleibt. Den Teig von der Längsseite her aufrollen, an den Kanten leicht andrücken und in die vorbereitete Backform geben.
➤ Mit Mikrowelle niedrige Stufe plus Heißluft 180–200 °C bzw. Ober- und Unterhitze 200–220 °C in 25–30 Minuten backen. Auf ein Kuchengitter stürzen und nach dem Auskühlen mit Puderzucker bestreuen.

VARIATION

Nußkranz: Für die Füllung 300 g gemahlene Haselnüsse, 150 g Zucker, 6 Tropfen Bittermandelaroma, 2 Eiweiß und 6 EL Milch gut vermischen. Auf dem ausgerollten, bestrichenen Teig verteilen, aufrollen und backen, wie beim Früchtekranz beschrieben.

Pikante und süße Bäckerei

Quarktorte mit Pfirsichen
Besonders einfach

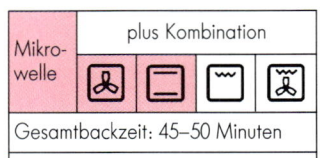

Mikro-welle	plus Kombination			

Gesamtbackzeit: 45–50 Minuten

Geschirr: Springform, Ø 26 cm, aus schwarz lackiertem oder silikonisiertem Blech

Teig
350 g Mehl
1 Prise Salz
1 Ei, 80 g Zucker
1 Päckchen Vanillinzucker
175 g Butter oder Margarine Butter
und 1–2 EL gemahlene Mandeln für die Form

Belag
30 g blättrig geschnittene Mandeln
450 g Pfirsichspalten aus der Dose
70 g Butter
200 g Zucker
3 Eier
abgeriebene Schale von 1 unbehandelten Zitrone
2 EL Zitronensaft
750 g Magerquark

Mehl, Salz, Ei, Zucker und Vanillinzucker in eine hohe Rührschüssel geben. Die in Flöckchen zerteilte Butter oder Margarine darübergeben und mit den Knetern des elektrischen Handrührgerätes oder mit der Küchenmaschine zu einem glatten Teig verarbeiten. In Folie einwickeln und im Kühlschrank ca. 20 Minuten ruhen lassen.
Inzwischen die Backform einfetten und mit gemahlenen Mandeln ausstreuen. Den Teig auf einer bemehlten Arbeitsfläche ausrollen, in die Form geben und einen Rand von ca. 2–3 cm hochziehen. Den Boden mehrmals mit einer Gabel einstechen und mit blättrig geschnittenen Mandeln bestreuen.

Die Pfirsichspalten abtropfen lassen und auf dem Teig verteilen. Butter, Zucker, Eier, Zitronenschale und -saft verrühren, den Quark löffelweise dazugeben und weiterrühren, bis die Masse sehr locker ist. Über die Pfirsiche in die Form geben und glattstreichen.
➤ Mit Mikrowelle niedrige Stufe plus Heißluft 170–190 °C bzw. Ober- und Unterhitze 190–210 °C in 45–50 Minuten backen. 5–10 Minuten im ausgeschalteten Gerät ruhen lassen.

Vollkornblätterteig mit Zimtapfelfüllung
Vollwertig

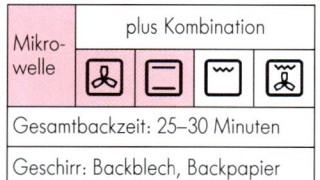

Mikro-welle	plus Kombination			

Gesamtbackzeit: 25–30 Minuten

Geschirr: Backblech, Backpapier

1 Packung tiefgefrorener Vollkornblätterteig (300 g)
1 Eiweiß
1 Eigelb

Füllung
500 g Äpfel, z.B. Jonathan oder Delicious
50 g blättrig geschnittene Mandeln
3 EL Honig
2 TL Zimt
½ TL Anis
1 EL Zitronensaft
60 g Sultaninen
3 EL Joghurt

Den Blätterteig nach Packungsanweisung auftauen lassen.
Inzwischen die Äpfel schälen, vierteln, vom Kerngehäuse befreien und grob raspeln. Mit Mandeln, Honig, Zimt, Anis und Zitronensaft verrühren. Die Sultaninen heiß abwaschen, abtropfen lassen und zwischen zwei Lagen Küchenpapier gut trockentupfen.

Mit dem Joghurt zu den Äpfeln geben und gut unterrühren.
Den Blätterteig zu einem größeren Rechteck von ca. 30 × 40 cm ausrollen. Die Ränder ringsum mit Eiweiß bepinseln. Die Hälfte der Teigplatte mit der Zimt-Apfel-Füllung belegen, den restlichen Teig darüberklappen, die Ränder fest andrücken. Die Teigrolle dünn mit Eigelb bestreichen und an der Oberseite mit einem scharfen Messer mehrmals leicht einritzen. Das Backblech kalt abspülen und mit einem passenden Stück Backpapier auslegen. Die Teigrolle auflegen und zum Aufrichten der gedrückten Kanten mindestens 10 Minuten ruhen lassen.
➤ Mit Mikrowelle mittlere Stufe plus Heißluft 190–210 °C bzw. Ober- und Unterhitze 210–230 °C (ausnahmsweise 10 Minuten vorgeheizt) in 25–30 Minuten backen.

Schwäbischer Träubleskuchen
Knusprig und köstlich

Mikro-welle	plus Kombination			

Gesamtbackzeit: 30–35 Minuten

Geschirr: Springform Ø 26 cm, aus schwarz lackiertem oder silikonisiertem Blech

Teig
200 g Mehl
125 g Butter oder Margarine
100 g Zucker
1 Ei
1 TL Backpulver
1 Prise Salz
Butter für die Form

Belag
500 g reife Johannisbeeren
5 Eiweiß
200 g Zucker
125 g gemahlene Mandeln

Mehl, Butter oder Margarine, Zucker, Ei, Backpulver und Salz in eine hohe Rührschüssel geben. Mit dem elektrischen Handrührgerät mit Knetern oder in der Küchenmaschine zu einem glatten Teig verarbeiten. In Folie einwickeln und im Kühlschrank ca. 15–20 Minuten ruhen lassen.
Die Springform am Boden leicht einfetten und mit zwei Dritteln des ausgerollten Teiges am Boden auslegen. Den restlichen Teig ausrollen, 2–3 cm breite Streifen abtrennen und damit den Formrand belegen. Den Boden mehrmals mit einer Gabel einstechen.
Die Johannisbeeren kalt waschen, abrebeln, abtropfen lassen und zwischen zwei Lagen Küchenpapier etwas trockentupfen. Eiweiß zunächst nur halbsteif schlagen, den Zucker nach und nach einrieseln lassen und weiterschlagen, bis die Masse ganz fest ist. Mandeln und Johannisbeeren vorsichtig unterziehen. Die Masse gleichmäßig auf dem Teig verteilen, glattstreichen und sofort backen.
➤ Mit Mikrowelle niedrige Stufe plus Heißluft 140–160 °C bzw. Ober- und Unterhitze 170–190 °C in 30–35 Minuten backen.

VARIATION

Heidelbeer-, Brombeerkuchen: Anstelle der Johannisbeeren können Sie auch Heidelbeeren oder Brombeeren verwenden. Tiefgefrorene Früchte vorher auftauen und den Fruchtsaft abgießen.

Beilagen, Salate, Menü-Kochen

Beilagen und Salate gehören zu
einem kompletten Gericht. Aus den Rezepten
dieses Buches können Sie sich
schnell ein schönes Menü zusammenstellen.

BEILAGEN

Insbesondere aus Kartoffeln und Reis lassen sich mit der Mikrowelle solo vielfältige Variationen zubereiten, aber auch Nudeln gelingen problemlos. In der Regel wird mit der hohen Stufe »Garen« (600–700 Watt) gearbeitet. Reis und Nudeln müssen quellen, daher ist es hier notwendig, auf die niedrige Fortkochstufe (180–240 Watt) umzustellen.

Praktische Hinweise

▷ Beim Garen von Kartoffeln achten Sie bitte darauf, daß die Kartoffeln entweder möglichst gleich groß sind oder nach dem Schälen in einheitlich große Stücke zerteilt werden.
▷ Geben Sie das Salz zuerst in die Kochflüssigkeit und fügen Sie dann die Kartoffeln hinzu.
▷ Reis stets gut zugedeckt garen.

Salzkartoffeln

250 g Kartoffeln
¼ TL Salz
Wasser

Kartoffeln schälen, halbieren oder vierteln und gut waschen. Wasser – ca. 1½–2 cm hoch im Geschirr – mit Salz mischen, die Kartoffeln dazugeben und zugedeckt 5–7 Minuten garen. Zwischendurch einmal umrühren. Vor dem Servieren ca. 2 Minuten nachziehen lassen.

HINWEIS

Garzeit für andere Mengen:
500 g   10½–13 Minuten
750 g   15 –18 Minuten
1 kg   20 –23 Minuten

VARIATIONEN

Butter-Petersilien-Kartoffeln: 30 g Butter in einem kleinen Geschirr auslassen, 1–2 Eßlöffel frische, gehackte Petersilie zugeben und über die gegarten, abgetropften Salzkartoffeln geben, vorsichtig im Geschirr wenden und sofort servieren.
Speckkartoffeln: 30 g Speck mit 1 geschälten, feingewürfelten Zwiebel und etwas Öl offen 3–4 Minuten ausbraten. Mit dem ausgelassenen Fett über die gegarten, abgegossenen Salzkartoffeln geben, vorsichtig wenden und sofort servieren.
Gebackene Kartoffeln: Ganze, möglichst gleich große Kartoffeln sehr gut waschen. Mit einer Gabel mehrmals einstechen, auf einen Porzellanteller legen und mit gut angefeuchtetem Küchenpapier rundum abdecken, dann je nach Menge garen, Zeiten siehe Hinweis.

Bratkartoffeln

2 Zwiebeln, 2 EL Öl
500 g Kartoffeln
Salz, weißer Pfeffer
aus der Mühle
gemahlener Kümmel
40 g durchwachsener Speck

Zwiebeln schälen, halbieren und in feine Scheiben schneiden. Mit dem Öl im Geschirr offen 5–6 Minuten andünsten. Inzwischen die Kartoffeln schälen, waschen und in Scheiben schneiden. Mit den Gewürzen in das Gefäß einschichten. Kleingewürfelten Speck darüber verteilen und 11–13 Minuten zugedeckt garen, dabei einmal vorsichtig wenden.

Kartoffelpüree

500 g mehligkochende
Kartoffeln
Wasser, Salz
⅛ l Milch
20–30 g Butter
Salz, Muskat
weißer Pfeffer aus der Mühle

Die Kartoffeln schälen, vierteln und gut waschen. Wasser – ca. 1½–2 cm hoch im Geschirr – mit Salz mischen, die Kartoffeln dazugeben und zugedeckt 12–14 Minuten garen. Zwischendurch einmal umrühren. Milch und Butter im zweiten Gefäß 2–3 Minuten zugedeckt erhitzen. Inzwischen die Kartoffeln abgießen. Mit dem elektrischen Handrührgerät mit Schlägern pürieren und würzen. Mit der heißen Milch übergießen und zu einem lockeren Püree verarbeiten.

VARIATION

Käse-Kartoffelpüree: 80–100 g geriebenen Emmentaler zur Milch geben, miterhitzen und mit den Kartoffeln zu Püree verarbeiten.

Bouillonkartoffeln

¼ l Fleischbrühe
Salz, weißer Pfeffer
aus der Mühle
¼ TL Majoran
½ Bund Suppengrün
500 g Kartoffeln
2 EL frisch gehackte
Petersilie

Brühe, Gewürze und geputztes, kleingeschnittenes Suppengrün in das Geschirr geben und zugedeckt 5–6 Minuten erhitzen. Inzwischen die Kartoffeln schälen, waschen, in Würfel schneiden und zur Brühe geben. 10–12 Minuten weitergaren. Mit Petersilie bestreut servieren.

Schwedische Fächerkartoffeln

6 mittelgroße Kartoffeln
Butter für die Form
Salz
2 EL Butter
40 g geriebener Käse

Die Kartoffeln schälen, waschen und mit Küchenpapier trockentupfen. Auf einen Löffel legen und mehrmals tief einschneiden, dabei darauf achten, daß die Kartoffeln unten noch zusammenhängen. Die Auflaufform ausfetten. Die Kartoffeln dicht nebeneinander mit der eingeschnittenen Seite nach oben hineinlegen, salzen und mit Butterflöckchen belegen. Offen 12–14 Minuten garen. Mit Käse bestreuen und 7–8 Minuten goldbraun übergrillen.

Kräuterkartoffeln

500 g Kartoffeln
⅛ l süße Sahne
3 EL gemischte frische
oder tiefgefrorene Kräuter
(Dill, Kresse, Schnittlauch,
Sauerampfer, Petersilie)
Salz, weißer Pfeffer
aus der Mühle

Die Kartoffeln schälen, waschen, in dicke Scheiben schneiden und in das Geschirr legen. Sahne mit Kräutern und Gewürzen verrühren und über die Kartoffeln gießen. Zugedeckt 6–8 Minuten garen und 8–10 Minuten fortkochen. Zwischendurch einmal umrühren.

Polenta

40 g durchwachsener Speck
1 Zwiebel
½ l lauwarmes Wasser
1–2 EL Hühnerbrühe
125 g Maisgrieß
25 g geriebener Emmentaler
weißer Pfeffer aus der Mühle
Paprikapulver

Den Speck und die geschälte, halbierte Zwiebel fein würfeln. Offen im Geschirr 2–3 Minuten anrösten. Wasser und Hühnerbrühe hinzugeben. Zugedeckt 5–6 Minuten aufkochen lassen. Den Mais einrühren und zugedeckt 5–6 Minuten weitergaren. Den Käse darüberstreuen, würzen und kräftig umrühren.

Saftige Weißbrotklöße

4 altbackene Semmeln
¼ l süße Sahne
2–3 EL frisch gehackte
Petersilie
¼ TL Salz, Muskat
weißer Pfeffer aus der Mühle
5 Eier
etwas Butter und
2 EL Semmelbrösel für die
Form

Die Semmeln dünn aufschneiden und nach Belieben unter dem Grill oder in der Pfanne goldbraun rösten. Die Sahne in einer kleinen Schüssel 1–2 Minuten erhitzen, über die Semmelbrösel geben. Petersilie, Gewürze und Eier zufügen. Mit dem elektrischen Handquirl mit Knetern gut vermischen, dann ca. 5 Minuten zum Quellen stehen lassen. Die Form gut einfetten, mit Semmelbröseln gleichmäßig ausstreuen, die Masse einfüllen und, mit Klarsichtfolie abgedeckt, 6–7 Minuten garen. Vor dem Stürzen 1–2 Minuten stehen lassen und in Scheiben geschnitten servieren.

Reis

125 g Langkornreis
¼ l Wasser
Salz

Reis, Wasser und Salz im Geschirr verrühren, zugedeckt 4–5 Minuten garen und 18–20 Minuten fortkochen. Dabei keinesfalls mehr umrühren. Vor dem Servieren den Reis mit einer Gabel lockern.

HINWEISE

Garzeiten für andere Mengen:
250 g Reis mit ½ l Wasser: 7–8 Minuten garen und 19–21 Minuten fortkochen. Diese Menge ist ausreichend für 4 Portionen.
375 g Reis mit ¾ l Wasser: 9–12 Minuten garen und 20–22 Minuten fortkochen. Diese Menge ist ausreichend für 6 Portionen.

VARIATIONEN

Reisrand: Garen Sie den Reis in einer Ringform aus Glas, Porzellan, Kunststoff oder Keramik, die Sie mit Klarsichtfolie abdecken.
Butterreis: 30–50 g Butter zum gegarten Reis geben. Zugedeckt ½–1 Minute schmelzen lassen, gut unterrühren, sofort servieren.
Safranreis: Einige Safranfädchen oder -pulver in wenigen Tropfen heißem Wasser auflösen, zum gekochten Reis geben, umrühren und sofort servieren.
Brühreis: Anstelle von Wasser mit Salz gut abgeschmeckte Fleisch- oder Hühnerbrühe gleicher Menge zum Reis geben.
Curryreis: Dem gekochten Reis je 1 TL Currypulver und Butter zufügen, umrühren, sofort servieren.
Krabbenreis: 5 Minuten vor Ende der Garzeit 100 g Krabbenfleisch, 2 TL gehackte Kräuter und 1 TL Currypulver auf den Reis legen und mitgaren. Umrühren, sofort servieren.

Gemüsereis: 50 g Erbsen und 1 kleine rote Paprikaschote in Würfeln dem Reis zufügen, mitgaren lassen.

Tomatenreis

1 Zwiebel
1 EL Butter
1 EL Tomatenmark
½ EL Tomatenketchup
¼ l Brühe
125 g Langkornreis

Zwiebel schälen, würfeln und mit der Butter in der Schüssel offen 2–3 Minuten glasig dünsten. Tomatenmark, Ketchup, Brühe und Reis zufügen. Zugedeckt 4–5 Minuten garen und 18–20 Minuten auf der Fortkochstufe ausquellen lassen.

Risotto

125 g Rundkornreis
¼ l Brühe
Salz, weißer Pfeffer
aus der Mühle
Currypulver
einige Tropfen Sojasauce
2 EL frisch gehackte
Petersilie

Reis mit Brühe und den Gewürzen in das Geschirr geben und gut umrühren. Zugedeckt 5–7 Minuten garen und 18–20 Minuten auf der Fortkochstufe ausquellen lassen. Risotto mit einer Gabel lockern und, mit Petersilie bestreut, servieren.

Djuvec-Reis

50 g durchwachsener Speck
2 Zwiebeln
1 rote Paprikaschote
1 grüne Paprikaschote
4 Tomaten
250 g Langkornreis
weißer Pfeffer aus der Mühle
½ l Brühe

Speck und geschälte Zwiebeln würfeln, offen im Geschirr 3–4 Minuten anbraten. Die Paprikaschoten waschen, halbieren, die Kerne entfernen. Paprika und Tomaten fein würfeln. Die Gemüsezutaten mit dem Reis zum Speck geben, würzen, mit Brühe auffüllen und gut durchrühren. Zugedeckt 6–7 Minuten garen und 20–22 Minuten auf der Fortkochstufe langsam ziehen lassen.

Nudeln

1 l lauwarmes Wasser
1 TL Salz, 1 TL Öl
250 g Nudeln (Hörnchen,
Spaghetti, Makkaroni)

Wasser mit Salz und Öl im Geschirr mischen und geschlossen 5–6 Minuten erhitzen. Die Nudeln zugeben, umrühren und 2–3 Minuten mit der Garstufe zugedeckt aufkochen. Anschließend 10–12 Minuten auf der Fortkochstufe ausquellen lassen. Die Nudeln auf ein Sieb geben, mit heißem Wasser überbrausen, abtropfen lassen, servieren.

VARIATIONEN

Schinken-Käse-Nudeln: 2 EL Butter in das noch warme Geschirr geben. 125 g gekochten, gewürfelten Schinken und die abgetropften Nudeln zufügen. 100 g geriebenen Käse (Parmesan oder Emmentaler) darübergeben und alles gut vermischen. Nochmals 4–5 Minuten offen unter mehrmaligem Umrühren garen.
Spinatnudeln: 150 g tiefgefrorenen Rahmspinat in das noch warme Geschirr geben und zugedeckt 5–6 Minuten garen. Die abgetropften Nudeln und 1 EL Butter zufügen, umrühren und zugedeckt 2–3 Minuten erhitzen. Mit weißem Pfeffer aus der Mühle und frisch gemahlener Muskatnuß gewürzt servieren.

SALATE

Dieses Kapitel erscheint ungewöhnlich in Verbindung mit der Mikrowelle. Es gibt jedoch eine Reihe von Salaten aus rohen, tiefgefrorenen oder vorgekochten Zutaten, für die es einfach ideal ist, sie gleich in der Servierschüssel nacheinander mit der Mikrowelle solo zu einem schmackhaften Salat zu verarbeiten.

Praktische Hinweise

▷ Salate stets in ausreichend großen Geschirren gut *zugedeckt* garen.
▷ Haben Sie für Ihr Gefäß keinen passenden Deckel zur Hand, so verwenden Sie *Klarsichtfolie* zum Abdecken. Stechen Sie die Folie an der Oberseite stets mehrmals ein, damit der sich bildende Dampf entweichen kann.
▷ *Frisches Gemüse* in kaltem Wasser waschen, zerkleinern und sofort weiterverarbeiten.
▷ *Gefrorenes Gemüse* aus der Packung gleich in der Salatschüssel antauen und weiterverarbeiten oder mit den anderen Zutaten garen.
▷ Lassen Sie die Salatzutaten *nicht zu weich garen*. Der Salat schmeckt noch besser, wenn das Gemüse knackig ist und einen etwas festen Biß hat.
▷ Die *Marinade* wird zu den noch warmen Salatzutaten gegeben. So entfaltet der Salat beim Abkühlen sein volles Aroma.
▷ Geben Sie *Salatsaucen*, zubereitet mit gefrorenen oder getrockneten Kräutern, stets kurz ins Gerät. So entfalten die Gewürze ein noch besseres, intensiveres Aroma.

▷ Bereits *angemachte kalte Salate*, z.B. Tomaten-, Möhren- oder Gurkensalat, ziehen schneller durch, wenn sie kurz mit Mikrowelle solo erwärmt werden.

Bayerischer Kartoffelsalat

500 g Salatkartoffeln
100 g geräucherter,
durchwachsener Speck
1 Zwiebel
4 EL Wein- oder Obstessig
4 EL Brühe
Salz, weißer Pfeffer
aus der Mühle
gemahlener Kümmel
2 EL frisch gehackte
Petersilie

Die Kartoffeln waschen, schälen und in ½ cm dicke Scheiben schneiden. Mit ca. ½ Tasse Wasser im zugedeckten Geschirr 8–10 Minuten garen, beiseite stellen. In einem zweiten Geschirr gewürfelten Speck und geschälte, feingehackte Zwiebel offen 4–5 Minuten dünsten. Essig, Brühe, Salz, Pfeffer und Kümmel dazugeben. 1–2 Minuten erhitzen. Die Kartoffeln abgießen, zur Sauce geben, vorsichtig unterheben und, mit Petersilie bestreut, noch warm servieren.

Selleriesalat

1 Sellerieknolle von ca. 400 g
⅛ l Wasser
3 EL Zitronensaft
½ TL Salz
1 Prise Zucker
1 EL Öl
3 EL saure Sahne
3 kleine Äpfel
4 Scheiben Ananas
gehackte oder gemahlene
Haselnüsse

Die Sellerieknolle schälen und würfeln oder in Stifte schneiden. Mit dem Wasser in das Geschirr geben und

zugedeckt 10–12 Minuten garen. Inzwischen Zitronensaft, Salz, Zucker, Öl und saure Sahne verrühren. Die Äpfel schälen, das Kernhaus entfernen, würfeln und gleich zur Marinade geben, damit sie nicht dunkel werden. Gewürfelte Ananas zufügen. Sellerie abgießen, die Marinade dazugeben, gut mischen und mit Haselnüssen bestreuen. Abkühlen und dabei durchziehen lassen.

Krautsalat

50 g durchwachsener,
geräucherter Speck
500 g Weißkohl
5–7 Wacholderbeeren
¼ l Wasser
5–6 EL Wein- oder Obstessig
1 TL Salz
1 Prise Zucker
1 gewürfelte Zwiebel
½ TL Kümmel, ganz
oder gemahlen
2 EL Öl

Den Speck würfeln, in das Geschirr geben und offen 2–3 Minuten auslassen. Den Weißkohl sehr fein schneiden, mit den Wacholderbeeren zum Speck geben, mit Wasser auffüllen und 13–15 Minuten zugedeckt garen. Zwischendurch einmal umrühren. Alle anderen Zutaten dazugeben und gut untermischen. Abkühlen und dabei durchziehen lassen.

Zigeunersalat

500 g rote, grüne und gelbe
Paprikaschoten
⅛ l Wasser
½ TL Salz
1 Zwiebel
4–5 EL Wein- oder Obstessig
1 Prise Zucker
weißer Pfeffer aus der Mühle
Paprika
½ TL Senf
2 EL Öl
2 Tomaten
175 g Salami
1 Peperoni

Die Paprikaschoten waschen, halbieren und von den Kernen befreien, in feine Streifen schneiden. Mit Wasser und Salz in das Geschirr geben. Zugedeckt 13–15 Minuten garen, abgießen. Die Zwiebel schälen und fein hacken. Mit Essig, Zucker, Gewürzen, Senf und Öl zu den Paprikastreifen geben. Tomaten waschen, kurz überbrühen, häuten und achteln. Salami und Peperoni in Streifen bzw. dünne Scheiben schneiden und zum Salat geben. Gut durchmischen und abkühlen lassen.

VARIATION

Zucchinisalat: Anstelle der Paprikaschoten ca. 700 g Zucchini waschen und das äußere Ende abschneiden. Mit etwas Öl und Wasser beträufeln und zugedeckt 13–15 Minuten garen. Abkühlen lassen und in Scheiben schneiden. Mit den anderen Zutaten des Rezepts als Salat anrichten.

Geflügel-Reis-Salat

250 g frische oder
tiefgefrorene Erbsen
200 g Geflügelfleisch
(Putenschnitzel oder
Hähnchenbrust)
Salz, Currypulver
weißer Pfeffer aus der Mühle
einige Tropfen Sojasauce
Cayennepfeffer
125 g Langkornreis
¼ l Hühnerbrühe
200 g frische Champignons

Marinade
je 4–5 EL Öl und Weinessig
Salz
1 Prise Zucker
Currypulver
Paprikapulver
½ TL Senf
2 EL Dosenmilch

Frische Erbsen waschen und abtropfen lassen (tiefgefrorene Erbsen aus der Packung nehmen). Die Erbsen mit dem gewürfelten, gut gewürzten Geflügelfleisch in das Geschirr geben. Reis und Brühe zufügen. Umrühren und zugedeckt 8–10 Minuten garen. Geputzte, geviertelte Champignons zufügen und 20–22 Minuten fortkochen. Anschließend unter mehrmaligem Umrühren abkühlen lassen.
Für die Marinade alle Zutaten verrühren, zum Salat geben und vorsichtig unterheben. Nochmals abschmecken und ca. 20 Minuten durchziehen lassen.

VARIATION

Fruchtig-pikanter Geflügelsalat: Anstelle der Gemüsebeigaben (Champignons, Erbsen) können Sie den Salat auch mit gedünstetem Obst, z. B. Pfirsichen, Mandarinen oder Mangos, zubereiten.

Italienischer Gemüsesalat

600 g tiefgefrorenes Balkangemüse
75 g Silberzwiebeln
80 g Salami in dünnen Scheiben
2 EL Wein- oder Obstessig
1 Knoblauchzehe
Salz
1 Prise Zucker
2 EL Chilisauce
4 EL Olivenöl
1 Kopfsalat
2–4 EL Kresse

Das Balkangemüse in eine größere Schüssel geben und zugedeckt 12–14 Minuten auftauen. Zwischendurch zwei- bis dreimal umrühren. Das aufgetaute Gemüse mit abgetropften Silberzwiebeln und halbierten Salamischeiben mischen. Mit einer Sauce aus Weinessig, zerdrücktem Knoblauch, Salz, Zucker, Chilisauce und Olivenöl marinieren. Etwas durchziehen lassen. Inzwischen die Blätter des Kopfsalates abtrennen, waschen und gut abtropfen lassen. 4 Glasschälchen damit auslegen, den Gemüsesalat einfüllen und, mit Kresse garniert, servieren.

Spanischer Muschelsalat

½ l lauwarmes Wasser
Salz, ½ EL Öl
125 g Muschelnudeln
450 g frische oder
tiefgefrorene Erbsen
250 g frische Champignons
1 Glas spanische Muscheln
im eigenen Saft
(ca. 250 g Einwaage)
200 g Fleischwurst

Marinade
4 EL Wein- oder Obstessig
5 EL Öl
2–3 EL frisch gehackte
Kräuter (Dill, Kresse,
Kerbel, Schnittlauch,
Petersilie, Sauerampfer)
Salz, weißer Pfeffer
aus der Mühle
Knoblauchpulver
Cayennepfeffer

Wasser mit Salz und Öl in einem größeren Geschirr zugedeckt 4–5 Minuten erhitzen. Die Nudeln zugeben, umrühren und 2–3 Minuten auf der Garstufe geschlossen aufkochen. Anschließend 8–10 Minuten auf der Fortkochstufe ausquellen lassen. Beiseite stellen. Frische Erbsen waschen und abtropfen lassen (gefrorene Erbsen aus der Packung nehmen). Das Gemüse mit den geputzten, geviertelten Champignons und 5–6 EL Wasser 7–9 Minuten in einer mittelgroßen Schüssel zugedeckt garen. Die Nudeln und das Gemüse abgießen und kalt abbrausen, in eine Schüssel geben. Unter mehrmaligem Umrühren weiter abkühlen lassen. Die Muscheln abgießen und mit der in Scheiben geschnittenen Fleischwurst zu den Nudeln geben.
Für die Marinade Essig, Öl, Kräuter und Gewürze verrühren. Sorgfältig unterheben und den so vorbereiteten Salat im Kühlschrank ca. 30 Minuten durchziehen lassen.

Bunter Fischsalat

300 g frische oder
tiefgefrorene Erbsen
400 g tiefgefrorenes
Rotbarschfilet
1 EL Zitronensaft
⅛ l trockener Weißwein
150 g Staudensellerie
2 mittelgroße Gewürzgurken
1 Kopfsalat
2 hartgekochte Eier
2 EL frisch gehackte Petersilie

Marinade
50 g Mayonnaise
½ Becher Joghurt
⅛ l saure Sahne
3 EL Fischsud
Salz, Cayennepfeffer
2 Tropfen Tabasco

Frische Erbsen waschen und gut abtropfen lassen (tiefgefrorene Erbsen aus der Packung nehmen). Mit 4–6 EL Wasser in einem kleineren Geschirr 3½–4 Minuten zugedeckt vorgaren, beiseite stellen. Inzwischen das Fischfilet aus der Packung in ein zweites Geschirr geben, mit Zitronensaft und Weißwein übergießen und salzen. Zugedeckt 10–12 Minuten garen. Im Sud bei geöffnetem Deckel abkühlen lassen. Gewaschenen, abgetropften Staudensellerie und Gewürzgurken in feine Stifte schneiden. Den Kopfsalat putzen, waschen und abtropfen lassen. Den Fisch in mundgerechte Stücke teilen. Eine flache Schale mit Salatblättern auslegen. Abgetropfte Erbsen, Fischstükke, Sellerie- und Gurkenstifte darauf anrichten. Aus Mayonnaise, Joghurt, saurer Sahne, Fischsud, Salz, Cayennepfeffer und Tabasco eine Sauce anrühren und über die angerichteten Zutaten geben. Mit Eischeiben belegen und mit gehackter Petersilie bestreuen.

MENÜ-KOCHEN

Empfehlungen im Umgang mit der Mikrowelle

Der besondere Vorteil des Kombinationsgerätes liegt sicher in den deutlich verkürzten Garzeiten verschiedener Gerichte. Da sich in jedem Gerät die Mikrowelle auch »solo« nutzen läßt, sind bereits vorbereitete Speisen minutenschnell erwärmt. Auch die Zubereitung gleich im Serviergeschirr ist ein weiteres Plus, vor allem dann, wenn Sie Gäste eingeladen haben. Zu vielen Geschirrserien gibt es heute passende, backofenfeste Auflauf- und Bratformen, die sich für alle Funktionen des Kombinationsgerätes einsetzen

lassen. Glas- und Glaskeramikformen lassen sich ebenfalls bestens einsetzen. Sind die einzelnen Gerichte gut vorbereitet, so ist die Zubereitung einfach und Sie geraten nicht unter Zeitdruck. In jedem Fall werden Ihre Gäste vom Geschmack und der Qualität der Speisen begeistert sein.

Die Rezepte der folgenden Menü-Vorschläge sind alle diesem Buch entnommen. Haben Sie sich einmal mit allen Möglichkeiten Ihres Gerätes vertraut gemacht, so fällt Ihnen das Menü-Kochen bestimmt ganz leicht. Selbstverständlich können Sie bei umfangreichen Vorbereitungen gleichzeitig die Kochstellen Ihres Herdes mit einbeziehen.

Bitte beachten Sie in jedem Fall folgende Grundregeln:

▷ Bereiten Sie die Nachspeise zuerst vor, gleich ob es sich um einen süßen Auflauf, Kochpudding oder ein Obstkompott handelt. In Schalen portioniert oder auf kleinen Tellern angerichtet, kann sie im Kühlschrank durchziehen.

▷ Garen Sie anschließend die Beilage oder das Gemüsegericht bereits im Serviergeschirr vor. Diese Gerichte sind in der Regel schnell wieder erhitzt.

▷ Bereiten Sie Suppen so vor, daß sie in den Tassen nur noch schnell erwärmt oder knusprig braun gratiniert werden müssen.

▷ Jeder Braten sollte ca. 10 Minuten in Folie eingewickelt »nachziehen«. Nutzen Sie diese Zeit für die Saucenzubereitung und für das schnelle Wiedererhitzen der Beilagen oder Vorspeisen.

▷ Ein durchaus willkommener Nebeneffekt ist, daß das Gerät noch heiß ist. So verkürzen sich die Erwärmzeiten je nach Menge um ca. 1 Minute. Verwenden Sie jedoch kein Geschirr aus Kunststoff, das den hohen Temperaturen eventuell nicht standhält.

▷ Während Sie mit Ihren Gästen die Vorspeise oder Suppe verzehren, erhitzen Sie schnell das Hauptgericht. Beziehen Sie dabei auch Ihre Kochplatten mit ein.

Menü-Abfolge

Ein Menü aus mehreren Gängen hat stets eine bestimmte Speisenfolge:

Aperitif

Kalte Vorspeise

Suppe

Warme Vorspeise oder Fisch

Hauptgericht

Kaltes oder warmes Dessert

Kaffee, Tee oder Espresso

Das »Kleine Menü« besteht immer aus drei Gängen: Vorspeise – Hauptgericht – Nachspeise. Vom Aufbau her gilt für das »Festliche Menü« die gleiche Speisenfolge, die lediglich um eine oder sogar zwei Vorspeisen erweitert wird. Das »Klassische Menü« hingegen umfaßt mindestens fünf Gänge. Denken Sie jedoch daran, daß Sie nur kleine, appetitlich angerichtete Speisen zusammenstellen, damit Ihre Gäste nicht zu schnell gesättigt sind und die restlichen Gänge nicht mehr genießen können.

Für alle Menü-Zusammenstellungen gelten folgende Grundregeln:

▷ Die Speisenfolge sollte eine gute Abwechslung bieten. Es wäre falsch, als Vorspeise eine Zwiebelsuppe und als Hauptgericht einen Zwiebelbraten zu servieren.

▷ Denken Sie immer daran, daß das Auge mitißt. Bringen Sie daher farbliche Kontraste in Ihre Gerichte. Servieren Sie zum Beispiel zu einem Roastbeef ein grünes Gemüse (Brokkoli, Erbsen).

▷ Nach einer kräftigen Vorspeise sollten Sie stets ein leichtes Hauptgericht mit einem frischen Salat anbieten.

▷ Speisen, die mild gewürzt sind, werden zuerst serviert, dann können Sie von Gang zu Gang kräftiger gewürzte Gerichte anbieten.

▷ Der harmonische Abschluß einer jeden Mahlzeit ist das Dessert. Nach einer leichten Hauptspeise wählen Sie einen gehaltvollen süßen Auflauf oder einen warmen Kochpudding. War das Hauptgericht üppig, so sind gedünstete Äpfel sicher richtig.

Neben der Speisenfolge und der harmonischen Zusammenstellung einzelner Gerichte ist auch die »Begleitung« sehr wichtig. Wein verschönert jedes Menü, das er harmonisch begleitet.

Nur noch bedingt gilt folgende Faustregel:

▷ Weißwein zu weißem Fleisch (zum Beispiel vom Kalb, Schwein oder Geflügel) und zu Fisch.

▷ Rotwein zu dunklem Fleisch (zum Beispiel Rind, Lamm) Wild, Gans oder Ente.

Diese Faustregel läßt sich natürlich der jeweiligen Speisenfolge anpassen. So paßt auch ein kräftiger Rosé zu fast allen Gerichten und bietet eine willkommene Variation.

Als Aperitif serviert man gerne einen Sherry, trocken oder medium, Wermut, Campari Orange oder pur mit Eis, einen leichten Rot- oder Weißwein, Gin Tonic oder Sekt. Sollte der Aperitif alkoholfrei sein, so wählen Sie zwischen frisch gepreßtem Orangen-, Grapefruit- oder Tomatensaft.

Menü-Vorschläge

Für die ersten Versuche mit Ihrem Kombinationsgerät ist ein »Kleines Menü«, bestehend aus drei Gängen, sicher am besten. So können Sie sich besser mit dem Zeitablauf vertraut machen. Stellen Sie in jedem Fall zuerst einen *Zeitplan* auf, der die gesamten Gar- oder Erwärmzeiten umfaßt. Nur so können Sie sicher sein, ausreichend Zeit zur Verfügung zu haben. Planen Sie dabei ca. ½ Stunde zwischen der Ankunft der Gäste und dem Beginn des Essens ein.

Nun folgen vier Menü-Vorschläge für Sie zur Auswahl mit den wichtigsten Tips, die Sie beachten sollten.

MENÜ-VORSCHLAG 1

APERITIF
Trockener Sherry oder Wermut

SUPPE
Französische Zwiebelsuppe

HAUPTGERICHT
Kaninchenrücken provençale,
Butternudeln

DESSERT
Gefüllte Rotweinäpfel

Praktische Hinweise

Beginnen Sie zuerst mit den Rotweinäpfeln, die dann langsam abkühlen können. Bereiten Sie die Zwiebelsuppe so vor, daß sie nur noch mit Käse belegt werden muß. Anschließend garen Sie die Nudeln und bereiten dann den Kaninchenrücken vor, der zuletzt zubereitet wird. Im noch heißen Gerät ist die Zwiebelsuppe bereits in 2–3 Minuten gratiniert.

155

MENÜ-VORSCHLAG 2

APERITIF
Campari, Orangensaft oder Gin Tonic

WARME VORSPEISE
Gefüllte Zucchini

HAUPTGERICHT
Schollenfilets in Apfel-Krabben-Sauce
Curryreis
Bunter Salat

DESSERT
Saftiger Ananasauflauf

Praktische Hinweise

Beginnen Sie zuerst mit der Zubereitung des Ananasauflaufes. Anschließend garen Sie den Curryreis und bereiten zwischenzeitlich die Schollenfilets in einer hitzebeständigen Form vor. Nun garen Sie die gefüllten Zucchini. In der Zeit, in der diese serviert werden, geben Sie die Schollenfilets ins Gerät. Der Reis ist in ca. 2 Minuten wiedererhitzt. Inzwischen geben Sie die Marinade zum vorbereiteten Salat und servieren das Hauptgericht. Nach Belieben können Sie den Ananasauflauf in 2 Minuten wieder leicht erwärmen.

MENÜ-VORSCHLAG 3

APERITIF
Leichter Rotwein

WARME VORSPEISE
Lachsterrine im Seezungenmantel

HAUPTGERICHT
Rinderfilet im Kräutermantel
Reis
Grüner Salat

DESSERT
Apfelgratin à la Normande

MENÜ-VORSCHLAG 4

APERITIF
Trockener Sekt

SUPPE
Feine Möhrencremesuppe

WARME VORSPEISE
Gratinierte Miesmuscheln

HAUPTGERICHT
Fleischrolle mit Spinatfüllung
Gratin dauphinois

DESSERT
Schokoladenmousse

Praktische Hinweise

Bereiten Sie zuerst das Apfelgratin vor. Anschließend garen Sie die Lachsterrine und bereiten das Rinderfilet vor, das Sie bereits in ein geeignetes Geschirr geben. Nun wird der Reis gegart, beiseite gestellt, und das Rinderfilet kommt ins Gerät. Schneiden Sie die Lachsterrine auf und geben Sie 2 oder 3 dünne Scheiben auf Vorspeiseneller. Als Dekoration eignet sich Brunnenkresse. Ist das Rinderfilet fertig, so erwärmen Sie schnell den Reis und mischen den Salat. Nun wird das Hauptgericht serviert. In jedem Fall muß das Apfelgratin kurz unter dem heißen Grill noch einmal überkrustet werden.

Praktische Hinweise

Bereiten Sie zuerst die Schokoladenmousse vor, die, in dekorative Portionsschälchen gefüllt, im Kühlschrank gut durchziehen muß. Geben Sie die Miesmuscheln mit allen Zutaten zum Gratinieren in kleine Förmchen. Garen Sie die Möhrencremesuppe und füllen Sie diese in Suppentassen. Nun schälen Sie für das Gratin dauphinois die Kartoffeln, schneiden diese in feine Scheiben und lassen sie gut mit Wasser bedeckt stehen. Fetten Sie die Auflaufform ein und bereiten Sie alle anderen Zutaten so vor, daß sie nur noch schnell gemischt werden müssen. Bereiten Sie nun die Fleischrolle vor, die anschließend gegart wird. Danach wird das Gratin dauphinois zubereitet. Sind Ihre Gäste eingetroffen, so erhitzen Sie schnell die Möhrencremesuppe und geben dann die Miesmuscheln ins Gerät. Können die Muscheln entnommen werden, geben Sie noch einmal das Gratin für 3–4 Minuten unter den heißen Grill. Falls erforderlich, ist die aufgeschnittene Fleischrolle in 2 Minuten auf einer Platte wiedererhitzt. Stellen Sie nun die Schokoladenmousse aus dem Kühlschrank, damit sie mit angenehmer Zimmertemperatur serviert werden kann.

Register